산업인력공단 시행
최신 출제경향 반영

독학으로 합격이
가능한 필수교재

중국어 관광통역안내사 한권으로 끝내기

백정욱 편저

- 독학으로 합격이 가능한 필수교재
- 면접에 필요한 핵심내용 완벽 정리
- 최근 기출문제 내용 수록

2차 면접

致考生们：

随着经济的不断发展，人民生活水平的提高，外出休闲旅游已然成为人们生活的

一部分，因此旅游业成为世界范内迅速发展的一个新兴现代产业。

旅游业的兴起带动了导游职业的受宠，报考导游资格证书的人数也是逐年翻番。

随着赴韩旅游的中国游客络绎不绝，中文导游也成为了炙手可热的行业，随之

关于中文导游的面试教材也层出不穷，可是没有针对口语较弱的韩国考生所

编写的教材，该书正是针对这些考生而编写的。

该书特点之一为收录了近5年的考试真题。

特点之二为用词简单明了、言简意赅。

每道题的最佳答题时间一般在两分钟以内，因此要答得简单明了。

特点之三为答题的熟练度。该书里重复出现的词句较多，因此便于考生背诵，

进而达到脱口而出的效果，对考生提高答题的熟练度无疑有很大的帮助。

希望该书能为考生们顺利通过考试助一臂之力。

白贞煜

수험생 여러분께:

경제가 발전하고 사람들의 생활수준이 향상됨에 따라 여행은 이미 사람들에게 생활의 일부가 되었습니다. 따라서 관광업은 세계에서 빠르게 발전하는 신흥 현대 산업이 되었습니다. 관광업계의 부상으로 관광가이드가 인기를 끌면서 관광가이드 자격증 지원자도 해마다 늘어나고 있습니다.

한국을 찾는 중국인 관광객의 발길이 이어지면서 중국어 가이드도 유망 업종으로 떠오르고 있습니다. 이에 따라 중국어 관광가이드 면접시험에 관한 교재 역시 끊임없이 출간되고 있습니다. 그러나 말하기 능력이 약한 한국인 수험생들을 위한 교재는 없었습니다. 이 책은 바로 한국인 수험생을 대상으로 집필되었습니다.

이 책의 첫 번째는 특징은 최근 5년간의 시험 기출문제가 수록되어 있다는 점입니다. 두 번째 특징은 간단명료한, 즉 표현은 간단하지만 의미는 모두 갖춰져 있는 표현법입니다. 문제마다 대답 시간은 일반적으로 2분 이내이므로 표현은 간단하되 뜻은 모두 전달될 수 있도록 대답해야 합니다.

세 번째 특징은 숙련도입니다. 이 책에는 중복되는 문구가 많아 수험생 여러분께서 암기하기 편하고 면접 시 입에서 자연스럽게 튀어나오는 수준의 효과를 보게 됩니다. 이는 틀림없이 수험생 여러분이 질문에 대답하는 숙련도를 끌어올리는데 아주 많은 도움이 될 것입니다.

이 교재가 수험생 여러분이 순조롭게 시험에 통과하는 데 미력하나마 도움이 될 수 있기를 희망합니다.

바이쩐위

가. 개요

관광도 하나의 산업으로서 국가경제에 미치는 영향이 크다고 판단되어 문화체육관광부에서 실시하는 통역분야의 유일한 국가공인자격증으로서 외국인 관광객의 국내여행 안내와 한국의 문화를 소개함

나. 변천과정

○ 관광통역안내원에서 관광통역안내사로 명칭 변경(2004년)
○ 외국어시험이 공인어학 성적증명서로 대체 (2007년)
○ 한국관광공사에서 한국산업인력공단으로 자격시험 시행기관 변경(2009년)

다. 수행직무

관광통역안내사는 국내를 여행하는 외국인에게 외국어를 사용하여 관광지 및 관광대상물을 설명하거나 여행을 안내하는 등 여행의 편의를 제공

라. 진로 및 전망

○ 여행사, 호텔, 항공사, 해외여행업계, 프리랜서, 무역회사, 통역사 등 경제, 사회적 발전과 더불어 교통수단의 발전문화교류의 증대, 여가시간의 증가에 따라 관광산업은 인류 전체에 공통적으로 해당되는 유망직종 임.
○ 외국인 관광객을 대상으로 하는 여행업자는 관광통역안내사 자격을 가진 사람을 관광안내에 종사하도록 관광진흥법이 개정 되었습니다.(동법 제38조제1항 단서 신설, 2009. 3. 2 일부개정)

마. 소속부처명

: 문화체육관광부(관광기반과)

바. 시행기관

: 한국산업인력공단 (http://www.Q-Net.or.kr/site/interpreter)

가. 응시자격

: 제한 없음

※ 단, 관광통역안내사 자격시험에서 부정한 방법으로 시험에 응시하거나 시험에서 부정한 행위를 한 사람에 대하여는 그 시험을 정지 또는 무효로 하거나 합격결정을 취소하고, 그 시험을 정지하거나 무효로 한 날 또는 합격결정을 취소한 날부터 3년간 시험 응시자격을 정지함 (「관광진흥법」제38조제9항)

나. 결격사유

(「관광진흥법」 제38조제5항, 「관광진흥법」 시행규칙 제53조제2항)

○ 아래의 「관광진흥법」제7조제1항에 따른 결격사유가 없는 자에 한하여 관광종사원 자격 취득 및 관광종사원 자격증 발급 가능

1) 피성년후견인 · 피한정후견인

2) 파산선고를 받고 복권되지 아니한 자

3) 「관광진흥법」에 따라 등록증 또는 사업계획의 승인이 취소되거나 「관광진흥법」제36조 제1항에 따라 영업소가 폐쇄된 후 2년이 지나지 아니한 자

4) 「관광진흥법」을 위반하여 징역 이상의 실형을 선고받고 그 집행이 끝나거나 집행을 받지 아니하기로 확정된 후 2년이 지나지 아니한 자 또는 형의 집행유예 기간 중에 있는 자

다. 원서접수방법

○ Q-Net 관광통역안내사 홈페이지에서 원서접수 하여야 하며, 수수료 결제 및 수험표를 출력하여 접수완료 여부 확인

- 홈페이지 주소 : http://www.Q-Net.or.kr/site/interpreter

라. 원서접수 기간

○ 제1·2차 시험(동시접수) : 매년 공고되는 관광통역안내사 자격시험 시행계획 공고 참조

  ※ 원서접수 기간 중에는 24시간 접수 가능(단, 원서접수 마감일은 18:00까지 접수 가능)하며, 접수 기간 종료 후에는 응시원서 접수 불가

  ※ 제1·2차 시험 동시접수에 따라 제2차 시험에만 응시하는 경우에도 해당 기간에 접수하여야 함

  ※ 시험의 일부면제자는 제출된 서류가 승인된(Q-Net 관광통역안내사 홈페이지 - 마이페이지에서 확인가능) 후 원서접수 진행(승인 전 원서접수 시 일반응시자로 접수 됨)

○ 시험의 일부면제 : 매년 공고되는 **관광통역안내사 자격시험 시행계획 공고** 참조

○ 시험의 일부면제자는 제출된 서류가 승인되어야 면제자로 원서접수 가능

  - 제출 서류 승인 여부는"Q-Net 관광통역안내사 홈페이지 마이페이지"에서 확인가능하며, 승인되기 전일 경우에는 일반응시자로 원서접수됨

○ 제2차(면접) 시험만 응시하는 수험자(필기시험 면제자)도 반드시 위의 원서접수 기간 내에 접수를 완료해야 시험 응시 가능

○ 원서접수 기간 중에는 24시간 접수 가능하며, 원서접수 마감일에는 18:00까지 접수 가능(접수 기간 종료 후에는 응시원서 접수 불가)

○ 외국어시험(공인어학) 성적 인정 기준 : 매년 공고되는 **관광통역안내사 자격시험 시행계획 공고 참조**

○ 기타 시험 관련 상세정보는 Q-Net 관광통역안내사 홈페이지 참조(매년 공고되는 **관광통역안내사 자격시험 시행계획 공고 참조**)

마. 시험과목 및 방법

구 분		시 험 과 목	시험방법	배 점
외국어 시 험		영어, 일본어, 중국어, 프랑스어, 독일어, 스페인어, 러시아어, 이탈리아어, 태국어, 베트남어, 말레이·인 도네시아어, 아랍어 중 1과목	다른 외국어시험 성적으로 대체	
제1차 (필기) 시 험	1교시	① 국사	객관식 (4지택일형) 과목별 25문항	40%
		② 관광자원해설		20%
	2교시	③ 관광법규(「관광기본법」·「관광진흥법」 ·「관광진흥개발기금법」·「국제회의산업 육성에 관한 법률」 등의 관광 관련 법규)		20%
		④ 관광학개론		20%
제2차 (면접) 시 험		① 국가관·사명감 등 정신자세 ② 전문지식과 응용능력 ③ 예의·품행 및 성실성 ④ 의사발표의 정확성과 논리성	면접시험 (1인당 10분 내외)	–

■ 시험과 관련하여 법률 등을 적용하여 정답을 구하여야 하는 문제는 <u>시험 시행일 현재</u>
<u>시행 중인 법률 등을 적용하여 그 정답을 구하여야 함</u>

※ 기 활용된 문제, 기출문제 등도 변형·활용되어 출제될 수 있음
※ 입실시간 및 시험시간 등은 매년 공고되는 관광통역안내사 자격시험 시행계획 공고 참조

바. 합격자 결정

(「관광진흥법」시행규칙 제45조 및 제46조)

구 분	합 격 결 정 기 준
제1차(필기) 시험	매 과목 4할 이상, 전 과목의 점수가 배점비율로 환산하여 6할 이상 득점한 자를 합격자로 결정
제2차(면접) 시험	총점의 6할 이상 득점한 자를 합격자로 결정

목차

Part 1

개인 신상과
관광통역안내사의 자질에
관한 질문

① 你为什么想当导游? 당신은 왜 가이드가 되고 싶나요?

首先我平时喜欢旅游，业余时间喜欢到历史遗址或(者)旅游景点去参观游览来开拓我的眼界。其次很喜欢结交朋友，善于跟人交流与沟通，导游恰恰需要跟各种不同层次、形形色色的人打交道，所以从这一点上看，导游这份工作很适合我。
此外，我认为导游是一个未来发展前景好(或广阔)，而且不受年龄限制的行业。
从这些方面考虑，我决定从事这份职业。如果有幸成为导游，希望能为韩国观光产业的蓬勃发展助一臂之力(或出一份微薄之力)。

우선 저는 평소에 여행을 좋아하고, 여가 시간에는 유적지나 관광지를 둘러보면서 견문을 넓히는 것을 좋아합니다. 그다음으로는 친구 사귀는 것을 좋아하고, 사람들과 교류하고 소통하는 것을 잘합니다. 가이드는 마침 다양한 차원 각양각색의 사람을 상대해야 하기 때문에 그런 점에서 저는 가이드가 잘 어울립니다. 그리고 저는 가이드가 미래의 발전 전망이 좋고(혹은 넓고), 나이에 구애받지 않는 업종이라고 생각합니다. 이런 점들을 고려해서 이 직업에 종사하기로 결정했습니다. 만약 영광스럽게도 관광가이드가 된다면 한국 관광산업 활성화에 일조하고 싶습니다.
(혹은 영광스럽게도 관광가이드가 된다면 한국 관광산업 활성화에 작은 힘이 되길 바랍니다.)

---

1. 其次 qícì 그다음. 부차적
2. 开拓眼界 kāituò yǎnjiè 견문을 넓히다
3. 善于 shànyú …에 능숙하다. …를 잘하다
4. 恰恰 qiàqià 꼭. 바로. 마침
5. 沟通 gōutōng 소통(하다). 커뮤니케이션
6. 层次 céngcì 층차. 차원. 계층
7. 打交道 dǎ jiāodao 왕래하다. 접촉하다. 교제하다. 교섭하다
8. 广阔 guǎngkuò 넓다. 광활하다
10. 受限制 shòu xiànzhì 제한을 받다
11. 年龄 niánlíng 연령. 나이
12. 行业 hángyè 업종
13. 有幸 yǒuxìng 운이 좋게도. 영광스럽게도
14. 蓬勃 péngbó 왕성한 모양. 활기 있는 모양
15. 助一臂之力 zhù yībìzhīlì 힘을 보태다. 한몫 거들다. 일조하다
16. 出一份微薄之力 chū yífèn wēibózhīlì 미약하나마 힘을 보태다

② 你想做一个什么样的导游? 당신은 어떤 가이드가 되고 싶으세요?

我想做一个用'心'和用'功'的导游。用心对待每一位游客，努力做到让每一位游客满意。
时刻了解游客的需求，为游客提供周到、热情的服务，让他们高兴而来、满意而归。
此外，作为一个中文导游，要说一口流利的汉语，所以我会不断加强学习，提高我的
汉语水平，消除跟游客的语言障碍。如果有幸成为导游，希望能为韩国观光产业
的蓬勃发展助一臂之力(或出一份微薄之力)。

저는 진심으로 관광객을 대하고 공부에도 게을리하지 않는 가이드가 되고 싶습니다.
모든[한 분 한 분의] 관광객을 진심으로 대하고 모든 관광객이 만족할 수 있도록 노력하겠습니다.
항상 관광객의 필요를 살펴보고 관광객에게 세심하고 열정적인 서비스로 그들이 기쁘게 와서 만족
하고 돌아갈 수 있도록 하겠습니다. 이 외 중국어를 유창하게 하려면 많은 시간과 노력이 필요하다
고 생각하기 때문에 공부를 게을리하지 않고 중국어 실력을 향상시켜 관광객과의 언어 장벽을 없
앨 것입니다.
만약 영광스럽게도 관광가이드가 된다면 한국 관광산업 활성화에 일조하고 싶습니다.
(혹은 영광스럽게도 관광가이드가 된다면 한국 관광산업 활성화에 작은 힘이 되길 바랍니다.)

1.对待 duìdài 대하다. 상대하다. 대우하다 例)差别对待 平等对待 认真对待
2.高兴而来, 满意而归 gāoxìng'érlái, mǎnyì'érguī 기쁜 마음으로 와서 만족해서 돌아가다
3.时刻 shíkè 시시각각. 항상
4.需求 xūqiú 수요[필요와 요구]. 니즈[needs]
5.消除 xiāochú (걱정이나 스트레스, 장애 등을) 제거하다. 해소하다. 풀다. 없애다
6.障碍 zhàng'ài 장애(하다). 방해(하다)
7.加强 jiāqiáng 강화하다. 보강하다
8.流利 liúlì (문장·말 따위가)유창하다. 막힘이 없다. 미끈하다
9.语言 yǔyán 언어

---

③ 翻译导游为什么被称为'民间外交官'?
통역가이드가 왜 '민간 외교관'이라 불리나요?

我觉得这个称呼很贴切，也是对翻译导游的最高赞誉。游客通过导游的介绍、讲解以及细致周到的服务，了解这个国家的历史、文化、传统风俗，同时喜欢上这个国家，不枉来此一游。可以说在游客的心目中导游是一个国家的代表，导游更是恰如其分地担任着两国间'文化桥梁'的角色，所以被称为'民间外交官'。

如果有幸成为导游，我希望游客通过我，喜欢上我们韩国，对韩国留下一个美好的回忆，高兴而来、满意而归，这样为韩国观光产业的蓬勃发展助一臂之力(或出一份微薄之力)。

저는 이 호칭이 매우 적절하고, 통역가이드에 대한 최고의 찬사라고 생각합니다.
관광객은 가이드의 소개와 해설, 주도면밀하고 세심한 서비스를 통하여, 이 나라의 역사, 문화, 전통 풍습을 알게 되고, 동시에 이 나라를 좋아하게 되며, 헛된 여행이 아니었다고 생각하게 됩니다.
관광객의 마음속에 가이드는 곧 한 나라의 대표라고 말할 수 있으며, 더 나아가 가이드는 매우 적절하게 두 나라 간의 문화 교량 역할을 맡고 있습니다. 그래서 '민간 외교관'이라 불립니다.
만약 제가 가이드가 된다면, 관광객이 저를 통해서 우리 한국을 좋아하고, 한국에 대한 좋은 추억을 만들어 기쁘게 왔다가 만족하고 돌아가기를 바랍니다.
이렇게 한국 관광산업의 활성화에 조금이나마 힘을 보태겠습니다.
(혹은 이렇게 한국 관광산업 활성화에 작은 힘이 되겠습니다.)

---

1. 称呼 chēnghu 호칭
2. 贴切 tiēqiè 딱 들어맞다. 적절하다
3. 赞誉 zànyù 칭찬(하다). 찬양(하다). 찬사
4. 不枉 bùwǎng 헛되지 않다. 보람이[효과가] 있다
5. 来此一游 láicǐyīyóu 이곳에 한번 놀러 오다
6. 以及 yǐjí 및. 그리고. 아울러
7. 细致 xìzhì 섬세하다. 세밀하다. 꼼꼼하다
8. 心目 xīnmù 마음과 눈. 심중
9. 恰如其分 qiàrúqífèn 정도에 맞다. 꼭 적합하다
10. 担任 dànrèn 맡다. 담임하다. 담당하다
11. 桥梁 qiáoliáng 교량. 다리. 중개. 매개
12. 角色 juésè 배역. 역할
13. 留下 liúxià (발자국, 추억, 인상 등을)남기다
14. 回忆 huíyì 회상(하다). 추억(하다)

④ 导游的魅力是什么? 가이드의 매력은 무엇인가요?

我个人认为游客通过导游的介绍、讲解、服务，了解这个国家的历史、文化、传统
风俗等，同时喜欢上这个国家，不枉来此一游。可以说在游客的心目中导游就是一个
国家的代表，导游更是恰如其分地担任着两国间'文化桥梁'的角色，所以被称为
'民间外交官'，能做这样一个'民间外交官'，是一件很荣光(或引以为荣)的事情。
此外，可以接触很多不同层次的人，跟各种形形色色的人打交道，丰富自己的阅历。
还有，我认为导游是一个未来发展前景好(或广阔)，而且不受年龄限制的行业，
这些就是导游的魅力。要是有幸成为导游，我希望游客通过我，喜欢上我们韩国，
对韩国留下一个美好的回忆，高兴而来、满意而归，这样为韩国观光产业的蓬勃
发展助一臂之力(或出一份微薄之力)。

저의 개인적인 생각은 관광객은 가이드의 소개, 설명, 서비스를 통해 그 나라의 역사·문화·전통
풍속을 알게 되고, 동시에 이 나라를 좋아하게 되고, 헛된 여행이 아니었다고 생각하게 됩니다.
관광객의 마음속에 가이드는 곧 한 나라의 대표라고 말할 수 있으며, 더 나아가 가이드는 매우
적절하게 두 나라 간의 '문화 교량' 역할을 맡고 있기에 '민간 외교관'이라 부릅니다. 이러한 민간
외교관이 된다는 것은 영광스러운 일입니다. 또한 다양한 차원의 사람들을 만날 수 있고 다양한
형형색색의 사람들을 상대하면서 직장경험을 쌓을 수 있는 것이 가이드의 매력이라고 생각합니다.
그리고 저는 가이드가 미래에 발전 전망이 좋고(혹은 넓고), 나이에 구애받지 않는 업종이라고
생각합니다. 이러한 점이 바로 가이드의 매력입니다. 만약 가이드가 된다면, 관광객이 저를 통해서
우리 한국을 좋아하고, 한국에 대한 아름다운 추억을 만들어 기쁘게 왔다가 만족하고 돌아가기를
바랍니다. 이렇게 한국 관광산업의 활성화에 조금이나마 힘을 보태겠습니다.

1.魅力 mèilì 매력
2.荣光 róngguāng 영광(스럽다)
■引以为荣 yǐnyǐwéiróng 영광으로 생각하다 📖以某人或某事物而感到光荣
3.接触 jiēchù 접촉하다. 접하다
4.层次 céngcì 층차. 차원. 계층
5.打交道 dǎ jiāodao 왕래하다. 사귀다. 교섭하다
6.丰富 fēngfù 풍부하다. 풍부하게[넉넉하게]하다
7.阅历 yuèlì 경험. 경력에서 얻은 지식. 체험한 지식 연륜 📖由经历得来的知识

⑤ 你认为作为一名导游，应该具备哪些素质？
한명의 가이드로서 어떠한 자질을 갖춰야 한다고 생각하나요?

我觉得导游要具备这些素质(或我觉得导游要具备的素质是这些)。
第一是要有很强的'爱国心'和'责任心'。
(或第一是要有很强的两颗'心'。一个是爱国'心'，另一个是责任'心')
第二是要有较强的语言表达能力以及心理素质和应变能力。
就是说要讲解得有意思，不管遇到什么问题或(者)突发事件，都能巧妙、
迅速、圆满地解决。
第三是要有周到、热情的服务精神和健康的身体。
此外，导游要掌握丰富的专业知识，游客问什么，就得能解答什么。

저는 가이드는 이러한 자질을 갖춰야 한다고 생각합니다.
(혹은 가이드가 갖춰야 할 자질이 이러한 것들이라고 생각합니다.)
첫째로는 매우 강한 '애국심'과 '책임감'이 있어야 합니다.
(혹은 첫째로는 매우 강한 두개의 '心'이 있어야 합니다.
하나는 애국'심', 다른 하나는 책임감(感)입니다.)
둘째는 비교적 유창한 언어 표현력과 심리적 자질과 순발력[임기응변 능력]이 있어야 합니다.
다시 말해서 재미있게 해설해야 하고, 어떤 문제나 돌발 상황이 닥치더라도 교묘하고 신속하고
원만하게 해결할 수 있어야 합니다.
셋째는 주도면밀하고 친절한 서비스 정신과 건강한 신체가 있어야 합니다.
이 밖에 가이드는 풍부한 전문 지식을 습득해야 합니다.
그래서 관광객의 질문에 대답할 수 있어야 합니다.

1.具备 jùbèi 갖추다. 구비하다
2.素质 sùzhì 소양. 자질. 소질
3.责任心 zérènxīn 책임감
4.颗 kē 알. 방울. 마음에 쓰는 양사 例)一颗爱心 两颗星星
5.语言表达能力 yǔyán biǎodá nénglì 언어 표현 능력
6.应变能力 yìngbiàn nénglì 임기응변 능력
7.巧妙 qiǎomiào (방법이나 기술 등이) 교묘하다
8.掌握 zhǎngwò 숙달하다. 파악하다. 장악하다. 습득하다
9.精神 jīngshén 정신. 마인드 ◨ jīngshen 활기차다. 기력. 활력
10.专业知识 zhuānyè zhīshi 전문적인 지식
11.解答 jiědá 해답(하다)

⑥ 你是怎么准备中文导游面试的?
당신은 중국어 가이드 면접을 어떻게 준비하셨나요?

我通过了HSK5级考试和笔试(以)后，就报了一家导游面试班。在面试班学了
大概4个月左右，面试资料又多又难背，而且范围也很广，总是背得慢、忘得快，
过两天就忘得干干净净的，但是从来没(有)想过放弃，很高兴今天能坐在这里。

저는 HSK 5급과 필기를 합격한 후 바로 한 가이드 면접반에 등록해서 대략 4개월 정도 공부
했습니다. 면접 자료는 많고, 외우기 어려웠습니다. 게다가 범위도 매우 넓어 늘 외우는 것은 느리
지만 잊는 것은 빨라서 이틀만 지나면 바로 깨끗이 잊어버립니다. 하지만 한 번도 포기를 생각해
본 적 없었고, 오늘 이 자리에 있을 수 있게 되어 매우 뿌듯합니다.

1.通过 tōngguò 합격하다. 통과하다. 패스하다. ~을 통해
2.笔试 bǐshì 필기시험
3.资料 zīliào 자료. 서류. 파일
4.难背 nánbèi 외우기 어렵다
5.范围 fànwéi 범위
6.广 guǎng 넓다. 광범하다
7.总是 zǒngshi 늘. 항상. 계속. 언제나
8.干干净净 gāngan jìngjìng 깨끗하다. 말끔하다. 남은 것이 없다
9.从来 cónglái 지금껏. 여태까지
10.放弃 fàngqì 포기하다

⑦ 你认为在今后的导游工作中，最辛苦的地方会是什么?
앞으로 가이드 일을 하면서 가장 힘들 것 같은 점이 무엇이라고 생각하십니까?

我觉得不管做什么工作，都很辛苦。听说，这份工作没有节假日、早出晚归、风吹日晒，经常奔跑在外，有时忙得连吃饭的时间也没有，累得回到家就瘫了，身体和精神上的压力很大，非常辛苦。但是既然选择从事这份工作，任何辛苦和困难，都能克服。

저는 무슨 일을 하던지 모두 힘들다고 생각합니다. 이 일은 명절과 휴일이 없고, 일찍 나오고 늦게 귀가하며, 바람을 맞고 햇볕에 쬐이며 자주 밖에서 뛰어다녀야 한다고 들었습니다. 때로는 바빠서 식사할 시간조차 없고, 집에 들어가면 바로 녹초가 될 정도로 힘들며, 신체적, 정신적 스트레스가 매우 크다고 들었습니다. 하지만 이 일을 선택한 이상 어떤 고생과 어려움도 극복할 수 있습니다.

1.节假日 jiéjiàrì 명절과 휴일
2.早出晚归 zǎochū wǎnguī 아침 일찍 나가서 밤늦게 돌아오다
3.风吹日晒 fēngchuī rìshài 바람을 맞고 햇볕에 쬐다[그을리다]
4.奔跑 bēnpǎo 질주하다. 내달리다. 분주히 뛰어 다니다
5.瘫 tān 마비되다. 녹초가 되다. 맥이 탁 풀리다. 반신불수가 되다
6.既然 jìrán 이미 이렇게 된 바에야. 기왕 그렇게 된 이상
7.任何 rènhé 어떠한…(라도) 例)任何情况 任何时候 任何问题 任何人
8.困难 kùnnan 곤란. 어려움. (형편이)어렵다
9.克服 kèfú 극복하다. 이겨내다

20

⑧ 请讲一下导游这份工作有哪些优点和缺点（或优缺点）
   가이드 일은 어떤 장점과 단점(혹은 장단점)이 있는지 말해 보세요.

我个人认为导游这份工作不受年龄的限制，而且工作比较自由，还可以接触很多
不同层次的人，跟各种形形色色的人打交道，会是一份很有趣的工作。
此外，可以趁工作之便走遍、看遍全国各地有名的文化遗址和旅游景点，开拓眼界。
这份工作的缺点是没有节假日、早出晚归、经常奔跑在外，所以陪伴家人的时间少，
甚至节日的时候也不能跟家人团聚。此外，精神和体力上的压力很大。但是这些
问题对我来说，都不成什么问题，既然选择从事这份工作，任何辛苦和困难，都能克服。

저는 개인적으로 가이드는 나이에 구애받지 않고 자유롭게 일할 수 있다고 생각합니다. 또한 다양한 사람들과 어울릴 수 있어 아주 재미있는 일이 될 것이라 생각합니다. 그리고 일을 하면서 전국 각지의 유명한 문화 유적지와 관광 명소를 두루두루 둘러보며 견문을 넓힐 수 있다고 생각합니다. 이 일의 단점이라면 휴일도 없이 일찍 나가고 늦게 들어오는 일이 많으며 늘 밖에서 뛰어 다녀야 하기에 가족과 함께 보내는 시간이 적다는 것입니다. 심지어 명절에도 가족과 함께 할 수 없습니다. 이 외에도 정신적, 육체적 스트레스도 크다고 생각합니다. 그러나 이 문제들은 저에게 아무런 문제가 되지 않습니다. 이 일을 선택한 이상 어떠한 수고와 어려움도 극복할 수 있습니다.

1. 优点 yōudiǎn 장점. 우수한 점
2. 缺点 quēdiǎn 결점. 부족한 점. 단점
3. 有趣 yǒuqù 재미있다. 흥미 있다. 흥미롭다
4. 陪伴 péibàn 함께 있어주다. 동반하다
5. 团聚 tuánjù 한자리에 모이다[대개 육친이 헤어졌다 다시 만날 때 씀]
6. 甚至 shènzhì 심지어
7. 趁工作之便 chèn gōngzuò zhībiàn 일의 편의를 이용하다
8. 遍 biàn 두루 퍼지다. 널리…하다. 보편적으로 …하다[주로 동사의 보어로 쓰임]

Part 2

대한민국 소개 및 관광 관련 상식

① 韩国历史的简介 한국 역사의 간단한 소개

韩国有着5000年的悠久历史。始于(公元前2333年，檀君王俭所建立的)古朝鲜，经历了高句丽、百济、新罗的三国时代、统一新罗和渤海的南·北国时代、后三国时代、高丽和朝鲜时代。在朝鲜末期(1897年)(第26代国王)高宗建立了'大韩帝国'，但是只延续了13年。之后是(1910年~1945年)35年的日本强占时期(或日本殖民统治时期)，这段历史对韩国人来说，非常心痛(和屈辱)。1945年8月15日得到光复(或解放)，为了纪念这一天，定为'光复节'。在这一天，人们在阳台或(者)门前挂国旗－太极旗。1948年正式成立大韩民国政府。1950年6月25日爆发'韩国战争'，因此又称为'六·二五战争'。三年(以)后1953年(7月27日)在板门店签订了'休战协议'(或停战协议)，分裂为南北韩，就是韩国和朝鲜，成为世界上唯一的分裂国家。

한국은 5000년의 유구한 역사를 가지고 있다. (기원전 2333년 단군왕검이 세운) 고조선에서 시작해 고구려, 백제, 신라의 삼국시대, 통일신라와 발해의 남북국시대, 후삼국시대 고려와 조선시대를 거쳤다. 조선 말기 1897년 제26대 왕인 고종이 '대한제국'을 건립했지만 13년간 지속했다. 그 이후 1910년부터 1945년까지 35년간 일본강점기로(혹은 일본식민통치시기로), 이 기간의 역사는 한국인에겐 대단히 비통하다. 1945년 8월 15일 광복(혹은 해방)을 맞이했고, 이 날을 기념하기 위해 '광복절'로 정했다. 이 날 사람들은 베란다나 문 앞에 국기인 태극기를 걸어둔다.
1948년 대한민국정부를 정식으로 수립했다. 1950년 6월 25일 '한국전쟁'이 발발했으며, 이 때문에 '6·25전쟁'이라고도 부른다. 3년 후 1953년 7월 27일 판문점에서 '휴전협정'을 체결해 남북한으로, 즉 한국과 북한(조선)으로 분열되어 세계에서 유일한 분단국가가 되었다.

✔더 알고 가기

■ '대한민국'의 뜻은 대한은 국호, 민국은 민주공화국, 풀이하면 한민족의 민주공화국(백성이 다스리는 위대한 나라)이다.

1.始于 shǐyú ~로부터 시작하다. 시작되다
2.经历 jīnglì (역사를) 경과하다. 거치다. 겪다. 경험
3.宣布 xuānbù 선포하다. 발표하다. 선언하다
4.延续 yánxù 계속(하다). 연장(하다). 지속(하다)
5.之后 zhīhòu 그 후. 그다음
6.强占 qiángzhàn 강점(하다)
7.殖民统治 zhímín tǒngzhì 식민통치
8.心痛 xīntòng 마음이 아프다
9.屈辱 qūrǔ 굴욕(적이다)
10.解放 jiěfàng 해방(하다)
11.爆发 bàofā 발발하다. 폭발하다. 터지다
12.战争 zhànzhēng 전쟁
13.板门店 bǎnméndiàn 판문점
14.签订 qiāndìng (조약을) 조인하다. 체결하다
15.休战协议 xiūzhàn xiéyì 휴전협정
16.分裂 fēnliè 분열하다. 분단하다
17.阳台 yángtái 베란다 ▣ 露台 lùtái 발코니. 테라스
18.太极旗 tàijíqí 태극기

📖各朝的建立者(或开国之君)及末代国王

　王朝別 건국자(혹은 개국임금) 및 마지막 국왕

①古朝鲜−檀君王俭 gǔ cháoxiǎn−tánjūn wángjiǎn （BC2333年~BC108年）

　　　　　　　　　　고조선−단군왕검

②高句丽−(解)朱蒙 gāogōulí−(xiè)zhūméng 고구려−(해)주몽 （BC37年~AD668年, 国祚705年）

◾ 28代 宝藏王 bǎozàngwáng 보장왕

③百济−温祚王 bǎijì−wēnzuòwáng 백제−온조왕 （BC18年~AD660年, 国祚678年）

◾ 31代 义慈王 yìcíwáng 의자왕

④新罗−朴赫居世 xīnluó−piáohèjūshì （BC57年~AD935年, 国祚992年）

　　　　　　　　　신라−박혁거세

◾ 30代 文武王−统一新罗 문무왕−통일신라 （676年~935年, 国祚259年）

◾ 56代 敬顺王 jìngshùnwáng 경순왕

⑤渤海−大祚荣 Bóhǎi−dàzuòróng 발해−대조영 （698年~926年, 国祚228年）

⑥后百济−甄萱 hòu bǎijì−zhēnxuān 후백제−견훤 （900年~936年, 国祚36年）

⑦后高句丽−弓裔 hòu gāogōulí−gōngyì 후고구려−궁예 （901年~918年, 国祚17年）

⑧高丽−王健 gāolí−wángjiàn 고려−왕건 （918年~1392年, 国祚474年）

◾ 34代 恭让王 gōngràngwáng 공양왕

⑨朝鲜−李成桂 cháoxiǎn−lǐchéngguì 조선−이성계 （1392年~1910年, 国祚518年）

◾ 27代 纯宗 chúnzōng 순종

◾ '朝鲜'的意思是宁静、晨曦之国。 '조선'의 뜻은 고요한 아침의 나라이다.

1.国祚 guózuò 1)왕조의 유지 기간 2)국운

2.宁静 níngjìng (환경·마음 따위가) 편안하다. 조용하다. 평온하다. 고요하다

3.晨曦 chénxī 아침 햇살

② 太极旗 태극기

韩国的国旗是'太极旗'。旗面(或底色)是白色，象征韩民族的纯洁(以)及对和平的热爱。中间是'太极两仪'纹样，上红下蓝，红色代表阳，象征尊贵；蓝色代表阴，象征希望。四角是四卦，分别为乾、坤、坎、离，代表'天、地、水、火；东、西、南、北；春、夏、秋、冬'。 太极旗象征和平、统一、光明、无穷、创造。

◨ 太极旗于1882年首创并使用，于1883年由朝鲜第26代国王高宗宣布定为大韩帝国的国旗，于1949年正式定为大韩民国的国旗。

한국의 국기는 '태극기'다. 깃발 바탕은 흰색으로(흰색 바탕) 한민족의 순결, 그리고 평화에 대한 사랑을 상징한다.
중간은 '태극 양의' 문양으로 위는 홍색이고 아래는 남색이다. 홍색은 양을 대표하고 존귀함을 상징하며, 남색은 음을 대표하고 희망을 상징한다. 네 모서리에는 사 괘로 구성되어 있다. 각각 건(괘)·곤(괘)·감(괘)·이(괘)인데, '하늘·땅·물·불; 동·서·남·북; 춘·하·추·동'을 대표한다.
태극기는 평화, 통일, 광명, 무궁, 창조를 상징한다.

◨ 태극기는 박영효가 고종의 명을 받아 일본에 가면서 사용하였다는 기록이 있으며, 1883년 조선 26대 왕인 고종이 대한제국의 국기로 제정·공포하였다. 1949년 정식으로 대한민국의 국기로 확정되었다.

1.国旗 guóqí 국기 ◨ 五星红旗 오성홍기   2.旗面 qímiàn 기면. 깃발의 바탕
3.底色 dǐsè 바탕색. 베이스   4.纯洁 chúnjié 순결하다
5.热爱 rè'ài 열애. 열렬히 사랑하다   6.太极两仪 tàijí liǎngyí 태극양의
7.纹样 wényàng 문양   8.尊贵 zūnguì 존귀하다
9.统一 tǒngyī 통일   10.无穷 wúqióng 무궁하다
11.四卦 sìguà 4괘
12.乾, 坤, 坎, 离 qián, kūn, kǎn, lí 건, 곤, 감, 리
   [주역에 나오는 8괘 중 네 괘의 이름. 한국의 국기인 태극기의 사방을 감싸고 있는 괘의 이름]
13.创造 chuàngzào 창조(하다)
14.首创 shǒuchuàng 창시하다. 창건하다. 처음으로 만들다
15.宣布 xuānbù 선포하다. 발표하다. 선언하다

③ 国花 국화

韩国的国花是'无穷花'，又称为'木槿花'，象征韩民族坚韧不拔、不屈不挠的精神。
无穷花花开花落、生生不息、生命力强，最能体现韩民族坚韧不拔、不屈不挠的精神，
因此被定为国花。▣ 据我所知，中国的国花是'牡丹花'。

한국의 국화는 '무궁화'이고 '목근화'라고 부른다. 한민족의 흔들리지 않는 강인한 의지와 굽힘 없는 정신을 상징한다. 무궁화는 꽃이 피고 떨어지면서도 쉬지 않고 생장·번성하며 생명력이 아주 강해 한민족의 굳건한 불굴의 정신을 가장 잘 보여 준다. 이로 인해 국화로 정해졌다.
▣ 제가 알기로는 중국의 국화는 '모란'이다.

1. 无穷花 wúqiónghuā 무궁화
2. 木槿花 mùjǐnhuā 목근화
3. 坚韧不拔 jiānrèn bùbá 의지가 매우 강인하여 흔들리지 않다
4. 不屈不挠 bùqū bùnáo 굽히거나 휘지 않다. 불요불굴하다
5. 花开花落 huākāi huāluò 꽃이 피고 꽃이 떨어지다
6. 生生不息 shēngshēng bùxī 쉬지 않고 생장하고 번성하다
7. 体现 tǐxiàn 체현하다. 구현하다. 반영하다. 구체적으로 드러내다
8. 牡丹花 mǔdānhuā 모란
9. 据我所知 jùwǒsuǒzhī 제가 알기로는. 제가 아는바에 의하면

④ 国歌-爱国歌 국가-애국가

韩国的国歌是'爱国歌',（顾名思义或如字面所示），意思是热爱自己国家的歌。

全首歌共有四节(或四段)，一般(或普遍)只唱第一节(或第一段)和副歌。

演奏和演唱(或奏唱)国歌的时候，肃立并把右手放在胸前，军人敬(军)礼(或行军礼)，
表示崇高的敬意。

■ 中国的国歌是'义勇军进行曲'。

한국의 국가는 '애국가'다. (문자 그대로) 단어의 의미는 나라를 사랑하는 노래이다.

전곡 총 4절이고, 보통 (혹은 보편적으로) 1절과 후렴구만 부른다.

연주와 국가를 부를 때는 경건하게 서서 오른손을 가슴에 올리고, 군인은 경례하는 것으로
숭고한 경의를 표한다.

■ 중국의 국가는 '의용군 진행곡'이다.

---

1. 副歌 fùgē 후렴
2. 演奏 yǎnzòu 연주하다
3. 肃立 sùlì 경건하게 서있다 📖恭敬、严肃地站着
4. 胸 xiōng 가슴 ■ 心胸 도량. 마음. 아량. 포부
5. 敬礼 jìnglǐ 경례하다
6. 崇高 chónggāo 숭고하다 📖最高的，最高尚的
7. 义勇军进行曲 yìyǒngjūn jìnxíngqǔ 의용군 진행곡
8. 顾名思义 gùmíngsīyì 이름을 보고 그 뜻을 생각하다. 문자 그대로. 말 그대로
9. 普遍 pǔbiàn 보편적이다. 널리 퍼져 있다. 흔하다. 일반적

⑤ 韩国行政区的划分 한국 행정구역의 구분

韩国的行政区划分为1个特别市、1个特别自治市、6个广域市、7个道、2个特别自治道。具体为一个特别市是'首尔特别市'、一个特别自治市是'世宗特别自治市'、两个特别自治道是'济州道'和'江原道'。江原道于2023年6月升格为特别自治道。

六个广域市分别为釜山、仁川、大邱、大田、光州、蔚山。

其中，面积最大的是仁川。

七个道分别为京畿道、忠清南北道、全罗南北道、庆尚南北道。

其中，面积最大的是庆（尚）北（道）。

■ 世宗特自别治市于2012年正式成立，和首都－首尔共同承担国家事务。

■ 韩国的'道'相当于中国的'省'，'广域市'相当于中国的'直辖市'。

据我所知，中国共有23个省，4个直辖市。

한국의 행정구역은 한 개의 특별시, 한 개의 특별자치시, 여섯 개의 광역시, 일곱 개의 도, 두 개의 특별자치도로 나뉜다. 구체적으로 한 개의 특별시는 '서울특별시', 한 개의 특별자치시는 '세종특별자치시', 두 개의 특별자치도는 '제주도'와 '강원도'이다.

강원도는 2023년 6월에 특별자치도로 승격되었다.

여섯 개의 광역시는 각각 부산, 인천, 대구, 광주, 대전, 울산이다.

그중 면적이 가장 큰 지역은 인천이다.

일곱 개의 도는 각각 경기도, 충청 남북도, 전라 남북도, 경상 남북도이다.

그중 면적이 가장 큰 지역은 경(상)북(도)이다.

■ 세종특별자치시는 2012년 정식으로 출범되었는데, 수도 서울과 공동으로 국가 사무를 담당한다.

■ 한국의 '도'는 중국의 '성', '광역시'는 중국의 '직할시'에 해당한다.

제가 알기로는 중국에 23개성과 4개의 직할시가 있다.

1.行政区 xíngzhèngqū 행정구역

2.划分 huàfēn (전체를 여러 부분으로) 나누다. 구분하다. 분할하다

3.自治市 zìzhìshì 자치시

4.广域市 guǎngyùshì 광역시

5.承担 chéngdān 떠맡다. 담당하다. 감당하다

6.面积 miànjī 면적

7.仁川 rénchuān 인천　☑ 第二大港口城市

8.釜山 fǔshān 부산　☑ 第一大港口城市

9.大邱 dàqiū 대구

10.光州 guāngzhōu (전라남도) 광주

11.蔚山 yùshān 울산

12.相当于 xiāngdāngyú …에 상당하다. 맞먹다

13.直辖市 zhíxiáshì 직할시

14.具体 jùtǐ 구체적이다

✔ 더 알고 가기

韩国划分行政区的名称分别为'道、市、郡、区、面、邑、洞、里'。
'道'相当于'中国的'省'；'郡'相当于中国的'县'；'面'相当于中国的'乡'；
'邑'相当于中国的'镇'；'洞'相当于中国城市的'街道'；'里'相当于中国农村的'村'。
中国的4个直辖市分别为北京、上海、天津、重庆。

한국의 행정구역 명칭은 '도·시·군·구·면·읍·동·리'이다.
'도'는 중국의 '성', '군'은 '현', '면'은 '향', '읍'은 '진', '동'은 중국 도시의 '거리[동]',
'리'는 중국 농촌의 '촌'에 해당한다.
중국의 4개 직할시는 각각 베이징, 상하이, 톈진, 충칭이다.

⑥ 韩国的基本概况 한국의 기본 개황[기본 정보]

韩国的全称是'大韩民国'，首都是首尔。韩国三面环海，群山围绕，总面积是10万多平方公里，总人口是五千万左右，其中，五分之一的人口集中在首都-首尔。

首尔以'汉江'为界，分为江南和江北，风格迥异。江南繁华，江北古典，繁华与古典和谐地融为一体，是一座美丽又充满魅力的城市。

韩国属于海洋性气候，四季分明，四季景色各异。6月末到7月初（之间）是雨季，因此这个期间要随身携带雨伞。韩国是单一民族，就是韩民族，通用语是'韩语'，通用文字是'韩文'，韩文简单易学，所以在韩国几乎没有文盲，都会读和写。

韩国是'总统共和制'，总统任期是5年，不能连任。目前，现任总统是第20届总统。

韩国是宗教信仰自由的国家，有三大宗教，分别为佛教、改新教、天主教，所以韩国建有很多寺庙、教会、教堂。

한국의 정식 명칭은 '대한민국'이고, 수도는 서울이다. 한국은 3면이 바다이고, 많은 산으로 둘러싸였다. 총면적은 10만여 제곱미터이고, 총인구는 5천만 명 가량이다. 그중 5분의 1의 인구는 수도인 서울에 집중되어 있다.

서울은 '한강'을 경계선으로 강남과 강북으로 나누고 풍격이 판이하다. 강남은 번화하고, 강북은 고전적이다. 번화함과 고전적인 분위기가 조화롭게 어우러진 서울은 아름답고 매력이 넘치는 도시이다.

한국은 해양성기후에 속하고, 4계절이 뚜렷하며, 4계절의 경치는 제각기 다르다.

6월 말에서 7월 초 (사이)는 장마철이다. 이 기간은 항상 우산을 가지고 다녀야 한다.

한국은 단일 민족, 곧 한민족이다. 공용어는 '한국어'이고 공용 문자는 '한글'이다.

한글은 간단하고, 배우기 쉽다. 그래서 한국에는 거의 문맹이 없고, 모두 쓰고 읽을 수 있다.

한국은 대통령직선제 민주공화국이다. 대통령 임기는 5년이고, 연임할 수 없다.

현임 대통령은 제20대 대통령이다.

한국은 종교 신앙이 자유로운 나라이다. 3대 종교가 있으며, 각각 개신교, 불교, 천주교이다.

그래서 한국은 많은 사찰과 교회, 성당이 지어져 있다.

1.概况 gàikuàng 개황
2.环海 huánhǎi 바다로 둘러싸다
3.群山围绕 qúnshān wéirào 군산으로 둘러싸다
4.繁华 fánhuá 번화(하다)
5.古典 gǔdiǎn 고전적이다. 클래식하다
6.充满 chōngmǎn 충만하다. 넘치다. 가득 차다
7.魅力 mèilì 매력
8.属于 shǔyú …에 속하다
9.海洋性气候 hǎiyángxìng qìhòu 해양성기후
10.四季分明 sìjì fēnmíng 사계절이 분명하다
11.景色各异 jǐngsè gèyì 경치가 각기 다르다
12.季节 jìjié 계절. 철
13.随身携带 suíshēn xiédài 항상 몸에 지니다
14.雨伞 yǔsǎn 우산
15.总统共和制 zǒngtǒng gònghézhì 대통령 공화제
16.宗教信仰 zōngjiào xìnyǎng 종교 신앙
17.风格迥异 fēnggé jiǒngyì 풍격이 판이하다

⑦ 韩国货币-韩币的介绍 한국 화폐의 소개

韩国的货币-韩币分为纸币和硬币这两种。纸币有一千的、五千的、一万的、五万的。
硬币有十韩元的、五十的、一百的、五百的。

纸币(的正面)上印有(退溪)李滉、(栗谷)李珥、世宗大王、(栗谷)李珥的母亲-申师
任堂(等朝鲜时代伟人)的肖像。

硬币上分别印有多宝塔、李舜臣将军的肖像、稻穗、鹤(等图案)。

在十韩元的硬币上印有'多宝塔'。多宝塔是韩国(新罗时代)最精美的石塔。

在五十韩元的硬币上印有'稻穗',象征五谷丰登。

在一百韩元的硬币上印有'李舜臣将军'的肖像。

■ 李舜臣将军是朝鲜时代最著名的抗倭名将,被誉为'长胜将军',死后被尊为'民族
　英雄-忠武公'。

在五百韩元的硬币上印有'鹤',象征和平和长寿。

在一千韩元的纸币上印有'(退溪)李滉'的肖像。他是朝鲜时代的著名儒学家。

■ 李滉(辞官后)建造了"陶山书堂",培养出了很多优秀的人才。李滉死后他的弟子们
　为了悼念他设立了'陶山书院'。陶山书院(于2019年)被指定为世界文化遗产。

在五千韩元的纸币上印有(栗谷)李珥的肖像。他是朝鲜时代的著名儒学家。

■ 李滉和李珥被称为"二大儒"。

在一万韩元的纸币上印有朝鲜第四代国王-世宗大王的肖像。

■ 他是一位勤政爱民、最杰出的国王,非常受韩国人的尊敬。

在五万韩元的纸币上印有(栗谷)李珥的母亲-'申师任堂'的肖像。

■ 申师任堂被誉为'韩国的孟母',也是朝鲜时代的著名女书画家。

한국의 화폐는 지폐와 동전으로 나뉜다.

지폐는 천원, 오천, 만원, 오만원이 있다.

동전은 십원, 오십원, 백원, 오백원이 있다.

지폐 (앞면)에는 (퇴계)이황, (율곡)이이, 세종대왕, (율곡)이이의 어머니인 신사임당(등 조선 시대 위인들)의 초상이 찍혀 있다.

동전에는 각각 다보탑, 이순신 장군의 초상, 벼이삭, 학 (등의 문양)이 새겨져 있다.

십원짜리 동전에는 다보탑이 새겨져 있다. 다보탑은 한국(신라시대)의 가장 아름다운 석탑이다.

오십원짜리 동전에는 풍년을 상징하는 '벼이삭'이 새겨져 있다.

백원짜리 동전에는 '이순신 장군'의 초상이 찍혀 있다.

▣ 이순신 장군은 조선시대의 가장 유명한 항왜 명장이며, '장승 장군'으로 불렸고, 사후에는 '민족의 영웅-충무공'으로 추앙받았다.

오백원짜리 동전에는 평화와 장수를 상징하는 '학[두루미]'이 새겨져 있다.

천원짜리 지폐에는 '(퇴계)이황'의 초상이 찍혀 있다. 그는 조선 시대의 저명한 유학자이다.

▣ 이황은 (관직에서 물러나) '도산서당'을 세우고 많은 우수한 인재들을 배출했다. 이황이 서거 후 그의 제자들은 그를 추모하기 위해 '도산서원'을 설립했다. (2019년) 도산서원은 세계문화유산으로 지정되었다.

5천원짜리 지폐에는 (율곡)이이의 초상이 찍혀 있다. 그는 조선시대의 저명한 유학자이다.

▣ 이황과 이이를 '유가의 양대 산맥[쌍벽]'이라 부른다.

1만원권 지폐에는 조선 4대 임금인 세종대왕의 초상이 찍혀 있다.

▣ 그는 근정애민의 가장 걸출한 왕으로, 한국인의 존경을 한 몸에 받고 있다.

5만원권 지폐에는 (율곡)이이의 어머니인 신사임당의 초상이 찍혀 있다.

▣ 신사임당은 '한국의 맹모'로 불리며 조선시대의 유명한 여성서화가이기도 하다.

1. 货币 huòbì 화폐 ▣ 纸货↔硬币 zhǐbì↔yìngbì 지폐↔동전
2. (退溪)李滉 (tuìxī) lǐhuàng (퇴계)이황
3. (栗谷)李珥 (lìgǔ) lǐ'ěr (율곡)이이
4. 申师任堂 Shēn Shīrèntáng 신사임당
5. 肖像 xiàoxiàng 초상
6. 稻穗 dàosuì 벼 이삭
7. 图案 tú'àn 도안
8. 长寿 chángshòu 장수(하다)
9. 勤政爱民 qínzhèng àimín [근정애민] 정사에 근면하고 백성들을 아끼다
10. 被誉为 bèi yùwéi ~라고 칭송받다
11. 被尊为 bèi zūnwéi ~으로 추앙받다
12. 孟母 mèngmǔ 맹모
13. 李舜臣将军 lǐshùnchén jiāngjūn 이순신 장군
14. 抗倭名将 kàngwō míngjiàng 항왜명장
15. 受尊敬 Shòu zūnjìng 존경 받다
16. 辞官 cíguān 벼슬을 그만두다. 퇴관하다. 관직에서 물러나다
17. 杰出 jiéchū 걸출하다
18. 培养 péiyǎng 양성하다. 키우다. 배양하다
19. 优秀 yōuxiù 우수하다. 훌륭하다
20. 伟人 wěirén 위인
21. 精美 jīngměi 정밀하고[정교하고] 아름답다
22. 英雄 yīngxióng 영웅
23. 悼念 dàoniàn 애도[추모]하다
24. 鹤 hè 두루미[학]

⑧ 韩服的介绍 한복의 소개

韩国的传统服装是'韩服'，是朝鲜时代的服装。韩服分为'男式韩服'和'女式韩服'。

男式韩服由上衣、马夹(或长马褂)、裤子(或大肥裤)等构成。

女士韩服由V字领的短上衣、蓬松的长裙子、衬裙、衬裤、布袜等构成。

韩服具有'三大美'，就是线条、色彩和花纹之美。

'线条美'是指袖子的'曲线美'，短上衣连到长裙子的'直线美'。

韩服的颜色很艳丽，一般使用两种以上的颜色。

此外，在裙边、袖口、肩部等地方绣有(华丽的)花纹。

传统的韩服穿起来很不方便，所以'改良韩服'和'生活韩服'很受欢迎。

目前，在韩国有很多'韩服租赁店'。最近穿韩服的话，可以免费游览五大宫。

这个'穿韩服游览五大宫'的活动很受游客们的喜爱。

한국의 전통의상은 '한복'이고, 조선시대의 의상이다.

'한복'은 '남성 한복'과 '여성 한복'으로 나뉜다.

남성 한복은 저고리, 조끼(또는 마고자), 바지(또는 통이 넓은 바지) 등으로 구성되어 있다.

여성 한복은 브이넥의 짧은 저고리, 펑퍼짐한 긴 치마, 속치마, 속바지, 버선 등으로 구성되어 있다.

한복은 라인과 색채, 무늬의 '3대 미'를 가지고 있다.

'곡선미'는 소매의 '곡선미', 짧은 상의에서 긴 치마까지 이어지는 '직선미'를 의미한다.

한복의 색깔은 매우 곱고 아름다우며, 보통 두 가지 이상의 색을 사용한다.

이 밖에 치맛자락, 소매, 어깨 등에 (화려한) 무늬를 수놓는다.

전통 한복은 입기 불편해 '개량 한복'과 '생활 한복'이 인기가 많다.

현재 한국에는 '한복 대여점'이 많다. 요즘은 한복을 입으면 5대궁을 무료로 관람할 수 있다.

'한복 입고 5대궁 투어'는 관광객들에게 큰 인기를 끌고 있다.

1.马夹=马甲 mǎjiá=mǎjiǎ 조끼 ▣ 夹克 jiākè 재킷(jacket)

2.长马褂 chángmǎguà 긴 마고자. 두루마기

3.大肥裤 dàféikù 크고 넓은 바지. 사폭바지

4.衬裙 chènqún 속치마

5.衬裤 chènkù 속바지

6.布袜 bùwà 버선 양말

7.袖子 xiùzi 소매

8.构成 gòuchéng 구성(하다). 형성(하다). 성립되다 例)构成犯罪 범죄가 성립되다

9.曲线 qūxiàn 곡선 ↔ 直线 zhíxiàn 직선

10.艳丽 yànlì 곱고 아름답다. 환하고 아름답다. 컬러플하다

11.裙边 qúnbiān 치맛자락. 치맛단

12.袖口 xiùkǒu 소맷부리. 소매단. 소매끝

13.肩部 jiānbù 어깨부위

14.绣 xiù 수놓다

15.花纹 huāwén 각종 도안과 문양. 장식용의 도안이나 무늬

16.租赁 zūlìn 대여하다. 임대하다. 렌털[rental]

⑨ 韩国的传统节日及法定节假日 한국의 전통명절 및 법정 공휴일

■ 韩国的四大传统节日 한국의 4대 전통명절

① '春节'是正月初一。 설날은 정월 초하룻날이다.

② '寒食日'是冬至后第105天。 '한식'은 동지 이후 105일째 되는 날이다.

③ '端午'是阴历(或农历)五月初五。 '단오'는 음력 5월 5일이다.

④ '中秋节'是阴历(或农历)八月十五。 '추석'은 음력 8월 15일이다.

■ 三·一节、制宪节、光复节、开天节、韩文日是韩国的五大国庆日。

　 3·1절, 제헌절, 광복절, 개천절, 한글날은 한국의 5대 국경일이다.

⑤ 1919年3月1日(这一天), 以朝鲜第26代国王－高宗的葬礼为契机, 民众发起反抗日本的殖民统治, 要求独立的'反日救国'运动。虽然这个运动失败了(或以失败而告终), 但是它是一场非常伟大的全民性反日救国运动, 对韩国独立运动产生了深远的影响, 同时增强了韩民族的凝聚力, 为了纪念这一天, 定为'三·一节'。
'三·一节'又称为'独立万岁运动日'。

　 1919년 3월 1일(이날), 조선 26대 왕인 고종의 장례를 계기로 민중들은 일본의 식민통치에 항거하고, 민족의 독립을 요구하는 '항일구국'운동을 전개했다. 비록 이 운동은 실패로 끝났지만, 매우 위대한 전 국민적인 반일 구국 운동으로, 한국 독립운동에 지대한 영향을 끼쳤으며, 동시에 한민족의 결속력을 증대시켰다는 점에서 이 날을 기념하기 위해 삼일절로 정했다. 삼일절은 '독립만세운동일'이라고도 한다.

⑥ '显忠日'是6月6日, 是为悼念(或缅怀)韩国战争的烈士(以)及为国牺牲(或为国捐躯)的先烈(而)设立的日子。(在)这一天, 降半旗致哀。

　 현충일은 6월 6일로 한국전쟁의 전사자를 비롯해 나라를 위해 희생한(혹은 나라를 위해 목숨을 바친) 선열들을 추모하기(또는 기리기) 위해 세운 날이다. 이날 조기 게양으로 애도의 뜻을 표한다.

韩国的'显忠日'相当于中国的'烈士纪念日'。烈士纪念日是9月30日，每年此日在北京天安门广场人民英雄纪念碑前举行公祭活动，国家领导人与各界代表向人民英雄献花篮。

한국의 현충일은 중국의 '열사기념일'에 해당한다. 9월 30일 열사기념일을 맞아 매년 베이징 텐안먼 광장 인민영웅기념비 앞에서 국가 지도자와 각계 대표가 인민영웅에게 꽃바구니를 바치는 추모행사를 갖는다.

⑦ '制宪节'是7月17日，是为纪念大韩民国'宪法'的颁布(而)设立的日子。
제헌절은 7월 17일로 대한민국의 '헌법'의 반포를 기념하기 위해 세운 날이다

⑧ '光复节'是8月15日。1945年8月15日(这一天)，韩国摆脱(或结束)了日本35年的殖民统治得到光复，为了纪念这一天，定为光复节。(在)这一天，人们在门前或(者)阳台挂太极旗。
광복절은 8월 15일이다. 1945년 8월 15일(이날) 한국은 일본의 36년 식민통치에서 벗어나 광복을 맞이했다. 이 날을 기념하기 위해 광복절로 정했다. 이날 사람들은 문 앞이나 베란다에 태극기를 걸어놓는다.

⑨ '开天节'是10月3日。公元前2333年10月3日(这一天)，'檀君王俭'建立了韩半岛的第一个国家'古朝鲜'。韩国人认为这一天是韩民族的诞生日-'民族奠基日'，所以为了纪念这一天，定为开天节。(在)这一天，人们在门前或(者)阳台挂太极旗。
개천절은 10월 3일로 기원전 2333년 10월 3일(이날), '단군왕검'은 한반도의 첫 국가인 '고조선'을 세웠다. 한국인은 이날을 한민족의 탄생일인 '민족정초일'로 생각한다. 그래서 이날을 기념하기 위해 개천절로 정하였다. 이날, 사람들은 집 앞이나 베란다에 태극기를 걸어 놓는다.

⑩ '韩文日'是10月9日，是为纪念世宗大王创制并颁布'训民正音'(而)设立的日子。现在使用的韩文是在'训民正音'的基础上演变而来的。
한글날은 10월 9일로 세종대왕이 훈민정음을 창제하고 반포한 것을 기념하기 위해 제정된 날이다. 현재 사용되고 있는 한글은 '훈민정음'을 바탕으로 한 것이다.

⑪ '释迦(牟尼)诞辰日'(或佛诞节)是阴历(或农历)四月初八，是为纪念佛祖－释迦牟尼的诞生(而)设立的日子。

부처님오신날[석가(모니) 탄신일]은 음력 사월 초하룻날로 '부처님－석가모니'의 탄생을 기념하기 위해 제정된 날이다.

⑫ '圣诞节'是12月25日，是为纪念耶稣的诞生(而)设立的日子。

크리스마스는 12월 25일로 예수의 탄생을 기념하기 위해 만들어진 날이다.

⑬ '儿童节'是5月5日。(在)这一天，很多父母带孩子去游乐场玩。

어린이날은 5월 5일이다. 어린이날에는 많은 부모들이 아이들을 데리고 놀이동산에 놀러 간다.

1.独立万岁 dúlì wànsuì 독립만세
2.葬礼 zànglǐ 장례
3.契机 qìjī 계기
4.发起 fāqǐ 발기하다. 제창하다. 개시하다
　　　　 (전쟁, 운동들을)전개하다
5反抗 fǎnkàng 반항하다. 항거하다
6.救国 jiùguó 나라를 구하다[구국]
7.失败 shībài 실패하다
8.纪念 jìniàn 기념(하다)
9.悼念 dàoniàn 추모하다. 애도하다
10.缅怀 miǎnhuái 기리다
11.为国牺牲 wèiguó xīshēng 나라를 위해 희생하다
12.为国捐躯 wèiguó juānqū
　　　　 나라를 위해 목숨을 바치다
13.先烈 xiānliè 선열
14.降半旗 jiàng bànqí 조기 게양하다
15.致哀 zhì'āi 애도를 표하다 📖致是指表示
16.颁布 bānbù 반포(하다)
17.摆脱 bǎituō 벗어나다
18.结束 jiézhù 끝내다. 종결하다

19.殖民统治 zhímín tǒngzhì 식민통치
20.太极旗 Tàijíqí 태극기
21.基础 jīchǔ 기초
22.演变 yǎnbiàn 변화,발전하다
23.檀君王俭 tánjūn wángjiǎn 단군왕검
24.古朝鲜 gǔ cháoxiān 고조선
25.奠基 diànjī 기초를 잡다[정하다. 닦다].정초
26.佛祖 fózǔ 부처님
27.释迦牟尼 shìjiāmóuní 석가모니
28.佛诞节 fódànjié 부처님 오신 날
29.圣诞节 shèngdànjié 성탄절. 크리스마스
30.耶稣 Yēsū 예수
31.儿童节 értóngjié 어린이날
32.游乐场 yóulèchǎng 놀이공원
33.显忠日 xiǎnzhōngrì 현충일
34.制宪节 zhìxiànjié 제헌절
35.阳台 yángtái 베란다
36.诞生 dànshēng 태어나다. 출생하다. 탄생하다
■ 诞辰 dànchén 탄신[주로 존경하는 사람의 생일을 말할 때 씀]

旅游术语及相关专业知识 관광 전문용어 및 관련 전문지식

① (UN)WTO ◼ World Tourism Organization

'(UN)WTO'是指(联合国)世界旅游组织, 总部设在西班牙的首都马德里。

◼ 韩国于1975年加入世界旅游组织。

UNWTO는 세계 관광 기구를 가리키며, 본부는 스페인의 마드리드에 있다.

◼ 한국은 1975년 세계관광기구에 가입했다.

② KTO ◼ Korea Tourism Organization

'KTO'是指韩国旅游发展局, 是为振兴韩国旅游产业(而)设立的官方机构。
总部设在江原道的原州(市)。

'KTO'는 한국관광공사를 가리키는데 한국 관광산업의 진흥을 위하여 설립한 관공서이다.
본부는 강원도의 원주(시)에 있다.

③ E/D卡 ◼ Embarkation / Disembarkation

'E/D卡'是指出入境登记卡, 就是出入境时填写的单子。

E/D 카드는 출입국 기록카드 즉 출입국 할 때 기입하는 작성표를 가리킨다.

④ P·V·S ◼ Passport·Visa·Shot

P·V·S是护照、签证、疫苗(接种)卡的英文简称。

P·V·S는 여권, 비자, 예방(접종) 카드의 영문 약칭이다.

⑤ C·I·Q ◼ Customs·Immigration·Quarantine

'C·I·Q'是海关检查、出入境审查、检疫的英文简称。
它们是出入境时要通过(或接受)的三个必检。

C·I·Q는 세관검사, 출입국심사, 검역 이 3개 업무의 영어 간략 명칭이다.
이들은 출입국 시 거쳐야(혹은 받아야) 할 3개 필수 검사이다.

1.世界旅游组织 shìjiè lǚyóu zǔzhī 세계 관광기구
2.总部 zǒngbù 본부
3.西班牙 Xībānyá 스페인
4.马德里 Mǎdélǐ 마드리드[Madrid]
5.振兴 zhènxīng 진흥시키다. 흥성하게 만들다
6.出入境登记卡 chūrùjìng dēngjìkǎ 출입국 기록[등기] 카드
7.填写 tiánxiě 기입하다. 작성하다
8.单子 dānzi 리스트. 목록. 표. 벌금[과태료]딱지
9.护照 hùzhào 여권
10.签证 qiānzhèng 비자
11.简称 jiǎnchēng 약칭. 줄임말
12.疫苗接种卡 yìmiáo jiēzhòngkǎ 백신 접종카드
13.海关检查 hǎiguān jiǎnchá 세관검사
14.出入境审查 chūrùjìng shěnchá 출입국관리(심사)
15.检疫 jiǎnyì 검역(하다)
16.接受 jiēshòu 받다. 받아 들이다. 수락하다
17.必检 bìjiǎn 필수 검사

⑥ 패키지 투어 全包价旅游(或者跟团游)

'Package Tour'是指全包价旅游，就是要一次性支付全部费用的旅游形态。
由旅行社安排所有行程和旅游项目。全包价旅游适合团队游，一般是由10人以上组成。
◙ 全包价旅游要一次性支付'食、住、行、游、娱'等五项旅游服务费。

'패키지 투어'는 단체여행을 가리킨다. 곧 한꺼번에 모든 비용을 일괄 지불하는 관광 형태이다. 여행사가 모든 관광 스케줄과 관광 항목을 배정한다. 패키지 투어는 단체 여행에 알맞고 일반적으로 10인 이상으로 구성된다.

◙ 패키지 투어는 한꺼번에 '먹고 자고 다니고 유람하고 오락'하는 등 다섯 가지 관광서비스 비용을 지불해야 한다.

1.全包价旅游 quánbāojià lǚyóu 가격을 전부 포함한 여행
2.跟团游 gēntuányóu 단체여행
3.一次性支付 yícìxìng zhīfù 한꺼번에 지불하다. 일괄로 지불하다
4.服务费 fúwùfèi 서비스 비용
5.组成 zǔchéng 구성하다. 결성하다. 이루어지다
6.安排 ānpái 안배하다. 배치하다. 배분하다. 배정하다. 스케줄

⑦ FIT 个别旅游(或者散客旅游) ◼ Foreign Independent Tour

'FIT'是指个别旅游, 就是由游客自己安排行程和路线, 由旅行社安排机票、酒店和导游的旅游形态。个别旅游不是一次性支付全部费用, 而是零星现付各项旅游费用, 一般是由10人以下组成。个别旅游自由、可选择性强, 所以很受人们的喜爱。现在全包价旅游少了, 个别旅游越来越多了, 这是最大的变化, 也是最近的旅游趋势。

◼ 个别旅游的游客可以是单个游客、一个家庭、几个人结伴。

'FIT'는 개별 관광을 가리킨다. 곧 관광 일정과 노선을 여행객 스스로가 안배하고 여행사는 비행기 표, 호텔 및 가이드를 안배하는 관광 형태이다. 개별 관광은 전 비용을 한꺼번에 지불하는 것이 아니고 각 항목별 관광비용을 조금씩 [소액으로] 즉석에서 지불하는 것이다. 일반적으로 10인 이하로 구성된다. 개별 관광은 자유롭고 선택의 폭이 넓기에 사람들의 애호를 많이 받는다. 지금은 패키지 투어가 줄어들었고 개별 관광이 점점 늘어나고 있다. 이는 가장 큰 변화이자 요즘 트렌드이다.

◼ 개별관광객은 한 사람, 한 가족, 여러 명이 동반할 수 있다.

1.散客旅游 sǎnkè lǚyóu 개별 관광
2.行程 xíngchéng 여행 일정
3.现付 xiànfù 바로 지불하다. 즉석에서 지불하다
4.零星 língxīng 소량이다. 소액. 자잘하다
5.可选择性 kě xuǎnzéxìng 선택할 수 있는 가능성[폭]
6.趋势 qūshì 추세. 경향. 흐름. 트렌드
7.结伴 jiébàn 짝을 이루다. 동행이 되다

---

⑧ SIT 特色旅游(或者专题旅游) ◼ Special Interest Tour

'SIT'是指特色旅游, 就是为满足旅游者某方面的特殊兴趣和需要(而)定制的定向性旅游(或量身定制的旅游)。

'SIT'는 '특수 목적 관광'을 가리킨다, 곧 여행자의 어느 방면의 특수한 취미와 필요를 만족시키기 위해서 만든 맞춤형 관광이다.

1.专题 zhuāntí 전문적인 테마
2.满足 mǎnzú 만족(시키다). 충족시키다. 만족하다
3.某方面 mǒu fāngmiàn 모 방면
4.特殊 tèshū 특수하다
5.兴趣 xìngqù 취미. 관심사
6.组织 zǔzhī 조직(하다). 구성(하다). 결성(하다)
7.定向性 dìngxiàngxìng 맞춤형
8.量身定制 liángshēn dìngzhì (옷을) 맞춤 제작. 실제 상황에 맞게 설계 제작[맞춤식]

⑨ 에코 투어리즘 生态旅游

'EcoTourism'是指生态旅游。生态旅游是指以保护当地的自然环境和提高当地居民的
福利为目的，并可持续发展的旅游形态。韩国有很多生态旅游地区，最具代表性
的是牛浦沼、顺天湾、宝城滩涂、济州偶来(小路)、非武装地带－DMZ、和平生命
地带－PLZ等地方。生态旅游作为一种低碳·绿色增长的新型旅游趋势，越来越受到
(人们的)关注和欢迎。

'Eco Tourism'은 생태관광을 가리킨다. 생태관광이란 현지의 자연환경을 보호하고 현지 주민의
복리를 높이는 것을 목적으로 하며, 또한 지속 발전할 수 있는 관광 형태를 가리킨다.
한국은 많은 생태관광지역이 있는데, 가장 대표적인 것은 우포늪, 순천만, 보성갯벌, 제주올레길,
비무장지대인 DMZ, 평화생명지대인 PLZ 등이다.
생태관광은 저탄소·녹색성장의 새로운 관광트렌드로서 갈수록 (사람들의) 주목과 환영을 받고 있다.

1.福利 fúlì 복리
2.可持续发展 kě chíxù fāzhǎn 지속해서 발전할 수 있는
3.牛浦沼 niúpǔzhǎo 우포늪
4.顺天湾 shùntiānwān 순천만
5.滩涂 tāntú 갯벌. 간석지 ▣ 泥滩 nítān 진흙 갯벌
6.济州偶来(小路) jìzhōu ǒulái(xiǎolù) 제주올레(길)
7.非武装地带 fēiwǔzhuāng dìdài 비무장지대
8.和平生命地带 hépíng shēngmìng dìdài 평화생명지대
9.低碳 dītàn 저탄소
10.增长 zēngzhǎng 증가하다. 높아지다. 늘어나다

1) 济州偶来(小路) 제주올레(길)

目前，济州道的偶来小路越来越受到关注和喜爱。济州偶来(小路)由济州道政府和民间团体共同开发，它是韩国最具代表性的徒步道，也是生态旅游地区之一。

'偶来'是济州道方言'올레'的音译，意思是(从家门口连接到马路的)小路或者小胡同。这条徒步道是把海边的小路连接起来的。济州偶来小路全长425公里，共有26条路线，每段路线的平均距离是15公里，难易度不一样，人们可以按照个人的喜好选择。

自从(2007年)开放以来，很受游客们的喜爱。人们一边走一边欣赏美丽的济州风景，(让人心旷神怡)，可以得到身心的放松、安定和愉悦。

(从)2010年开始每年的秋天(或金秋时节)举办'济州偶来徒步庆典'，因此慕名而来的游客络绎不绝，给济州岛带来了巨大的经济利益。

현재, 제주도의 올레(길)은 점점 주목(관심)과 사랑을 받고 있다. 제주올레(길)은 제주도도청과 민간단체가 공동으로 개발한 것으로 이는 한국의 가장 대표적인 도보 산책길이며, 또한 생태관광지의 하나이다. '偶来'는 제주도 방언 '올레'의 음역으로, 뜻은 (집문 앞에서 큰길까지 연결되는) 작은 길[오솔길] 혹은 작은 골목이다. 이 도보 산책로는 해변의 작은 길을 연결한 것이다.

제주 올레(길)은 총 길이는 425km이고 모두 26개의 노선이 있는데, 각 오솔길의 평균 거리는 15km이며, 난이도가 같지 않아 사람들은 개인의 기호[취향]에 따라 선택할 수 있다.

2007년 개방한 이래로 관광객들의 사랑을 많이 받고 있다. 사람들은 한편으로는 걸으면서 한편으로는 아름다운 제주의 풍경을 감상하면서 (마음이 탁 트이고 기분을 상쾌해지게 한다) 심신의 긴장을 풀고 안정, 즐거움을 얻을 수 있게 된다.

2010년부터 매년 (황금빛이 출렁이는) 가을에 '제주 올레길 걷기축제'를 개최하는데 소문을 듣고 찾아오는 관광객의 발길이 끊이지 않고 제주도에 막대한 경제적 이익을 가져다 주었다.

1.民间团体 mínjiān tuántǐ 민간단체

2.徒步 túbù 도보하다

3.音译 yīnyì 음역

4.连接 liánjiē 연결하다

5.马路 mǎlù 큰길. 대로

6.平均 píngjūn 평균

7.胡同 hútòng 골목

8.距离 jùlí 거리. 간격

9.难易度 nányìdù 난이도

10.喜好 xǐhào 기호. 취향

11.选择 xuǎnzé 선택하다

12.欣赏 xīnshǎng 감상하다

13.心旷神怡 xīnkuàng shényí 마음이 탁 트이고 기분이 상쾌하다

14.愉悦 yúyuè 유열. 기쁨

15.金秋时节 jīnqiū shíjié 황금 가을 시절. 황금빛이 출렁이는 가을

2）PLZ-和平生命地带 ▣ Peace Life Zone

'PLZ'是指和平生命地带，这里原始生态保存完好，堪称生态界的宝库。

根据韩国战争休战协议，南北韩以'军事分界线'为中心，各退两公里。

在这个区域里禁止驻扎军队和设置武器，因此叫'非武装地带'，就是'DMZ'。

60年（以）来，这个区域无人踏足，因此原始生态保存完好，文化体育观光部[文体部]和韩国旅游发展局把非武装地带的周边地区命名为'和平生命地带'，并开发成了生态旅游地区。

'PLZ'는 평화생명지대를 가리키는데, 이곳은 원시 생태의 보존이 완전하여 생태계의 보고[보물창고]라 할만하다. 한국전쟁 휴전 협의에 의거해, 남북한은 '군사분계선'을 중심으로 해서 각각 2km씩 물러났는데, 이 구역에 군대를 주둔하고, 무기를 설치하는 것을 금지한다. 때문에 이 구역을 '비무장 지대' 즉 'DMZ'라 한다. 60년 동안, 민간인으로（군인이 아닌） 발을 들여놓은 사람이 없다. 이로 인해 원시 생태의 보존이 완전하다. 문화체육관광부[문체부]와 한국관광공사가 비무장지대의 주변지역을 '평화생명지대'로 명명하고 생태관광지역으로 개발하였다.

1.和平生命地带 hépíng shēngmìng dìdài 평화 생명지대
2.原始生态 yuánshǐ shēngtài 원시 생태
3.生态界 shēngtàijiè 생태계
4.宝库 bǎokù 보물창고[보고]
5.休战协议 xiūzhàn xiéyì 휴전 협의　　　▣ 又称为停战协议或者停火协议
6.军事分界线 jūnshì fēnjièxiàn 군사분계선　▣ 全长155迈（或英里），约250公里
7.退 tuì 물러나다
8.区域 qūyù 구역
9.驻扎 zhùzhā 주둔하다
10.设置 shèzhì 설치하다
11.武器 wǔqì 무기
12.无人踏足 wúrén tàzú 발을 들여놓은 사람이 없다
13.周边地区 zhōubiān dìqū 주변지역
14.命名 mìngmíng 명명하다. 이름을 짓다
15.堪称 kānchēng …라고 할 만하다

⑩ 그린 투어리즘 绿色旅游

'Green Tourism'是指绿色旅游。绿色旅游是指以远离城市的喧嚣、快节奏的生活、亲近和保护大自然为目的的旅游形态。

目前，绿色旅游开始受到人们的关注。那是因为现在城市的喧嚣、快节奏的生活，人们受到很大的精神压力，所以人们越来越想亲近大自然，从而得到身心的放松、安定和愉悦。

▣ 绿色旅游具有集观光、度假、科普教育于一体的功效。

'Green Tourism'은 녹색관광을 가리킨다. 녹색관광이란 도시의 소란과 빠른 템포의 생활을 멀리 떠나서 대자연을 가까이하고 보호하는 것을 목적으로 하는 관광 형태이다.

현재 녹색관광이 사람들의 주목받기 시작했다. 그 이유는 현재 도시의 소란과 빠른 생활로 인해 현대인들은 많은 정신적 스트레스를 받고 있기 때문에 사람들은 점점 더 자연과 가까워지고 따라서 몸과 마음의 편안함, 안정 및 즐거움을 얻고 싶어 하기 때문이다.

▣ 녹색관광은 관광, 휴가, 과학 보급 교육을 하나로 모은 효과를 갖는다.

1.绿色旅游 lǜsè lǚyóu 녹색관광

2.远离 yuǎnlí 멀리하다. 멀리 떠나다

3.喧嚣 xuānxiāo 시끄럽다. 소란(스럽다). 시끌시끌하다

4.快节奏 kuài jiézòu 빠른 템포

5.亲近 qīnjìn 친근하다. 가까이하다

6.以~为目的 yǐ~wéi mùdì …목적으로 하다

7.愉悦 yúyuè 유열. 기쁨. 유쾌하고 기쁘다

8.度假 dùjià 휴가를 보내다

9.科普教育 kēpǔ jiàoyù 과학 보급 교육

10.功效 gōngxiào 효능. 효과

11.从而 cóng'ér 따라서. 그리하여. …함으로써

⑪ 公正旅游＝公平旅游 공정관광＝공평관광

'公正旅游'是旅游者和旅游对象国的国民之间结成平等关系的旅游形态。
游客住在当地居民开的家庭旅馆或民宿旅馆，购买当地的产品等。
公正旅游的目的是为了提高当地居民的福利。

'공정관광'은 여행자와 여행 대상국의 국민 사이에 평등 관계를 맺는 관광 형태이다.
관광객은 현지 주민이 운영하는 게스트 하우스 혹은 민박집에 묵고 현지의 제품 등을 산다.
공정관광은 현지 주민의 복리를 높이는 것을 목적으로 한다.

> 1. 旅游者 lǚyóuzhě 여행자
> 2. 对象国 duìxiàngguó 대상국
> 3. 结成 jiéchéng 맺다. 결성하다
> 4. 家庭旅馆 jiātíng lǚguǎn 가정 여관. 게스트 하우스
> 5. 民宿旅馆 mínsù lǚguǎn 민박집

✔더 알고 가기

'公正旅游'是来自于公正贸易的概念，就是说公正贸易重视生产者和消费者的
同等关系。同样游客和旅游对象国的国民要有平等的关系。
这种观光强调游客负责任的态度，游客消费而产生的收益应该让当地人享受。

공정관광은 공정무역에서 나온 개념으로 공정무역은 생산자와 소비자의 동등한 관계를 중시
한다는 뜻이다. 마찬가지로 관광객과 관광 대상국 국민은 대등한 관계를 가져야 한다.
이런 관광은 관광객의 책임 있는 자세를 강조하고, 관광객의 소비로 인한 수익은 현지인들이
누려야 한다.

⑫ 产业观光 산업관광

产业观光是指从观光的角度来看待产业活动和产业历史。

许多大型企业都有产业观光的旅游项目，设有专门的企业展览馆与产业体验场所。

通过旅游观光来树立企业形象、推销企业产品、宣传企业文化、吸引优秀人才。

韩国最具代表性的产业观光城市是蔚山。目前，蔚山的代表企业SK能源、现代重工业、现代汽车这三家大型企业推出了产业观光体验项目，每年专程前来体验产业观光的(国内外)游客络绎不绝。

산업관광이란 관광의 관점에서 산업 활동과 산업 역사를 바라보는 것을 말한다.

많은 대기업들은 산업 관광을 위한 관광 프로그램을 출시하고 전문 기업 전시관과 산업 체험 장소를 두고 있다. 관광을 통해 기업 이미지를 구축하고 기업 제품을 홍보하며 기업 문화를 홍보하고 우수한 인재를 유치한다. 한국의 대표적인 산업관광도시는 울산이다. 현재 울산의 대표기업인 SK에너지, 현대중공업, 현대자동차 등의 대기업들이 산업관광 체험 프로그램을 출시했다. 매년 산업관광을 체험하려는 (국내외) 관광객들의 발길이 끊이지 않고 있다.

1.看待 kàndài 대하다. 다루다. 취급하다
2.展览馆 zhǎnlǎnguǎn 전시관
3.树立 shùlì 세우다. 수립하다. 확립하다
4.推销 tuīxiāo 판로를 확장하다. 널리 팔다
5.吸引 xīyǐn 유치하다. 끌어당기다. 끌다. 유인하다. 매료시키다
6.蔚山 yùshān 울산
7.专程前来 zhuānchéng qiánlái 특별히 찾아오다
8.络绎不绝 luòyì bùjué 발길이 끊이지 않다

⑬ 다크 투어리즘 黑色旅游

'Dark Tourism'是指黑色旅游，就是到发生过战争、屠杀、死亡、灾难、痛苦、
恐怖事件、悲剧事件等地方参观，从中得到教训的旅游形态。
在韩国，最具代表性的黑色旅游景点是首尔的'西大门(或刑务所)监狱'。
它建于日本强占时期，是日本关押独立运动者的监狱，现在作为'(西大门监狱)
历史博物馆'对外开放。
- ▣ 此外，还有江原道高城的DMZ博物馆、光州的国立5·18民主墓地、济州4·3
  和平公园、巨济战俘收容所等地方。

'Dark Tourism'은 흑색 관광을 가리키는데, 즉 전쟁, 학살, 사망, 재난, 고통, 테러 사건,
비극 사건 등이 발생한 곳에 가서 참관하며 그로부터 교훈을 얻는 관광 형태이다.
한국에서 가장 대표적인 다크 투어리즘 관광명소는 서울의 '서대문 형무소'이다.
이는 일제강점기에 세워졌고 일본이 독립운동가를 가둔 감옥이다.
지금은 '(서대문 형무소) 역사박물관'으로 대외개방하고 있다.
- ▣ 이 외 강원도 고성의 DMZ 박물관, 광주의 5·18민주묘지, 제주4·3평화공원, 거제 포로 수용소
  등 곳이 있다.

---

1. 屠杀 túshā (대량으로) 학살하다. 도살하다
2. 灾难 zāinàn 재난
3. 死亡 sǐwáng 사망
4. 痛苦 tòngkǔ 고통. 아픔. 고통스럽다. 괴롭다
5. 恐怖事件 kǒngbù shìjiàn 공포 사건. 테러 사건
6. 悲剧事件 bēijù shìjiàn 비극사건
7. 从中 cóngzhōng 그로부터. 중간에서
8. 教训 jiàoxùn 교훈(하다). 훈계하다. 가르치고 타이르다. 혼내다
9. 形态 xíngtài 형태
10. 监狱 jiānyù 감옥
11. 刑务所 xíngwùsuǒ 형무소
12. 关押 guānyā 감옥에 가두다. 수감[收監]하다
13. 历史博物馆 lìshǐ bówùguǎn 역사박물관
14. 墓地 mùdì 묘지
15. 巨济战俘收容所 jùjì zhànfú shōuróngsuǒ 거제 포로 수용소

⑭ 安保观光 안보관광

'安保观光'是指到跟国家安全有关的地区参观，从中得到教训并提高安保意识的旅游形态。安保观光是韩国的特殊旅游产品，越来越受到关注和喜爱，成为外国游客的必游之地（或打卡地）。其中，最具代表性的安保观光地是京畿道坡州的板门店、临津阁、第三地道、都罗山瞭望台、江原道的高城统一瞭望台、铁原和平瞭望台、仁川的江华和平瞭望台等地方。参观游览安保观光地的时候本国人要携带身份证，外国人要携带护照。特别是板门店，因这里的特殊性质，参观的程序严格和复杂，要跟指定的旅行社随团参观，必须要遵守相关规定。

안보관광은 국가 안보와 관련된 지역에 가서 참관하고 거기서 교훈을 얻고 안보의식을 높이는 관광 형태이다. 안보관광은 한국의 특수 관광 상품으로 점점 더 많은 관심과 사랑을 받으며 외국인 관광객들의 필수 관광지(혹은 핫플레이스, 필수 방문지)로 자리 잡고 있다. 대표적인 안보관광지로는 경기도 파주의 판문점, 임진각, 제3땅굴, 도라산 전망대, 강원도의 고성통일전망대. 철원평화전망대, 인천의 강화평화전망대 등 곳으로 꼽힌다.

안보관광지를 참관할 때는 내국인은 신분증, 외국인은 여권을 지참해야 한다. 특히 판문점은 이곳의 특성상 참관하는 절차가 엄격하고 복잡하다.

지정된 여행사와 함께 관람해야 하고 관련 규정들을 반드시 준수해야 한다.

1.意识 yìshí 의식	10.性质 xìngzhì 성질. 성격
2.特殊 tèshū 특수하다	11.程序 chéngxù 절차
3.必游之地 bìyóuzhīdì 필수 관광지	12.严格 yángé 엄격하다
4.坡州 pōzhōu 파주	13.复杂 fùzá 복잡하다
5.板门店 bǎnméndiàn 판문점	14.随团 suítuán 단체를 따르다
6.临津阁 línjīngé 임진각	15.遵守 zūnshǒu 준수하다. 지키다
7.地道 dìdào 땅굴	16.相关规定 xiāngguān guīdìng 관련된 규정
8.都罗山 dūluóshān 도라산	17.携带 xiédài 휴대하다. 지참하다. 지니다
9.瞭望台 liàowàngtái 전망대	18.身份证 shēnfènzhèng 신분증. 주민등록증

✔더 알고 가기

■ 指定的旅行社或有关单位 지정된 여행사 혹은 해당기관
1.国际文化服务俱乐部 국제문화서비스클럽 guójì wénhuà fúwù jùlèbù
2.大韩旅行社 대한여행사 dàhán lǚxíngshè
3.板门店旅游中心 판문점 트레블 센터 bǎnméndiàn lǚyóu zhōngxīn
4.中央高速观光 중앙고속관광 zhōngyāng gāosù guānguāng

① 板门店 판문점

板门店位于京畿道的坡州，是韩国战争结束(以)后，1953年(7月27日)签订'休战协议'的历史场所，因此受到世界的关注。(这里是非武装地带中南北韩军事分界线上的共同警备区域，是双方最敏感的前线阵地)。因板门店的特殊性质，参观的程序严格和复杂，要跟指定的旅行社随团参观，本国人要携带身份证，外国人要携带护照，必须要遵守相关规定。比如说服装(或着装)要整洁，对服装(或着装)的要求是(这样)。不能穿破洞的牛仔裤、短裤、超短裙、无袖衣、凉鞋、拖鞋等。此外，有年龄限制，不满10岁的儿童不允许参观。还有，必须要乘坐联合安全区的专车并接受两道宪兵哨卡检查。

판문점은 경기도의 파주에 위치해 있는데, 한국전쟁이 끝난 후 1953년 (7월27일) 휴전협정을 체결한 역사적인 장소이다. 이로 인해 세계의 관심을 받고 있다. (이곳은 비무장지대 중 남북한 군사 분계선의 공동 경비구역으로, 쌍방이 가장 예민한 최전방이다.)

판문점의 특성상 참관하는 절차는 엄격하고 복잡하다. 지정된 여행사와 참관해야 하며 내국인은 신분증, 외국인은 반드시 여권을 지참해야 하며 반드시 관련된 규정을 준수해야 한다. 예를 들자면 복장(혹은 옷차림)은 단정하고 깨끗해야 한다. 복장(혹은 옷차림)에 대한 요구는(이러하다.) 떨어지고 구멍난 청바지, 반바지, 미니스커트, 민소매 옷을 입으면 안 되고 샌들, 슬리퍼 등을 신으면 안 된다. 이 밖에 나이 제한도 있는데 열 살 미만인 아동은 참관을 허락하지 않는다. 그리고 연합안전구역의 전용차를 타고 2개의 검문소의 검문을 받아야 한다.

---

1. 坡州 pōzhōu 파주
2. 签订 qiāndìng 체결하다. 조인하다
3. 历史场所 lìshǐ chángsuǒ 역사적인 장소
4. 共同警备区域 gòngtóng jǐngbèi qūyù 공동 경비 구역
5. 敏感 mǐngǎn 민감하다. 예민하다
6. 前线阵地 qiánxiàn zhèndì 최전방 진지. 전방 일선
7. 携带 xiédài 휴대하다. 지참하다. 지니다
8. 服装 fúzhuāng 복장. 의류
9. 着装 zhuózhuāng 옷차림. 착복하다 例)按要求着装
10. 整洁 zhěngjié 정결하다. 단정하고 깨끗하다. 정갈하다
11. 破洞 pòdòng 떨어지고 구멍 나다
12. 牛仔裤 niúzǎikù 청바지

13. 短裤 duǎnkù 반바지
14. 超短裙 chāoduǎnqún 미니스커트
15. 无袖衣 wú xiùyī 민소매
16. 凉鞋 liángxié 샌들
17. 拖鞋 tuōxié 슬리퍼
18. 年龄限制 niánlíng xiànzhì 연령[나이] 제한
19. 儿童 értóng 아동. 어린이
20. 允许 yǔnxǔ 허락하다. 허가하다. 윤허하다
21. 乘坐 chéngzuò (자동차, 비행기, 배 등을) 타다
22. 专车 zhuānchē (특수 임무나 사람을 위해 운행하는) 특별 차량. 전용차
23. 接受 jiēshòu 받다. 받아들이다. 수락하다. (요구나 청구, 부탁 등을)들어주다
24. 宪兵 xiànbīng 헌병
25. 哨卡 shàoqiǎ (변경이나 요도에 설치된) 검문소

② DMZ 非武装地带　■ Demilitarized Zone

'DMZ'是指非武装地带(或非军事地带)，是韩国战争结束(以)后，南北韩以军事分界线为中心，各退两公里的区域。在这个区域里禁止驻扎军队和设置武器。'DMZ'是韩半岛分裂的象征。

'DMZ'는 비무장지대로 한국전쟁이 끝난 뒤 남북한이 군사분계선을 중심으로 각각 2km씩 물러난 구역이다. 이 구역 안에서는 군대를 주둔시키는 것과 무기를 설치하는 것을 금지한다. DMZ는 한반도 분단의 상징이다.

目前，韩国把DMZ一带打造成了'DMZ和平观光'，因此DMZ再一次受到关注。

한국은 DMZ 일대를 'DMZ 평화관광'으로 만들어 DMZ가 다시 주목받고 있다.

京畿道地区的'坡州DMZ安保观光'的主要景点是临津阁、第三地道、都罗山瞭望台、都罗山站等。参观的时候，本国人要携带身份证，外国人要携带护照。

경기도 지역의 '파주 DMZ 안보관광'의 주요 관광지는 임진각, 제3땅굴, 도라산 전망대, 도라산역 등이다. 참관 시 내국인은 신분증, 외국인은 여권을 지참해야 한다.

此外，韩国把连接DMZ的三个地区高城、铁原、坡州打造成'DMZ和平游步道'，从2019年开始逐步对外开放。

이 외 한국은 DMZ를 연결하는 3개 지역 '고성, 철원, 파주'를 'DMZ 평화 둘레길'로 만들고, 2019년부터 순차적으로 개방하고 있다.

---

1. 驻扎 zhùzhā 주둔하다
2. 设置 shèzhì 설치하다
3. 武器 wǔqì 무기
4. 分裂 fēnliè 분열하다. 분단하다
5. 打造 dǎzào (이미지, 브랜드 등을) 만들다
6. 都罗山 dūluóshān 도라산
7. 瞭望台 liàowàngtái 전망대
8. 游步道 yóubùdào 둘레길　■ 环山道或环岛路
9. 逐步 zhúbù 단계적으로. 순차적으로

✔더 알고 가기

南北军事分界线全长155迈(或英里)，约250公里，共有1291个黄色的界标。向着韩国方向的界标用英语和韩文书写，而向着朝鲜方向的界标用韩文和中文书写。进入DMZ前，有军人上车检查人数和游客的护照。要坐景区统一的观光大巴参观，沿途禁止拍照，只有在景点才可以拍照。

남북 군사분계선은 전체 길이가 155마일로 약 250km이고 1291개의 노란색 계표가 있다. 남한 쪽 계표는 영어와 한글로, 북한 쪽 계표는 한글과 중국어로 쓰여 있다. DMZ에 들어가기 전 군인들이 탑승해 인원수와 관광객의 여권을 검사한다. 관광지셔틀버스를 타고 가야 하며, 가는 길[연도]에 사진 찍는 것은 금지되어 있고, 관광지에서만 사진을 찍을 수 있다.

③ 临津阁国民观光地 임진각 국민 관광지

临津阁位于京畿道的坡州，在军事分界线往南的7公里的地方。
它是为祈求韩半岛的统一而建的，是韩国战争的产物。
目前，临津阁是韩国最具代表性的安保观光地(之一)。
主要景点是临津阁展示馆、望拜坛、自由之桥、北韩纪念馆、统一公园、
各种纪念碑、韩国战争时使用过的武器，比如说坦克、战斗机等。

임진각은 경기도 파주에 위치해 있는데, 군사분계선 남쪽으로 7킬로미터 지역에 있다.
이는 한반도의 통일을 기원하기 위하여 지어진 것으로, 한국전쟁의 산물이다.
현재 임진각은 한국의 가장 대표적인 안보관광지(중의 하나)이다.
주요 명소는 임진각 전시관, 망배단, 자유의 다리, 북한 기념관, 통일공원, 각종 기념비,
한국 전쟁 때 사용했던 무기들로 이를테면 탱크, 전투기 등이다.

1.临津阁 línjīngé 임진각	7.展示馆 zhǎnshìguǎn 전시관
2.坡州 pōzhōu 파주	8.望拜坛 wàngbàitán 망배단
3.往南 wǎngnán 남쪽으로	9.自由之桥 zìyóuzhīqiáo 자유의 다리
4.公里 gōnglǐ 킬로미터	10.纪念碑 jìniànbēi 기념비
5.祈求 qíqiú 기원하다	11.坦克 tǎnkè 탱크
6.统一 tǒngyī 통일하다	12.战斗机 zhàndòujī 전투기

④ 第三地道 제3땅굴

目前，韩国共发现了4条地道。这些地道是北韩为潜入（或偷袭）韩国而挖的秘密地道。其中，最有名的是坡州的第三地道，全长大概1600多米（1635米）、宽2米、高2米。参观第三地道的时候，本国人要携带身份证，外国人要携带护照，必须要遵守相关规定。比如说参观时戴安全帽（或头盔），除了水（以外），禁止携带任何物品。据我所知，没有发现的地道还有很多。

현재, 한국에서는 모두 4개의 땅굴이 발견되었다. 이 땅굴들은 북한이 한국을 침입(혹은 기습)하기 위해 파놓은 비밀 땅굴이다. 그중 가장 유명한 것은 파주의 제3땅굴로 전체 길이가 대략 1600여 미터(1635M)이고, 폭 2미터, 높이 2미터이다.

제3땅굴 참관 시 내국인은 신분증. 외국인은 여권을 지참해야 하고 반드시 관련된 규정을 준수해야 한다. 이를 테면 참관 시 헬멧을 써야 하며 물을 제외하고는 음식물 및 소지품 반입이 금지된다. 제가 알기로는 발견하지 않은 땅굴은 아직 많이 있다.

1.发现 fāxiàn 발견하다
2.潜入 qiánrù 잠입하다. 숨어들다. 물속에 들어가다
3.偷袭 tōuxí 엄습하다. 기습하다
6.挖 wā 파다. 굴착하다
7.秘密 mìmi 비밀(스럽다). 은밀하다
8.宽↔窄 kuān↔zhǎi 넓다↔좁다
9.戴 dài 착용하다. 쓰다
10.安全帽 ānquánmào 안전모
11.头盔 tóukuī 헬멧[helmet]. 철갑모
12.任何 rènhé 어떠한. 아무런. 그 어떤

⑮ MICE旅游 마이스 관광

'MICE旅游'是指会奖旅游(或者会展及奖励旅游)。'MICE'中的'M'是指'会议'、'I'是指'奖励旅游'、'C'是指'大型企业会议或国际会议'、'E'是指'展览和节事活动', 国际上简称为'MICE'。江南三成洞贸易中心一带, (于2014年)被指定为'江南会奖观光特区'。

'MICE 관광'은 회의 및 포상 관광을 가리킨다. MICE 중의 M은 '회의', I는'포상관광', C는 '대형 기업 회의 혹은 국제회의', E는 '전람과 이벤트'를 가리키는 것으로 국제적으로 간략히 'MICE'라 일컫는다. 강남 삼성동 일대는 (2014년에) '강남 마이스 관광특구'로 지정되었다.

目前, 韩国是'MICE旅游'的首选地。那是因为首先韩国是东北亚地区的中心, 建有世界顶级的枢纽机场-仁川国际机场, 交通很便利。此外, 韩国的主要城市都建有会展中心, 比如说首尔江南的COEX、京畿道一山的KINTEX、釜山的BEXCO、济州岛的ICC等。

▣COEX-韩国会展中心　　　　　　　　▣KINTEX-韩国国际会展中心
▣BEXCO-釜山展览、会议中心　　　　　▣ICC-济州国际会展中心

현재 한국은 마이스 관광의 선두자이다. 왜냐하면 우선은 한국은 동북아 지역의 중심이고, 세계 최고의 허브공항인 '인천국제공항'이 세워져 있어 교통이 아주 편리하다. 이 밖에 한국의 주요 도시들은 모두 컨벤션 센터가 세워져 있다. 예를 들어 말하자면 서울 강남의 코엑스, 경기도 일산의 킨텍스, 부산의 벡스코, 제주도의 ICC 등이다.

'MICE旅游'的特点是①团队规模大②滞留时间长③消费水平高④价格敏感度低等, 可以给韩国带来巨大(或丰厚)的经济利益。'MICE旅游'属于高端旅游市场, 被认为是旅游市场中'含金量'最高的领域, 是高附加值产品, 因此, 越来越受到重视和关注。

'MICE 관광'의 특징은 ①단체 규모가 크고 ②체류 시간이 길며 ③소비 수준이 높고. ④가격 민감도가 낮은 것 등으로 한국에 막대한 경제적 이익을 가져올 수 있다. MICE 관광은 프리미엄 관광시장에 속하고 관광시장 가운데 실질가치[고부가가치]가 가장 높은 영역으로 인식되고 있는 고부가 가치 상품이다. 이로 인해 점점 중시와 주목을 받고 있다.

1.会议 huìyì 회의. 미팅[Meeting]

2.奖励 jiǎnglì 장려 포상. 인센티브[Incentive]

3.大型企业会议 dàxíng qǐyè huìyì 대형 기업회의. 컨벤션[Convention]

4.展览 zhǎnlǎn 전람(하다). 전시(회) 익스히비션[Exhibition]

5.节事活动 jiéshì huódòng 행사. Event 📖节庆、事件等精心策划的各种活动的简称

6.顶级 dǐngjí 최상급

7.枢纽机场 shūniǔ jīchǎng 허브공항

8.团队规模 tuánduì guīmó 단체규모

9.滞留 zhìliú 체류하다 ■逗留 dòuliú 머물다. 체류하다. 체재하다

10.敏感度 mǐngǎndù 민감도

11.巨大 jùdà 거대하다. 막대하다

12.丰厚 fēnghòu 두툼하다. 후하다

13.经济利益 jīngjì lìyì 경제이익

14.属于 shǔyú …에 속하다

15.高端 gāoduān 고급의. 프리미엄[premium]

16.含金量 hánjīnliàng 금 함(유)량. (사물의) 실질적인 가치

17.领域 lǐngyù 분야. 영역

18.高附加值 gāofùjiāzhí 고부가 가치

⑯ 인센티브 투어 奖励旅游

'Incentive Tour'是指奖励旅游。'奖励旅游'是指公司为激励业绩优秀的员工(而)组织团队旅游的旅游形态。公司组织'奖励旅游'是为传播企业文化、增强企业的凝聚力、调动员工的积极性、加强员工的合作和团结精神。

'인센티브 투어'는 포상관광을 가리킨다.

포상관광이란 회사가 업적이 우수한 사원을 격려하기 위해서 단체를 만들어 여행하는 관광 형태를 가리킨다. 회사가 '포상관광'을 만든 것은 기업문화를 전파하고 기업의 응집력을 높이고 사원의 적극성을 불러일으키고 사원의 협력과 팀워크 정신을 강화하기 위해서다.

奖励旅游的特点是①团队规模大②滞留时间长③消费水平高④不挑季节(或不挑淡旺季)等。奖励旅游对韩国旅游业的发展产生了巨大的影响，也给韩国带来了巨大的经济利益，因此，越来越受到重视和关注。

포상관광의 특징은 ①단체의 규모가 크며 ②체류하는 시간이 길며 ③소비 수준이 높고 ④계절(혹은 비수기와 성수기)을 타지 않는다는 것 등이다. 포상관광은 한국 관광업 발전에 막대한 영향을 끼쳤으며, 또한 한국에 큰 경제적 이익을 가져왔다. 이로 인해 점점 더 중시와 관심을 받는다.

---

1. 奖励旅游 jiǎnglì lǚyóu 인센티브 투어. 포상관광
2. 激励 jīlì 격려하다
3. 业绩 yèjì 실적
4. 优秀 yōuxiù 우수하다. 훌륭하다
5. 员工 yuángōng 사원
6. 组织 zǔzhī 조직(하다). 결성(하다)
7. 传播 chuánbō 전파(하다)
8. 增强 zēngqiáng 증강하다. 높이다
9. 凝聚力 níngjùlì 응집력
10. 调动 diàodòng 동원하다. 자극하다. 불러일으키다
11. 积极性 jījíxìng 적극성
12. 加强 jiāqiáng 강화하다. 보강하다
13. 合作 hézuò 합작(하다). 협력(하다)
14. 团结 tuánjié 단결(하다)
15. 挑季节 tiāo jìjié 계절을 타다

⑰ 医疗观光 메디컬 투어리즘 ■ medical Tourism

简单地说，'医疗观光'是指把旅游和健康服务结合在一起的旅游形态。

健康服务包括治疗疾病、预防保健、美容等服务。

目前，人们越来越重视健康和美容，因此医疗观光越来越受到重视和关注。

간단히 말해서 '의료관광'은 관광과 건강 서비스를 하나로 결합시킨 관광 형태를 가리킨다.

건강 서비스에는 질병 치료, 질병의 예방, 건강관리, 피부미용 등 서비스가 포함한다.

현재 사람들의 건강과 미용에 대한 관심이 높아지면서 의료관광에 대한 중시과 관심이 높아지고 있다.

自从韩国(2009年)实施医疗观光以来(或随着韩国大力推广医疗观光以来)，

赴韩治疗疾病或者医美的游客络绎不绝，成为医疗观光的首选地。

한국이 2009년부터 의료관광을 실시한 이래로(혹은 한국이 의료관광을 대대적으로 보급함에 따라) 한국에 와서 질병의 치료를 받거나 의료미용하는 관광객들이 끊임없이 이어지고 있어 의료관광의 선두자가 되었다.

人们选择来韩国是因为第一是韩国的医疗技术高超、医疗器械先进、医疗环境舒适、医疗团队优秀，能为患者提供一流的服务。

第二是跟其他(竞争)国家比起来，医疗费用比较低。

第三是韩国的气候有助于患者或病患尽快康复(或恢复健康)。

사람들이 한국을 선택한 이유는 첫째, 한국의 의료기술이 뛰어나고, 의료 기구가 선진적이고, 의료환경이 쾌적하고, 의료진이 우수하여 환자들에게 최고의 서비스를 제공해 줄 수 있다는 점이다.

둘째, 다른 (경쟁) 나라와 비교했을 때 의료비용이 저렴한 편이다.

셋째, 한국의 기후가 환자의 쾌유에 도움이 된다.

1.治疗 zhìliáo 치료하다	11.首选地 shǒuxuǎndì 우선 선택하는 곳
2.结合 jiéhé 결합(시키다)	12.舒适 shūshì 쾌적하다
3.形态 xíngtài 형태	13.优秀 yōuxiù 우수하다. 훌륭하다
4.疾病 jíbìng 질병	14.患者 huànzhě 환자
5.保健 bǎojiàn 보건. 건강관리	■ 病患 bìnghuàn 환자. 병자. 질병
■ 保健品 건강 (기능) 식품	15.一流 yīliú 일류. 같은 부류. 일품
6.结合 jiéhé 결합(하다). 결부(하다)	16.康复 kāngfù 건강을 회복하다. 재활하다
7.实施 shíshī 실시하다	17.恢复 huīfù 회복하다. 회복되다. (되)살리다. 복구
8.随着 suízhe …따라서	하다
9.推广 tuīguǎng 보급하다. 널리 확대다	18.高超 gāochāo 빼어나다. 뛰어나다
10.医美 yīměi 의료미용[피부미용, 시술이나 성형수술]	19.医疗器械 yīliáo qìxiè 의료기구
■ 整容 zhěngróng 성형(하다)	20.有助于 yǒuzhùyú ～에 도움이 되다

⑱ 游轮游 크루즈 관광

简单地说，'游轮游'是指坐游轮旅游。游轮上有客房、餐厅，还有健身房、电影院、赌场等各种娱乐设施，为游客提供周到的'一站式'服务。'游轮游'作为高附加值产品，越来越受到重视和关注。

간단히 말해서 '크루즈 관광'은 크루즈를 타고 관광하는 것을 가리킨다. 크루즈에는 객실과 식당이 있고 헬스장, 영화관, 카지노 등 각종 오락시설이 있어 관광객에게 세밀하고 빈틈없는[주도면밀한] '원스톱'서비스를 제공한다. '크루즈 관광'은 고부가가치 상품으로 갈수록 각광을 받고 있다.

据我所知，韩国共有6个游轮(或船舶)的停靠港，分别为仁川、釜山、蔚山、济州岛、(全南的)丽水、(江原道的)束草。其中，仁川、釜山、束草又是母港。

제가 아는 바에 의하면 한국은 크루즈(또는 선박)의 기항지가 총 6개이다. 각각 인천, 부산, 울산, 제주, (전남의) 여수, (강원도의) 속초이다. 그중 인천. 부산. 속초는 모항이기도 하다.

目前，韩国作为游轮游的重要停靠港存在着一些问题，比如说办理出入境手续复杂，港口离旅游景点和购物站远等等，这些问题让游客感到很不方便，需要(或有待)改善。

현재 한국은 크루즈 관광의 중요한 기항지로 몇 가지 문제점이 존재하고 있다. 예를 들자면 출입국 수속하는 것이 복잡하고, 항구가 관광지나 쇼핑처에서 멀리 떨어져 있는 점 등등이다.
이런 문제들은 관광객들을 매우 불편하게 만들기 때문에 개선할 필요가 있다.

1.游轮=油轮 yóulún 크루즈[cruise]
2.一站式 yīzhànshì 원스톱[one-stop]
3.手续 shǒuxù 수속
4.复杂 fùzá 복잡하다
5.港口 gǎngkǒu 항구 ■ 码头 mǎtou 부두
6.购物站 gòuwùzhàn 쇼핑처
7.船舶 chuánbó 선박
8.停靠港 tíngkàogǎng 기항지
9.母港 mǔgǎng 모항
10.蔚山 yùshān 울산
11.束草 shùcǎo 속초
12.有待 yǒudài …할 필요가 있다 例)有待提高 有待克服 有待批准

⑲ 오버 투어리즘 过度旅游

'over tourism'是指'过度旅游'，就是过多的游客到一个旅游热点地区游览，使当地环境和历史遗迹遭到(或受到)破坏，而且造成交通堵塞(或混乱)并严重影响当地居民生活的现象。

'오버 투어리즘'은 '과잉관광'이란 말이고 이는 관광명소를 지나치게 많은 관광객이 찾아 그 지역의 환경과 사적이 파괴되고 교통체증(혹은 혼잡)일으키고 현지 주민의 생활에 심각한 영향을 미치는 현상을 말한다.

北村韩屋村以前因为'过度旅游'，给居民的生活带来很多(的)不便，引起强烈的不满，因此(从)2018年开始限制了游览的时间。据我所知，全州韩屋村也逐渐成为'过度旅游'地区，我觉得为了解决这个问题，需要限制游览的时间，制定一些游览规定。

북촌 한옥마을은 과거 '과도한 관광[과잉 관광]'으로 주민들의 생활에 많은 불편을 초래해 불만이 커지자 2018년부터 관람 시간을 제한했다. 제가 아는 바에 의하면 전주 한옥마을도 점차적으로 '과잉 관광'의 지역으로 되어가고 있다. 이를 해결하기 위해서 유람시간을 제한하고 유람규정들을 제정[마련]해야 한다고 생각한다.

1.遭到 zāodào (불행이나 불리한 일을) 만나다. 당하다. 입다. 부닥치다
2.破坏 pòhuài (건축물 따위를) 파괴하다. (명예나 위신을) 훼손하다. 손해를 입히다
3.强烈 qiángliè 강렬하다. 거세다. 세차다
4.堵塞 dǔsè 막히다. (교통이)정체. (교통)체증
5.混乱 hùnluàn 혼란하다
6.逐渐 zhújiàn 점차(적으로). 차츰차츰. 점점. 서서히 例)逐渐褪去 (색깔이)서서히 바래다
7.解决 jiějué 해결하다
8.制定 zhìdìng (법규, 계획 등을)제정하다. 만들다. 세우다. 작성하다 例)制定目标 목표를 세우다

✔더 알고 가기

'Over Tourism'은 지나치게 많다는 뜻의 'Over'와 관광을 뜻하는 'Tourism'이 결합된 말로 수용 가능한 범위를 넘어서는 관광객이 몰려들어 관광객이 도시를 점령하게 되고 관광지 주민들의 삶을 침범하는 현상을 말한다.

관광객이 너무 많이 몰려들게 되면 그 관광지는 환경 생태계 파괴, 교통대란, 주거난, 소음공해 등의 여러 부작용이 발생하게 되며 급기야 원주민이 다른 곳으로 이전하게 된다. 해외 유명 관광지에서는 오버 투어리즘 문제 해결을 위해 각종 대책을 내놓고 있다. 우리나라의 경우에도 서울의 북촌 한옥마을 주민들이 몰려드는 관광객들로 인해 사생활 침해와 소음공해, 쓰레기 무단 투기 등의 불편을 호소하고 있어 대책 마련이 시급한 실정이다. 이에 따라 2018년 서울시는 '관광 허용 시간제'를 도입해 가장 붐비는 북촌 일대를 월요일부터 토요일까지만 오전 10시부터 오후 5시까지만 입장할 수 있게 했다.

⑳ 옵션 관광 旅游团自费项目

'option tour'是指'旅游团自费项目'，就是除了旅游团的正规项目以外，由游客自愿参加，额外付费的自费项目。

옵션투어란 규정한 필수 유람 항목 (혹은 기본 관광 코스 외에) 관광객이 자원해서 참가하고 별도로 비용을 내는 자비 항목[사비 항목]이다.

'自费项目'活动(的好处是)可以满足游客多样化的旅游需求，游客通过它给自己留下一个特别的回忆，增添一份旅游的乐趣。

옵션투어(의 장점은) 관광객의 다양화된 여행 수요를 만족시켜 관광객은 이를 통해 본인만의 특별한 추억으로 만들고 여행의 즐거움을 더할 수 있다.

但是'自费项目'活动存在着一些问题。比如说会产生额外的费用、造成游客之间的差别感，甚至会发生强迫游客消费或购物的情况。

하지만 옵션투어는 문제점들이 존재하고 하고 있다. 예를 들자면 추가적인 비용 발생, 여행자 간의 이질감 조성, 심지어 강압 쇼핑이 있을 수 있는 문제이다.

1.自费项目 zìfèi xiàngmù 자비항목
2.正规 zhèngguī 정규적인. 정식의
3.自愿 zìyuàn 자원(하다). 자발적으로. 스스로 원하다
4.额外 éwài 정액외. 추가적인. 별도의.
5.需求 xūqiú 수요. 니즈[needs]. 필요
6.体验 tǐyàn 체험(하다)
7.留下回忆 liúxià huíyì 추억을 남기다. 추억을 만들다
8.增添 zēngtiān 더하다. 보태다
9.产生 chǎnshēng 산생하다. 생기다
10.造成 zàochéng (좋지 않은 사태 따위를)야기하다. 초래하다. 조성하다. 발생시키다
    例)造成舆论 zàochéng yúlùn 여론을 조성하다[만들다]
11.差别感 chābiégǎn 이질감
12.强迫 qiǎngpò 강요(하다). 강박(하다)

㉑ 智能旅游 스마트관광

简单地说，'智能旅游'是指通过因特网(或互联网)，随时随地查询旅游信息，比如说旅游景点、购物点、酒店、美食店、交通等信息，集'导游、导购、导航'于一体，很受人们的喜爱。

最近'个别旅游'和'自由行'的游客越来越多了，因此韩国旅游发展局和文化体育观光部共同推出'智能旅游小助手'、'韩国自助游'等手机(应用)软件，只要下载一个，就可以随时随地查询，方便游客在韩国旅行，消除游客在旅行中的不便。

간단히 말해서 '스마트관광'은 인터넷을 통해 언제 어디서나 관광정보를 조회하는 것을 가리킨다. 예를 들자면 관광지, 쇼핑점, 호텔, 맛집, 교통 등 정보를 조회하는 것이다. 이는 관광안내, 쇼핑안내, 길 안내를 한곳으로 모아 사람들의 사랑을 많이 받고 있다.

요즘 '개별관광'과 '자유관광'의 관광객이 점점 많아지고 있기 때문에 한국관광공사와 문화체육관광부에서 공동으로 '스마트 투어 (작은) 도우미', '한국 자유여행' 등 스마트폰 앱을 출시하였다. 한 개만 다운로드하면 아무 때나 어디서나 조회할 수 있어 관광객들의 한국에서의 여행을 편리하게 해주고 관광객의 불편을 해소해 준다.

---

1. 智能旅游 zhìnéng lǚyóu 스마트관광
2. 因特网=互联网 yīntèwǎng=hùliánwǎng 인터넷
3. 随时随地 suíshí suídì 언제 어디서나 시간과 장소를 가리지 않고. 아무 때나
4. 查询 cháxún 조회하다
5. 信息 xìnxī 정보. 소식
6. 导购 dǎogòu 쇼핑 안내. 쇼핑 가이드
7. 导航 dǎoháng 길 안내. 내비게이션[navigation]
8. 推出 tuīchū 출시하다. 내놓다
9. 助手 zhùshǒu 조수. 도우미
10. 应用软件 yìngyòng ruǎnjiàn 애플리케이션[application]. 앱[App]
11. 下载↔卸载 xiàzài↔xièzài 다운로드↔삭제
12. 消除 xiāochú (걱정이나 스트레스, 장애 등을)해소하다. 없애다. 풀다
13. 方便 fāngbiàn 편의를 주다. 편하다

㉒ 拉姆萨尔湿地公约 람사르습지 공약[협약]

'拉姆萨尔湿地公约'是指为保护水禽栖息的重要湿地(而)各国共同制定的国际协议。

'람사르습지 공약'은 물새가 서식하는 중요한 습지를 보호하기 위해 각국이 공동으로 제정한 국제 협의를 가리킨다.

■ 这个协议是1971年在'伊朗的拉姆萨尔'召开的国际会议上一致通过的，因此被称为 '拉姆萨尔湿地公约'。

　이 협의는 1971년 '이란의 람사르'에서 열린 국제회의에서 만장일치로 통과되었기 때문에 '람사르습지 협약'으로 불린다.

世界湿地日是2月2日。湿地的类型分为沿岸湿地、内陆湿地、人工湿地。

세계 습지일은 2월 2일이다. 습지의 유형은 연안습지, 내륙습지, 인공습지로 나눠진다.

目前，韩国共有24处拉姆萨尔湿地。其中，舒川、高敞、新安、顺天·宝城这4个滩涂，以'韩国滩涂'之名(于2021年)共同被列入世界自然遗产。

현재, 한국에는 모두 24곳의 람사르습지가 있는데, 그중 서천, 고창, 신안, 보성·순천 이 4개 갯벌은 '한국의 갯벌'이란 이름으로 (2021년에) 공동으로 세계자연유산에 등재되었다.

在韩国的拉姆萨尔湿地中，第一个指定的是江原道的大岩山龙沼，规模最大的是庆南的昌宁牛浦沼。首尔有一处湿地，就是汉江的栗岛。在韩国的沿岸湿地中，第一个指定的是全南的顺天湾。2021年，京畿道的高阳獐项湿地被指定为第24个拉姆萨尔湿地。

한국의 람사르습지 중 첫 번째로 지정된 것은 강원도의 대암산용늪, 가장 마지막으로 지정된 것은 경기도의 안산 대부도갯벌, 규모가 가장 큰 것은 전남의 창녕 우포늪이다.
서울에는 습지가 한 곳이 있는데 곧 한강의 밤섬이다.
한국의 연안습지 중에서 첫 번째로 지정된 것은 전남의 순천만이다.
2021년 경기도의 고양 장항습지가 24번째 람사르습지로 지정됐다.

▣ **한국의 람사르습지**

대암산용늪(1997), 창녕 우포늪(1998), 신안 장도 산지습지(2005), 순천만·보성갯벌
(2006), 제주 물영아리 오름 습지(2006), 울주 무제치늪(2007), 태안 두웅습지(2007),
전남 무안갯벌(2008), 제주 물장오리 오름 습지(2008), 오대산국립공원습지(2008), 강화
매화마름군락지(2008), 제주 한라산 1100고지 습지(2009), 충남 서천갯벌(2009), 전북
고창·부안갯벌(2010), 제주 동백동산 습지(2011), 전북 고창 운곡습지(2011), 전남 신안
증도갯벌(2011), 서울 한강 밤섬(2012), 인천 송도갯벌(2014), 제주 숨은물뱅디(2015),
한반도습지(2015), 순천 동천 하구(2016), 안산 대부도 갯벌(2018) (경기도)고양 장항습
지(2021) 등 총 24곳이 있다.

1. 水禽 shuǐqín 물새
2. 栖息 qīxī 서식하다
3. 协议 xiéyì 협의(하다)
4. 类型 lèixíng 유형
5. 沿岸 yán'àn 연안
6. 内陆 nèilù 내륙
7. 大岩山 dàyánshān 대암산
8. 龙沼 lóngzhǎo 용소[용늪]
9. 高阳獐项湿地 gāoyáng zhāngxiàng shīdì 고양 장항습지
10. 牛浦沼 niúpǔzhǎo 우포늪
11. 顺天湾 shùntiānwān 순천만
12. 栗岛 lìdǎo 밤섬
13. 伊朗 yīlǎng 이란
14. 召开 zhàokāi (회의를) 열다[소집하다]
15. 一致 yízhì 일치(하다) 例)心口不一致 언행불일치. 말 따로 행동 따로

㉓ 슬로 시티 慢城

'Slow City'是指慢城。慢城是指自然环境和传统文化保存完好、以人为本、追求可持续发展的中小城市。

'Slow City'는 慢城를 가리킨다. 슬로 시티는 자연환경과 전통문화가 보존이 완전하고 사람을 근본으로 삼으며 지속적으로 발전할 수 있는 중소도시를 가리킨다.

(被选为)慢城的条件是人口5万名以下、(追求绿色生活、支持城市绿化、反污染、反噪音)、使用传统手工方法作业、保留着当地固有的传统文化、不建快餐店和大型超市等。

슬로 시티(로 뽑히는) 조건은 인구가 5만 명 이하이고 (녹색생활을 추구하고 도시 녹화를 지지하고 무오염, 무소음) 전통 수공업 방법을 써서 작업하며 현지 고유의 전통문화를 보존하고 있으며 패스트푸드점과 대형 슈퍼마켓 등을 세우지 않는 것이다.

通过'慢城游', 人们远离城市的喧嚣、快节奏的生活、放慢生活节奏(和脚步)、亲近大自然, 得到身心的放松和安定。

'슬로 시티 관광'을 통해, 사람들은 도시의 소란, 빠른 템포의 생활에서 멀리하고 생활 리듬을 늦추고[느리게 살고] 대자연과 가까이함으로써 심신의 이완[편안함]과 안정을 얻는다.

目前, 韩国共有17处慢城。最先指定的慢城共4处(分别为全罗南道的潭阳郡三支川、莞岛郡青山岛、新安郡曾岛、长兴郡有治面')。其中,(全罗南道)长兴郡(2013年)被取消资格(以)后2022年重新被指定为慢城。

현재 한국에는 모두 17곳의 슬로 시티가 있다. 가장 먼저 지정한 슬로 시티는 모두 4곳 (각각 전라남도의 '담양군 사지천, 완도군 청산도, 신안군 증도, 장흥군 유치면'이다.) 그중 (전라남도) 장흥군은 (2013년에) 자격이 취소[탈락]되었다가 2022년에 재가입되었다.

在韩国的慢城中, 最有名的是全州韩屋村, 慕名而来的游客络绎不绝。

한국의 슬로시티 중 가장 유명한 곳은 전주 한옥마을로, 소문을 듣고 찾아오는 관광객들의 발길이 끊이지 않는다.

■ 한국의 슬로 시티 현황

1.신안 [2007]	2.완도 [2007]	3.담양 [2007]	4.하동
5.예산	6.전주	7.상주	8.청송
9.영월	10.제천	11.태안	12.영양
13.김해	14.서천	15.목포 [2019]	
16.춘천 [2021]	17.(전라남도) 장흥군 [2022]		

1.以人为本 yǐrénwéiběn 사람을 근본으로 삼다
2.追求 zhuīqiú 추구하다. 탐구하다
3.可持续发展 kě chíxù fāzhǎn 지속해서 발전할 수 있는
4.被选为 bèi xuǎnwéi …으로 뽑히다(선정되다)
5.污染 wūrǎn 오염(하다)
6.噪音 zàoyīn 소음
7.快餐店 kuàicāndiàn 패스트푸드점
8.远离 yuǎnlí 멀리 떨어지다. 멀리하다
9.喧嚣 xuānxiāo 소란(스럽다). 시끄럽다
10.节奏 jiézòu 박자. 템포[tempo]. 리듬[rhythm]
11.亲近 qīnjìn 친근하다. 가까이 하다. 친하다
12.放慢 fàngmàn (걸음, 속도 등을) 늦추다
13.脚步 jiǎobù 발걸음. 걸음걸이
14.放松 fàngsōng 늦추다. 느슨하게 하다. (근육을) 이완시키다. (정신적 긴장을) 풀다
15.潭阳郡三支川 tányángjùn sānzhīchuān 담양군 삼지천
16.莞岛郡青山岛 wǎndǎojùn qīngshāndǎo 완도군 청산도
17.新安郡曾岛 Xīn'ānjùn zēngdǎo 신안군 증도
18.长兴郡有治面 chángxīngjùn yǒuzhìmiàn 장흥군 유치면
19.资格 zīgé 자격
21.取消 qǔxiāo 취소(하다)

① 请推荐一处'慢城' 슬로 시티 한곳을 추천

我最想推荐的慢城是(全罗北道的)'全州韩屋村'。

제가 가장 추천하고 싶은 슬로 시티는 (전라북도)의 전주 한옥마을이다.

'全州韩屋村'是在城市中完好地保存下来的韩屋群，这里大概有700多栋(古色古的)
韩屋。在这里可以欣赏韩国的传统房屋－韩屋，还可以体验各种韩国的传统文化，
比如说韩纸工艺、盘索里、穿韩服等。此外，还可以品尝全州的名菜'全州石锅拌饭'、
'全州韩定食'，它们是韩国的传统料理，荤素搭配合理，健康指数高，很受人们的喜爱。

전주 한옥마을은 도시 가운데 완전하게 보존된 한옥 집단으로 이곳에 대략 700여 채의 (고풍스러
운) 한옥이 있다. 이곳에서 한국의 전통가옥인 한옥을 감상할 수 있고, 또한 각종 한국의 전통문화
를 체험할 수 있다. 예를 들면 한지공예, 판소리, 한복 입기 등이다, 이외 전주의 유명한 음식인
'전주돌솥비빔밥', '전주 한정식'을 맛볼 수 있다. 이들은 한국의 전통 요리로 육류와 채소의 배합
이 합리적이어서 건강지수가 높아 사람들의 사랑을 많이 받고 있다.

此外，这里有供奉朝鲜的开国之君－太组李成桂御真的'庆基殿'。
御真中，李成桂穿着蓝色的'衮龙袍'，这是唯一现存的李成桂的御真。

이외 이곳에 조선의 개국 임금인 태조 이성계의 어진을 모신 '경기전'이 있다.
어진 중 이성계는 곤색의 '곤룡포'를 입고 있다. 이는 현존하는 유일한 이성계의 어진이다.

'全州韩屋村'是一个集好看、好玩、好吃于一体的旅游胜地，非常值得一去，因此
慕名而来的游客络绎不绝，成为'韩国的旅游胜地1号'。

전주 한옥마을은 하나의 볼거리, 놀거리, 맛집을 한데 모인 관광명소로 한번 가 볼 만하다.
그래서 찾아오는 관광객들이 발길이 끊이지 않고 '대한민국 여행 1번지'로 손꼽히고 있다.

目前，开通了直达全州韩屋村的高铁，交通很便利。

현재, 전주 한옥마을로 직통하는 고속철도를 개통해, 교통이 아주 편리하다.

② 全州韩屋村的由来 전주 한옥마을의 유래

据我所知，在日本强占时期，日本商人不断扩大他们的势力。为了对抗他们，两班们建了一个村庄，之后逐渐形成了大规模的村庄。这就是全州韩屋村的由来。

제가 아는 바에 의하면 일제 강점기에 일본 상인들은 그들의 세력을 부단히 확대하였다. 그들을 대항하기 위해 양반들이 하나의 마을을 세웠고, 그 후에 점차 큰 규모의 마을을 이루었다. 이것이 곧 전주 한옥마을의 유래이다.

1.推荐 tuījiàn 추천하다
2.栋 dòng 동. 채[집채를 세는 말]
3.古色古香 gǔsè gǔxiāng 고풍스럽다. 고색창연하다
4.欣赏 xīnshǎng 감상하다
5.体验 tǐyàn 체험(하다)
6.品尝 pǐncháng 맛보다. 시식하다
7.石锅拌饭 shíguō bànfàn 돌솥비빔밥
8.荤素 hūnsù 육류와 채소
9.搭配 dāpèi 배합하다
10.健康指数 jiànkāng zhǐshù 건강지수
11.供奉 gòngfèng 공양하다. 모시다
12.御真 yùzhēn 어진
13.庆基殿 qìngjīdiàn 경기전
14.衮龙袍 gǔnlóngpáo 곤룡포
15.值得一去 zhíde yíqù 한번 가볼 만하다
16.开通 kāitōng 개통하다
17.直达 zhídá 직통하다. 직행하다
18.高铁 gāotiě 고속철도
19.扩大 kuòdà 확대하다. 넓히다. 확장하다
20.势力 shìlì 세력
21.对抗 duìkàng 대항(하다)
22.逐渐 zhújiàn 점점. 점차적으로
23.形成 xíngchéng 형성하다

㉔ 1330-旅游咨询热线电话 관광 안내 직통 전화

'1330'是由韩国旅游发展局开设的旅游咨询服务中心的(旅游热线)电话。
'1330'은 한국관광공사가 개설한 관광안내 서비스센터의 관광 안내 직통 전화이다.

这个服务中心全年全天运营，为游客提供汉语、英语、日语、(越南语、泰国语)
等多语种咨询服务，同时受理游客的投诉，消除他们在旅行中的不便。
이 서비스 센터는 연중 종일 운영하고 관광객을 위해 중국어, 영어, 일본어,(베트남어, 태국어) 등
다국어 상담 서비스를 제공해 드리고 동시에 관광객의 신고를 접수받아서 관광객의 여행 중의 불
편함을 해소한다.

'1330'的拨打方法是直接按1330就可以。
'1330'의 전화를 거는 방법은 직접 1330을 누르면 된다.

打国际长途电话时，先按韩国的国家号码82，然后按区号和1330就可以。
국제 장거리 전화를 걸 때 먼저 한국의 국가번호인 82를 누르고, 그런 후에 지역번호와 1330을
누르면 된다.

■ 据我所知，还可以预订'本昵客雅'观光酒店。
제가 아는 바에 의하면 '베니키아'관광호텔 예약도 할 수 있다.

1.旅游咨询热线 lǚyóu zīxún rèxiàn 관광 안내 직통[핫라인] ■ 呼叫中心 콜 센터
2.多语种 duōyǔzhǒng 다국어
3.投诉 tóusù 불편신고. 민원. 컴플레인[complaint]
4.消除 xiāochú (걱정이나 장애 등을) 제거하다. 해소하다. 없애다
5.拨打 bōdǎ 전화를 걸다
6.直接 zhíjiē 직접(적이다). 바로. 다이렉트[direct]
7.按 àn 누르다
8.区号 qūhào 지역번호. 지역 코드
9.国际长途 guójì chángtú 국제 장거리
10.本昵客雅 běnnìkèyǎ 베니키아

㉕ 观光警察(制度) 관광경찰(제도)

'观光警察'是为严打旅游热点地区的商家、出租车的宰客和欺骗行为(而)设立的。
(于2013年)由文化体育观光部和警察厅共同设立。

'관광경찰'은 관광 인기지역의 업체[상가], 택시가 바가지 씌우는 사기행위를 엄히 단속하기 위해서 설립한 것이다. (2013년에) 문화체육관광부와 경찰청이 공동으로 설립하였다.

'观光警察'在(明洞、梨泰院、东大门、弘大街等)旅游热点地区受理外国游客的投诉，保护外国游客的合法权益，消除游客在旅行中的不便，因此外国游客可以放心、愉快地旅行。

'관광경찰'은 (명동, 이태원. 동대문, 홍대 거리 등) 관광 인기지역에서 외국인관광객의 신고를 받아 처리하여 외국인 관광객의 합법적인 권익을 보호하며 관광객의 여행 중의 불편을 해소해 준다. 이 때문에 외국 관광객들은 안심하고 유쾌하게 여행할 수 있다.

此外，'观光警察'在机场或者旅游热点地区严打'无证导游'。据我所知，还有很多无证汉语导游，我希望政府加大力度严打无证导游，让有证导游有立足之地。

이 외 '관광경찰'은 공항이나 관광 인기지역에서 '무자격증 가이드'를 단속한다.
제가 알기로는 아직도 많은 무자격증 중국어 가이드가 있다. 저는 정부가 무자격증 가이드 단속을 더 강하게 밀어붙여서 자격증이 있는 가이드의 설자리를 만들어주었으면 한다.

1.警察 jǐngchá 경찰	7.欺骗 qīpiàn 사기 치다. 속이다
2.制度 zhìdù 제도	8.行为 xíngwéi 행위
3.严打 yándǎ 단속하다	9.权益 quányì 권익
4.旅游热点地区 lǚyóu rèdiǎn dìqū 인기 관광 지역	10.政府 zhèngfǔ 정부
5.出租车 chūzūchē 택시	11.加大力度 jiādà lìdù 강하게 밀어붙이다
6.宰客 zǎikè 바가지를 씌우다	12.立足之地 lìzúzhīdì 설자리. 발붙일 자리

관광 경찰대의 역할

물가 확인   관광지 안내   불법 택시 단속

㉖ 红衣天使 레드 엔젤

'红衣天使'是指'旅游信息咨询员'，又称为'移动的旅游咨询处'。

他们在旅游热点地区提供翻译、手拿地图为游客指路等各种服务，消除游客
在旅行中的不便。因为他们戴着红色的帽子(或牛仔帽)、穿着红色的衣服(或马夹)，
因此被称为'红衣天使'(或人们把他们亲昵地称为'红衣天使')。

레드 엔젤은 '관광정보 안내원'을 가리키고 '움직이는 관광안내소'라고도 부른다.
그들은 관광 인기지역에서 관광객에게 통역, 손에 지도를 들고 길을 안내하는 등 각종 서비스를
제공해 관광객들이 여행 중의 불편함을 해소해 준다.
그들은 빨간색 모자(혹은 카우보이모자)를 쓰고 빨간색 조끼를 입고 있다. 그래서 '레드 엔절'이라
부른다(또는 사람들은 그들을 '레드 엔젤'이라고 친근하게 부른다).

1.红衣天使 hóngyī tiānshǐ 레드 엔젤[Red Angel]
2.移动 yídòng 이동하다. 움직이다
3.旅游信息咨询员 lǚyóu xìnxī zīxúnyuán 관광정보 안내원
4.地图 dìtú 지도
5.指路 zhǐlù 길을 가리키다
6.戴 dài (머리·얼굴·가슴·팔·손 등에) 착용하다. 쓰다. 차다. 끼다
7.牛仔帽 niúzǎimào 카우보이모자
8.马夹 mǎjiá 조끼
9.亲昵 qīnnì 정답다. 친밀하다. 허물없다

㉗ 观光特区 관광특구

观光特区是指集观光(游览)、购物、休闲娱乐、住宿于一体的综合旅游地区。

设立观光特区是为了刺激外国人赴韩旅游和消费。

目前，韩国在13个道·市共指定了34个观光特区。这些观光特区吸引来了很多赴韩旅游和消费的游客，对韩国旅游业的发展产生了巨大的影响，也给韩国带来了巨大的经济利益，因此越来越受到重视和关注。

2021年弘大一带被指定为'弘大文化艺术观光特区'，成为第34个观光特区。

'관광특구'는 관광(유람), 쇼핑, 레저 및 엔터테인먼트, 숙박을 한 곳에 모은 종합 관광지역을 가리킨다.

관광특구를 설립한 것은 외국인이 한국에 와서 관광하고 소비하는 것을 자극하기 위해서이다.

한국은 13개 시·도에 모두 34개의 관광특구를 지정했다.

이 관광특구들은 많은 관광객들을 유치해 왔고 한국 관광업의 발전에 대해 막대한 영향을 미치고 또한 한국에 거대한 경제적 이익[파급]을 가져왔다. 이로 인해 더욱더 중시되고 주목을 받는다.

2021년 홍대 일대가 '홍대문화예술관광특구'로 지정되면서 34번째 관광특구가 됐다.

1.集~于一体 jí~yú yìtǐ …을 한 곳(몸)에 모으다
2.休闲 xiūxián 레저[leisure]. 휴식 오락하다. 한가하다 例)休闲服 캐주얼. 편한 옷차림
3.娱乐 yúlè 오락. 엔터테인먼트[entertainment]
4.刺激 cìjī 자극(하다). 짜릿하다. 자극적이다
5.赴韩 fùhán 방한하다. 한국에 가다[오다]
6.吸引 xīyǐn 유치하다. 끌어들이다. 매료시키다
7.产生 chǎnshēng 생성하다. 생기다. 발생하다
8.巨大 jùdà 거대하다. 막대하다
9.经济利益 jīngjì lìyì 경제이익
10.重视 zhòngshì 중요(시하다). 중시(하다)
11.关注 guānzhù 관심과 주목. 관심(을 가지다). 주시하다. 팔로우

1）首尔的观光特区

目前，首尔共有7处观光特区，分别为①梨泰院[1997年]②明洞、南大门市场、（北仓洞·茶洞·武桥洞）一带③东大门时装城④钟路、清溪川一带⑤蚕室观光特区⑥江南会奖观光特区⑦弘大文化艺术观光特区[2021年]。

其中，第一个指定的观光特区是'梨泰院'，规模最大的是'蚕室'观光特区。

현재, 서울에는 모두 일곱 곳의 관광특구가 있는데, 각각 다음과 같다. ①이태원 ②명동, 남대문시장, (북창동·다동·무교동) 일대 ③동대문 패션 타운 ④종로, 청계천 일대 ⑤잠실관광특구 ⑥강남 마이스 관광특구 ⑦홍대문화예술관광특구이다. 그 중 첫 번째로 지정된 관광특구는 '이태원'이고, 규모가 가장 큰 것은 잠실 관광특구이다.

1.梨泰院 lítàiyuàn 이태원
2.明洞 míngdòng 명동
3.北仓洞 běicāngdòng 북창동
4.南大门市场 nándàmén shìchǎng 남대문 시장
5.东大门时装城 dōngdàmén shízhuāngchéng 동대문 패션 타운
6.钟路 zhōnglù 종로
7.清溪川 qīngxīchuān 청계천
8.蚕室 cánshì 잠실
9.江南会奖观光特区 jiāngnián huìjiǎng guānguāng tèqū 강남 마이스 관광특구
10.规模 guīmó 규모

---

2) 蚕室观光特区　잠실관광특구

蚕室观光特区在江南的松坡区，是首尔规模最大的观光特区。

这里建有韩国最有名的主题公园'乐天世界'、韩国最高的建筑（或摩天大厦）'乐天超级塔123'。此外，还有乐天百货商店、很多地下购物街、美食店、咖啡厅，非常适合全家游。蚕室观光特区是一个集观光（游览）、购物、休闲娱乐、住宿于一体的旅游地区，因此慕名而来的游客络绎不绝，成为了首尔的必游之地（或打卡地）。

잠실 관광특구는 강남의 송파구에 있고 서울에서 규모가 가장 큰 관광특구이다.
이곳에는 한국의 가장 유명한 테마파크인 '롯데월드', 한국의 가장 높은 건물[혹은 마천루] '롯데 슈퍼타워'가 세워져 있다. 이 밖에도 또 롯데백화점, 지하상점, 거리, 맛집과 커피숍이 있어 가족 여행하기에 매우 적합하다. 잠실 관광특구는 하나의 관광(유람), 쇼핑, 레저 및 엔터테인먼트, 숙박을 한 곳에 모아놓은 관광 지역으로서 명성을 듣고 찾아오는 관광객이 발길이 끊이지 않고 서울의 필수 관광 지역(혹은 핫플레이스)이 되었다.

1.松坡区　sōngpōqū 송파구
2.主题公园　zhǔtí gōngyuán 테마공원
3.地下购物街　dìxià gòuwùjiē 지하 쇼핑몰
4.美食店　měishídiàn 맛집
5.全家游　quánjiāyóu 가족여행
6.摩天大厦　mótiān dàshà 마천루
7.超级塔　chāojítǎ 슈퍼 타워
8.慕名而来　mùmíng'érlái 소문을 듣고 찾아오다
9.络绎不绝　luòyì bùjué 발길이 끊이지 않다

---

3) 江南会奖观光特区　강남 마이스 관광특구

江南三成洞贸易中心一带，（于2014年）被指定为'江南会奖观光特区'。
这里建有（韩国贸易）会展中心－COEX、七乐赌场，还有首尔大型娱乐购物城－
COEX MALL，它是韩国规模最大的地下娱乐购物城。
此外，这里还有韩国规模最大的（海洋）水族馆、乐天免税店、酒店等。
江南会奖观光特区是一个集观光（游览）、购物、休闲娱乐、住宿于一体的旅游地区，
因此慕名而来的游客络绎不绝，成为了首尔的必游之地（或打卡地）。

강남 삼성동 무역센터 일대는 （2014년에）'강남 마이스 관광특구'로 지정되었다.
이곳에는 코엑스(컨벤션 센터), 세븐럭 카지노, 그리고 서울의 대형 쇼핑몰인 코엑스 몰이 들어서
있다. 코엑스 몰은 한국 최대의 지하공간이다.
이 외 여기에는 또 한국의 가장 큰 수족관－아쿠아리움, 롯데면세점, 호텔 등이 있다.
강남 마이스 관광특구는 하나의 관광(유람), 쇼핑, 레저 및 엔터테인먼트, 숙박이 한데 모여 있는
관광지역으로 소문을 듣고 찾아오는 관광객의 발길이 끊이지 않으며 서울의 필수 관광지(혹은 핫
플레이스)로 자리 잡고 있다.

1.贸易 màoyì 무역
2.赌场 dǔchǎng 카지노[casino]
📖Seven Luck casino－서울강남구 삼성동 컨벤션 별관에서 2006년에 개장한 한국형 카지노
3.亚洲 Yàzhōu 아시아
4.(海洋)水族馆 (hǎiyáng)shuǐzúguǎn (해양) 수족관. 아쿠아리움[Aquarium]

㉘ 城市航站楼 도심공항(터미널)

简单地说，'城市航站楼'是指建在市内的航站楼。可以在城市航站楼提前办理出境手续和拖运行李，这样到了机场(以)后可以直接登机(或可以节约在机场办理登机手续的时间，就是说不用排队办理登机手续)，而且还可以减轻行李。

据我所知，目前，韩国共有2个城市航站楼。它们分别在首尔站、京畿道的光明站。但是京畿道的光明站(城市航站楼)目前暂停办理出境手续。

간단히 해서 '도심공항'이란 도심 내에 지어놓은 터미널을 가리킨다.

도심공항에서 미리 출국 수속을 하고 짐을 부칠 수 있다. 이렇게 하면 공항에 도착한 후 곧바로 탑승할 수 있다(혹은 공항에서의 탑승수속 시간을 절약할 수 있다, 곧 줄을 서서 탑승 수속할 필요가 없다).또한 짐을 경감할 수[줄일 수] 있다.

제가 알기로는 현재 한국에는 2개의 도심공항이 있다.

그들은 각각 서울역, 경기도의 광명역에 있다. 그러나 경기도의 광명역(터미널)은 현재 임시적으로 출국 수속대행을 정지한 상태다.

1.航站楼 hángzhànlóu 공항 터미널 　▣ 客运站 kèyùnzhàn 터미널[terminal]
2.出境手续 chūjìng shǒuxù 출국 수속
3.拖运 tuōyùn (짐·화물을) 탁송하다. 운송을 위탁하다
4.行李 xíngli 짐
5.直接 zhíjiē 직접(적이다). 다이렉트[direct]. 바로
6.登机 dēngjī 탑승하다
7.节约 jiéyuē 절약하다. 아끼다. 줄이다
8.排队 páiduì 줄을 서다 　▣ 插队 chāduì 끼어들다. 새치기하다
9.减轻 jiǎnqīng 경감하다. 감소하다
10.暂停 zàntíng 일시 정지하다. 잠시 중지하다. 잠시 멎다[멈추다]

㉙ 低价航空　▣ Low-Cost Carrier

'LCC'是指低价航空。低价航空取消或者简化了传统的乘客服务，比如说不提供免费拖运行李、机内餐、饮料、报刊、毯子等服务。这样大大降低了营业成本，因此大大降低了机票的价格。低价航空价格便宜，所以越来越受人们的喜爱。

'LCC'란 저가항공을 말한다. 저가 항공은 전통적인 승객 서비스를 취소하거나 간소화하는데, 예를 들어 무료로 짐 부치기, 기내식, 음료, 신문, 담요 등의 서비스를 제공하지 않는다. 이렇게 영업 원가를 크게 낮췄기 때문에, 비행기 표의 가격이 대폭 인하되었다. 저가 항공 가격이 싸서 점점 더 많은 사랑을 받고 있다.

据我所知，目前韩国大概有6个低价航空，分别为济州航空、真航空、釜山航空、德威航空、易斯达航空、首尔航空。

제가 아는 바에 의하면 현재 한국에는 대략 6개의 저가 항공이 있다. 대표적으로 제주항공, 진에어, 에어부산, 티웨이 항공, 이스타 항공, 에어서울이다.

---

1. 低价航空 dījià hángkōng 저가 항공
2. 取消 qǔxiāo 취소(하다)
3. 简化 jiǎnhuà　간략화하다. 간소화하다
4. 乘客服务 chéngkè fúwù 승객 서비스
5. 机内餐 jīnèicān 기내식
6. 饮料 yǐnliào 음료수
7. 报刊 bàokān (신문. 잡지 등의) 간행물
8. 毯子 tǎnzi 담요
9. 降低 jiàngdī 낮추다. 인하하다. 하락하다. 내리다
10. 成本 chéngběn 원가. 생산비. 자본. 코스트[cost]

📖低价航空及航空代码 저가 항공 및 항공코드

1. 济州航空 제주항공 7C
2. 真航空 진 에어 LJ
3. 釜山航空 에어 부산 BX
4. 首尔航空 에어 서울 RS (AIR SEOUL)
5. 德威航空 티웨이 항공 TW
6. 易斯达航空 이스타 항공 ZE

㉚ 허브공항 枢纽机场 ▣ Airline hub

简单地说，'枢纽机场'是指国际、国内航线密集的机场。

旅客们在这里可以很方便地中转到其他机场。

亚洲地区的(重要)枢纽机场是韩国的'仁川'国际机场、中国的'北京首都'国际机场、

日本的'成田'国际机场、'香港'国际机场、'澳门'国际机场等。

中东地区的(重要)枢纽机场是'迪拜'国际机场。

建立'枢纽机场'(的好处是)可以促进、带动周边地区的经济，还有相关产业的发展，

比如说酒店业、餐饮业、旅游业等。

쉽게 말해 '허브 공항'은 국제, 국내 노선이 밀집한 공항을 말한다.

여객들은 여기에서 편리하게 기타 공항으로 환승할 수 있다.

아시아 지역의 (주요) 허브 공항은 한국의 '인천'국제공항, 중국의 '베이징 수도'국제공항, 일본의 '나리타'국제공항, '홍콩'국제공항, '마카오'국제공항 등이 있다.

중동지역의 (주요) 허브 공항은 '두바이'국제공항이다.

'허브 공항'을 건설하는 것은 (좋은 점은) 주변지역의 경제와 관련 산업의 발전을 촉진하고, 이끌 수 있다. 예를 들어 호텔업, 요식업, 관광업 등이다.

1.枢纽 shūniǔ 중추. 요점. 허브[hub]

2.航线 hángxiàn 항로. 항선루트

3.密集 mìjí 밀집하다

4.旅客 lǚkè 여객. 승객

5.中转 zhōngzhuǎn 경유하다

6.亚洲 yàzhōu 아세아주

7.成田 chéngtián 나리타

8.香港 xiānggǎng 홍콩[Hong Kong]

9.澳门 àomén 마카오[Macao]

10.迪拜 díbài 두바이[dubai]

11.带动 dàidòng 이끌어 나가다. 선도하다

12.促进 cùjìn 촉진하다. 활성화하다

13.周边地区 zhōubiān dìqū 주변지구

14.相关产业 xiāngguān chǎnyè 관련 산업

15.餐饮业 cānyǐnyè 요식업

韩国的国际机场

1.인천 (ICN)－仁川 rénchuān
2.김포 (GMP)－金浦 jīnpǔ
3.제주 (CJU)－济州 jìzhōu
4.김해 (PUS)－金海(釜山) jīnhǎi(fǔshān)
5.대구 (TAE)－大邱 dàqiū
6.양양 (YNY)－襄阳(江原道) xiāngyáng(jiāngyuándào)
7.청주 (CJJ)－清州(忠北) qīngzhōu(zhōngběi)
8.무안 (MWX)－务安(全南) wù'ān(quánnán)

㉛ 中途停留 스톱오버

'Stop Over'是指'中途停留'，就是在'中转地'停留24小时以上。
中途停留对'中转地国家'来说，可以提升国家的对外旅游形象，而且促进、带动
机场周边地区的经济，还有相关产业的发展，比如说酒店业、餐饮业、旅游业等。
对'旅客'来说，在停留期间，可以有意义地度过，增添一份旅途上的快乐。

'Stop Over'는 중도에서 머물다, 곧 환승객이 경유지에서 24시간 이상 머무르는 것을 가리킨다.
'경유지 국가' 입장에서 보면 스톱오버는 국가의 대외 관광 이미지를 향상시킬 수 있다, 게다가
공항 주변 지역의 경제, 그리고 관련 산업의 발전을 활성화할 수 있다. 예를 들어 호텔업, 요식업,
관광업 등이다. '승객'에게는 머무는 동안 의미 있게 보낼 수 있어 여행의 즐거움을 더할 수 있다.

1.停留 tíngliú 머물다. 멈추다. 정류하다
2.中转地 zhōngzhuǎndì 경유지
3.提升 tíshēng (이미지, 만족도 등을) 높이다. 향상시키다. 상승하다
4.形象 xíngxiàng 이미지
5.促进 cùjìn 촉진시키다. 활성화하다
6.带动 dàidòng 선도하다. 이끌다
7.有意义 yǒu yìyi 의미가 있다
8.度过 dùguò (시간을) 보내다. 지내다 (시기를) 넘기다
9.餐饮业 cānyǐyè 요식업
10.增添 zēngtiān 더하다. 늘리다. 보태다
11.旅途 lǚtú 여정. 여행 길. 여행도중

✔**더 알고 가기**

인천국제공항에서는 환승객이 다음 항공편 대기시간 중에 한국의 매력을 느낄 수 있도록 환승투어 프로그램을 무료로 제공하고 있다. 환승객은 환승투어 프로그램을 통하여 인천공항에서 자랑하는 공항 편의시설, 공연, 전시를 돌아 볼 수 있음은 물론 가이드가 포함된 투어 차량을 이용하여 가까운 공항 주변과 인천시내, 서울 중심부까지 한국의 역사와 문화를 체험할 수 있는 기회를 제공받는다. 주요 관광코스로는 한국의 역사와 문화유산을 체험할 수 있는 서울 도심의 고궁과 박물관, 젊음의 거리인 홍대 주변, 디지털 패션 단지인 동대문시장 그리고 인천 항구 주변의 근대문화 등 다양한 볼거리와 먹거리, 활기찬 한국의 오늘을 즐길 수 있다.

㉜ 베니키아 本昵客雅

‘本昵客雅’是由韩国旅游发展局打造的中低档观光酒店的连锁品牌。

被指定为‘本昵客雅’的观光酒店都要通过严格的审查。

‘本昵客雅’观光酒店价格合理、住宿环境舒适，因此很受‘个别旅游’游客们的喜爱。

据我所知，目前全国大概有60多家‘本昵客雅’观光酒店。

预订方式有三种，一个是网上预订，另一个是电话预订，还有一个是拨打1330。

‘베니키아’는 한국관광공사가 만든 중저급 관광호텔 체인브랜드이다.

‘베니키아’로 지정한 관광호텔은 모두 엄격한 심사를 거쳐야 한다.

‘베니키아’관광호텔은 가격이 합리적이고 숙박환경이 쾌적하여 ‘개별관광객’들의 사랑을 많이 받는다. 제가 아는 바에 의하면 현재 전국에 대략 60여 곳 ‘베니키아’ 관광호텔이 있다.

예약은 인터넷 예약, 전화 예약, 1330 전화 예약 등 세 가지 방법이 있다.

---

1. 本昵客雅 běnnìkèyǎ 베니키아 [BENIKEA]
2. 打造 dǎzào (브랜드, 이미지 등을) 만들다
3. 中低档 zhōngdīdàng 중저급 ▣中低价 zhōngdījià 중저가
4. 连锁 liánsuǒ 연쇄. 체인[chain]
5. 品牌 pǐnpái 상표. 브랜드[brand]
6. 严格 yángé 엄격하다. 엄하다. 엄하게 하다
7. 审查 shěnchá 심사(하다)
8. 合理 hélǐ 합리적이다
9. 舒适 shūshì 쾌적하다

㉝ 템플 스테이 寺庙寄宿

'Temple stay'是指'寺庙寄宿'，就是寄宿在寺庙，体验佛教文化和僧人(或僧侣)的日常生活。体验项目是钵盂供养(或吃斋饭、吃斋念佛)、礼佛、参禅、冥想、108拜、茶道、制作莲花灯、佛珠(或念珠、数珠)等。通过'寺庙寄宿'，人们远离城市的喧嚣、快节奏的生活、亲近大自然，可以得到身心的放松和安定。

据我所知，在韩国，大部分寺庙都可以体验寺庙寄宿。在首尔可以体验寺庙寄宿的寺庙中最具代表性的寺庙是'曹溪寺'和'奉恩寺'。

◉ '曹溪寺'位于江北的钟路一带，有着600多年的历史，被誉为韩国'第一寺庙'。

◉ '奉恩寺'位于江南的三成洞韩国会展中心一带，是有着1000多年历史的'千年古刹'。

'Temple stay'는 사찰기숙을 가리킨다. 즉 사찰에서 기숙하면서 불교문화와 스님(승려)의 일상생활을 체험 하는 것이다. 체험항목은 발우공양(혹은 사찰 음식을 먹고), 예불, 참선, 명상, 108배, 다도, 연등 꽃, 염주 제작 등이다. '템플 스테이'를 통해, 사람들은 도시의 소음과 빠른 템포의 생활을 멀리 하고 대자연을 가까이 함으로써 심신의 이완[편안함]과 안정을 얻을 수 있다.

제가 아는 바에 의하면 한국에서 대부분의 사찰들은 다 사찰기숙을 체험할 수 있다. 서울에서 템플스테이를 체험할 수 있는 사찰 중 가장 대표적인 사찰은 '조계사'와 '봉은사'이다.

◉ 조계사는 강북의 종로일대에 위치하여 있고 600년의 역사를 가지고 있으며 한국의 '제일사찰'이라고 일컫는다.

◉ 봉은사는 강남 삼성동 코엑스 일대에 위치하여 있고 천년의 역사를 가진 '천년고찰'이다.

1.寄宿 jìsù 기숙하다. 하숙하다	8.佛珠=念珠=数珠 fózhū=niànzhū=shǔzhū 염주
2.僧人=僧侣 sēngrén=sēnglǚ 중(인). 스님=승려	9.喧嚣 xuānxiāo 소란(스럽다). 시끌시끌하다
3.钵盂供养 bōyú gòngyǎng 발우공양	10.节奏 jiézòu 절주. 박자. 속도. 리듬. 템포
4.斋饭 zhāifàn 젯밥. 공양. 절의 소밥[절밥]	11.曹溪寺 cáoxīsì 조계사
5.吃斋念佛 chīzhāi niànfó 채식하며 염불하다	12.奉恩寺 fèng'ēnsì 봉은사
6.参禅 cānchán 참선	13.古刹 gǔchà 고찰
7.冥想 míngxiǎng 명상	

㉞ 国立公园 국립공원

‘国立公园’是指为了很好地保护自然生态、自然景观、历史遗迹，由环境部(长官)指定并(加以)特别管理的风景区。

国立公园的类型有3种，分别为山岳型、海上海岸型、史迹型。

目前，韩国共有23个国立公园，分别为山岳公园18个、海上公园4个、历史公园1个。

A.第一个指定的国立公园是‘智异山’。在山岳公园中，规模最大。

B.目前，第22个国立公园是(于2016年指定的)江原道的‘太白山’。

▣ 大邱的八公山指定为第23个国立公园。

C.规模最大的国立公园是‘多岛海’海上国立公园。这里有400多个大大小小的岛。

D.(唯一的)一个历史公园，就是‘庆州’国立公园。

E.首尔有一个国立公园，就是‘北汉山’国立公园。

“국립공원”이란 자연생태, 자연경관, 역사유적을 잘 보전하기 위하여 환경부(장관)가 지정하여 특별히 관리하는 경승지를 말한다.

국립공원의 종류는 3가지가 있고 각각 산악형, 해상해안형, 사적형이다.

현재 한국에는 산악공원 18개, 해양해안공원 4개, 역사공원 1개 등 23개의 국립공원이 있다.

A. 첫 번째로 지정된 국립공원은 지리산 이다. 산악공원 중에서는 규모가 가장 크다.

B. 현재 22번째인 국립공원은 (2016년에 지정된) 강원도의 ‘태백산’이다.

▣ 대구의 ‘팔공산’이 23번째 국립공원으로 지정되었다.

C. 가장 규모가 큰 국립공원은 다도해 해상국립공원이다. 크고 작은 섬 400여 개가 있다.

D. (유일한) 하나의 역사공원은 바로 ‘경주’국립공원이다.

E. 서울에는 국립공원이 하나 있는데 바로 북한산 국립공원이다.

국토의 대표적 경승지를 골라 국민의 보건·휴양 및 정서생활의 향상에 기여할 목적으로 국가가 지정 관리하는 공원이다. 국립공원은 자연경치와 유서 깊은 사적지 및 희귀한 동식물을 보호하고 국민의보건·휴양·교화 및 정서생활의 향상에 기여할 목적으로 지정한 한 국가의 풍경을 대표하는 수려한 자연풍경지로 지리산을 비롯하여 경주, 계룡산, 한려해상, 속리산, 한라산, 설악산, 내장산, 가야산, 오대산, 덕유산, 주왕산, 태안해안, 다도해해상, 북한산, 치악산, 월악산, 소백산, 월출산, 변산반도, 무등산, 태백산, 대구팔공산 총 23개이다.

㉟ 国立中央博物馆 국립중앙박물관

国立中央博物馆位于龙山区，是目前亚洲规模最大、世界第六大的综合性博物馆，被誉为'韩国文化宝库'，因此慕名而来的游客络绎不绝，成为了首尔的必游之地(或打卡地)。

국립중앙박물관은 용산구에 위치해 있고 현재 아시아에서 가장 규모가 크고 세계에서 여섯 번째로 큰 종합 박물관으로 '한국 문화의 보고'로 불리 운다.

为了方便游客参观和游览节约游客的时间，开设了多条主题参观路线，同时配备先进的电子导览系统，能自动播放音频和视频信息。

관광객이 편리하게 관람하고 관람객의 시간을 절약할 수 있도록 다양한 테마의 관람코스를 개설하고 첨단 전자안내시스템을 갖추어서 오디오와 동영상 정보를 자동으로 재생할 수 있다.

展品主要以韩国历代重要的历史文物为主，特别(或尤其)是美术类的藏品非常丰富。

전시품은 주로 한국 역대 중요한 역사유물이 위주이며, 특히 미술 분야의 소장품이 풍부하다. 이 때문에 찾아오는 관광객들의 발길이 끊이지 않고 서울의 필수 관광지(혹은 핫플레이스)로 자리 잡고 있다.

▣ 博物馆里的'基本陈列展'免费，'特别展'收费。

　　박물관 내 '상설전시'는 무료, '특별전시'는 유료이다.

▣ 国立中央博物馆由文化体育观光部主管。

　　국립중앙박물관은 문화체육관광부에서 주관하고 있다.

1.亚洲 yàzhōu 아세아주
2.节约 jiéyuē 절약하다
3.配备 pèibèi (인력이나 물력을 수요에 따라) 분배하다. 배비하다. 꾸리다
　　잘 갖추어진 설비. 장치. 장비
4.电子导览系统 diànzǐ dǎolǎn xìtǒng 전자 안내 시스템
5.播放 bōfàng 방송하다. 방영하다. 상영하다
6.音频信息 yīnpín xìnxī 오디오 정보
7.视频 shìpín 동영상
8.藏品 cángpǐn 소장품
9.尤其 yóuqí 특히. 유난히
10.基本陈列展 jīběn chénlièzhǎn 기본진열전시[상설전시]

㊱ 城市观光巴士＝环城旅游巴士 시티 관광버스 　■ 凭票上车

最近，随着自由行和个别旅游的游客逐渐增多，乘坐城市观光巴士游览成为了
必体验项目。为了方便游客游览，在首尔、釜山、济州岛、庆州、全州等重要的
旅游城市运营城市观光巴士。城市观光巴士有两种，一个是单层的，另一个是
双层的，沿途上安排的都是当地的代表景点，巴士沿着各个景点循环行驶。
城市观光巴士安排多条路线，供游客选择，而且中途停站，游客可以随上随下。
车上还配有（中文、英文等）多语种讲解器，游客可以一边听讲解，一边欣赏沿途
的各个景点。对游客们来说，乘坐城市观光巴士游览，可以增添一份旅游的乐趣，
对韩国来说，可以提升国家的对外旅游形象。
据我所知，'首尔城市观光巴士'共有4条路线，始发站在东和免税店前边，车费大概
是一万多韩元。

최근, 자유여행, 개별 관광하는 관광객들이 점차적으로 많아지면서, 시티관광버스를 타고 유람하
는 것은 필수 체험이 되었다. 관광객들이 편하게 둘러볼 수 있도록 서울·부산·제주도·경주·전주 등
주요관광도시에서 시티투어 버스를 운영하고 있다. 시티투어버스는 두 종류가 있고 하나는 단층짜
리, 다른 하나는 이층짜리이고 그 지역의 대표 관광지들이 길을 따라 배치되고, 버스는 각 관광지
를 따라 순환 운행한다. 시티투어버스는 여러 노선을 배치하여 관광객들이 선택할 수 있도록 하고
있다. 도중에 정차함으로 관광객들은 자유롭게(혹은 편하게 마음대로) 오르고 내릴 수 있다.
차 안에는 (중국어, 영어 등) 다국어 오디오 가이드도 배치[장착]되어 있어 관광객들은 설명을
들으면서 연도의 다양한 명소를 감상할 수 있다. 관광객들에게는 시티투어버스를 이용하면 관광의
즐거움을 더할 수 있고, 한국은 국가 대외관광의 이미지[위상]를 높일 수 있다.
제가 아는 바에 의하면 '서울시티관광버스'는 모두 네 개의 노선이 있고 출발역은 동화면세점 앞쪽
에 있고, 차비는 대략 한화 1만여 원이다.

1.环城 huánchéng 도시를 순환하다	9.停站 tíngzhàn 역에서 정차하다
2.逐渐 zhújiàn 점차(적으로). 차츰차츰. 서서히	10.讲解器 jiǎngjiěqì 오디오 가이드. 안내시스템
3.增多 zēngduō 양이나 수치가 늘다	11.欣赏 xīnshǎng 감상하다
4.沿途 yántú 연도. 가는 길	12.增添 zēngtiān 더하다. 보태다
5.沿着 yánzhe (길이나 방향등을) 따라서	13.乐趣 lèqù 즐거움. 락
6.循环 xúnhuán 순환하다	14.提升 tíshēng (이미지. 위상 등을)높이다
7.行驶 xíngshǐ 운항하다. 달리다. 주행하다	15.始发站 shǐfāzhàn 출발역 ■ 终点站 종점
8.中途 zhōngtú 중도. 도중	16.免税店 miǎnshuìdiàn 면세점

㊲ 코리아그랜드세일 韩国购物季 【2023.01.12~02.28】

“韩国购物季”是为了在‘旅游淡季’吸引游客赴韩旅游和购物，刺激外国游客和‘在韩外国人’消费(而)举办的冬季购物庆典活动，大概进行一个半月。
这个庆典为游客提供多样的韩流文化体验、娱乐活动以及(丰厚的)打折优惠，集购物、韩流、娱乐于一体，因此越来越受到(人们的)关注和喜爱。
“韩国购物季”开办于2011年，我希望明年也举办成功。

‘코리아그랜드세일’은 '관광 비수기'에 관광객의 유치와 외국인 관광객과 ‘주한 외국인’의 소비를 활성화하기 위해 개최한 겨울철 쇼핑축제이다. 대개 한 달 반 정도 진행한다.
이 축제는 관광객들에게 다양한 한류문화 체험, 오락활동[즐길거리], 그리고 (푸짐한) 할인혜택을 제공하며, 쇼핑, 한류, 엔터테인먼트가 복융합되었다. 그래서 점점 (사람들의) 관심과 사랑을 받고 있다. ‘코리아그랜드세일’은 2011년에 시작되었고, 내년에도 성공적으로 개최되기를 바란다.

1.淡季 dànjì 비수기 ▣ 旺季 wàngjì 성수기
2.刺激 cìjī 자극(하다). 짜릿하다. 자극적이다
3.丰厚 fēnghòu 두툼하다. 두텁다. 푸짐하다
4.打折优惠 dǎzhé yōuhuì 할인혜택
5.届 jiè 기(期). 차(次)[정기적인 회의 또는 졸업 년차 따위에 쓰임]

㊳ 韩流及它的影响力 한류와 그에 따른 영향력

简单地说，'韩流'是指韩国文化产业的输出以及韩国的大众文化在全球范围内的影响力。'韩流'包括影视剧(或电影和电视剧)、综艺节目、韩国的流行音乐K-POP、韩餐、美妆和时尚等产业。通过'韩流'，在全球掀起了'韩潮'，很多外国人慕名而来，提升了韩国的对外旅游形象，对韩国旅游业的发展产生了巨大的影响，同时给韩国带来了巨大的经济利益。目前，K-POP明星-男团(组合)BTS、网飞韩剧，风靡火爆全球，再一次掀起韩潮。

한마디로 '한류'는 한국 문화산업의 수출 및 한국 대중문화의 전 세계적 영향력을 의미한다. '한류'는 영화와 드라마, 예능 프로그램, K팝, 한식, 뷰티와 패션 등 산업을 포함된다. 한류를 통해 전 세계적으로 한류 '붐'을 일으켜, 많은 외국인들이 한국을 찾아오면서 한국의 대외관광이미지[위상]을 높이고 관광산업 발전에 큰 영향을 끼쳤으며, 경제적 파급[이득]도 컸다.
현재 K-POP스타인 남자 아이돌 그룹 BTS, 넷플릭스 한국 드라마가 전 세계를 풍미하고 있고 폭발적인 인기를 얻고 있어 다시 한류 붐을 일으키고 있다.

1.输出 shūshū 수출(하다)
2.全球 quánqiú 전 지구. 글로벌[global] 例)全球一体化 글로벌화. 세계화
3.范围 fànwéi 범위
4.包括 bāokuò 포괄하다. 포함하다. 일괄하다
5.综艺节目 zōngyì jiémù 예능 프로그램. 버라이어티 쇼
6.时尚 shíshàng 당시의 풍조. 패션. 유행
7.美妆 mězhuāg 뷰티[Beauty]
8.掀起 xiānqǐ 불러일으키다. 열어젖히다
9.韩潮 háncháo 한류 붐
10.提升 tíshēng (이미지. 위상 등을)높이다. 상승하다
11.网飞 wǎngfēi 넷플릭스[Nexflix]
12.男团组合 nántuán zǔhé 남자 아이돌 그룹
13.风靡 fēngmǐ 풍미하다
14.火爆 huǒbào 폭발하다. 핫하다[뜨겁다]. (성질이)불같다. 욱하다

㉟ 旅游业为何被称为'无烟产业'?

관광업을 왜 '굴뚝 없는 산업'이라 하는가?

目前，旅游业是世界范围内迅速发展的一个新兴现代产业。它依赖的是自然景观、历史遗迹，不用(或无需)建厂房、筑烟囱、不引起环境污染，所以被称为'无烟产业'。

对一个国家来说，旅游业的发展非常重要，可以带动经济发展，是高附加值产业。

旅游业可以带动的相关产业很多，比如说餐饮业、酒店业(或住宿业)、商业、交通运输业、文化业、娱乐业、服务业等等。

通过这些产业不但可以扩大就业(或提高就业率)，还可以增加国家和地方的财政收入和创汇，因此旅游业是天然的可持续发展的产业，越来越受到重视。

현재, 관광업은 전 세계적으로 빠르게 발전하는 신흥 현대 산업이다.

관광업은 자연경관과 역사유적에 의존함으로 공장이나 굴뚝을 지을 필요가 없고 환경오염을 일으키지 않으므로 '굴뚝 없는 산업[무연산업]'으로 불린다.

관광업은 국가적으로 경제발전을 이끄는 매우 중요한 고부가가치 산업이다.

관광업이 이끌 수 있는 관련 산업은 매우 많다. 예를 들자면 요식업, 호텔업[혹은 숙박업], 상업, 교통운송업, 문화산업, 엔터테인먼트[오락업. 유흥업], 서비스업 등 산업이다.

이러한 산업을 통해 고용을 확대할 수(또는 고용률[취업률]을 높일 수) 있을 뿐만 아니라, 국가와 지방의 재정수입과 외화벌이도 증가시킬 수 있다.

따라서 관광업은 천연의 지속 가능한 산업이고 갈수록 각광을[중시를]받고 있다.

1.迅速 xùnsù 신속하다. 급속하다. 재빠르다. 날래다
2.依赖 yīlài 의지하다. 기대다. 의존하다
3.厂房 chǎngfáng 공장 건물. 일터 작업장
4.筑烟囱 zhù yāncōng 굴뚝[연통]을 쌓다
5.污染 wūrǎn 오염(하다)
6.高附加值 gāofùjiāzhí 고부가 가치
7.带动 dàidòng 움직이다. 이끌어 나가다. 선도하다
8.交通运输业 jiāotōng yùnshūyè 교통운송업
9.增加 zēngjiā 증가하다. 더하다. 늘리다
10.创汇 chuànghuì 외화를 벌다. 외화벌이 ▣ 创汇率 chuànghuìlǜ 외화 가득율

⑩ 韩国旅游的优势 한국 관광의 강점

我觉得韩国旅游的优势是这些：

第一是韩国有着悠久的历史，可以感受(或领略)韩国固有的传统文化，游览韩国
(各地)的名胜古迹，特别是世界文化遗产。

第二是交通方便和快捷。韩国建有世界顶级的枢纽机场－仁川国际机场。

此外，公交车、地铁等公共交通发达，去哪儿都方便，一天内就可以抵达或者往返。

第三是为游客提供方便、安全的旅游。开设1330旅游咨询热线电话，推出旅游
手机(应用)软件，可以随时咨询和查询旅游信息，还有设立'观光警察'，受理游客们的
投诉，消除游客在旅行中的不便。此外，重要的旅游城市运营'城市观光巴士'，为游客
增添一份旅游的乐趣。

第四是韩国为吸引更多的游客赴韩旅游，推出各种旅游产品和(举办)庆典，比如说
韩流观光、医疗观光、安保观光、生态旅游、韩国购物季等等，因此游客的可选择性强。

한국 관광의 장점은 이것들이라고 생각합니다. 첫째는 한국은 유구한 역사를 가지고 있어 한국
고유의 전통문화를 느끼며 한국(각지)의 명승고적, 특히 세계문화유산을 둘러볼 수 있다.

둘째는 교통이 편리하고 빠르다. 세계 최고의 허브공항인 인천국제공항이 건설되어 있다.

이외 버스, 지하철 등 대중교통이 발달해서 어디든 가기 편하고 하루 만에 도착하거나 오갈 수 있다.

셋째는 여행객들에게 편리하고 안전한 여행을 제공한다. 1330 관광안내직통전화를 개설하고 관광
모바일앱을 출시해서 언제든지 여행정보 상담 및 조회 가능하다. 그리고 '관광경찰'을 설립하여
관광객 불만신고를 접수하고 여행 중의 불편함을 없애준다. 또한 중요한 관광도시에서는 '시티
투어 버스'를 운행하여 관광객들에게 관광의 즐거움을 더하고 있다.

넷째는 더 많은 관광객을 유치하기 위해 다양한 관광콘텐츠와 축제를 선보이고 있다.

예를 들자면 한류 관광, 의료관광, 안보관광, 생태관광, 한국그랜드세일 등이다. 때문에 관광객의
선택의 폭이 넓다.

---

1. 领略 lǐnglüè (체험·관찰·시험 등을 통해 감성적으로) 이해하다. 감지하다. 음미하다
2. 快捷 kuàijié (재)빠르다 ▣ 快捷键 kuàijiéjiàn 단축 키
3. 枢纽机场 shūniǔ jīchǎng 허브공항
4. 抵达 dǐdá 목적지에 도착하다
5. 往返 wǎngfǎn 왕복하다
6. 咨询 zīxún 자문하다
7. 查询 cháxún 검색하다. 조회하다
8. 信息 xìnxī 소식. 정보
9. 增添 zēngtiān 더하다. 보태다
10. 可选择性 kě xuǎnzéxìng 선택의 폭

Part 3

조선의 궁전

① 朝鲜五大宫的简介 조선 5대궁의 간단한 소개

朝鲜时代的五大宫分别为1个正宫－景福宫，4个离宫－昌德宫、昌庆宫、德寿宫、庆熙宫。
조선시대 5대궁은 각각 정궁인 경복궁 1개, 이궁인 창덕궁, 창경궁, 덕수궁, 경희궁 4개이다.

景福宫为五大宫之首，又称为'北阙'，是朝鲜的开国之君－太祖李成桂定都汉阳(以)后修建的第一座宫殿。
경복궁은 5대 궁의 으뜸으로 가는 궁전으로 '북궐'이라고도 불리며, 조선의 개국임금인 태조－이성계가 한양을 도읍지로 정한 후 처음 지어진 궁궐이다.

■ 법궁－왕이 거처하는 궁궐가운데 으뜸이 되는 궁궐을 가리킨다.

昌德宫是朝鲜初期最先修建的一座离宫，但是作为正宫使用的时间比景福宫更长，大概是260年。此外，在五大宫中，保存最完好、最具自然风貌，唯一被(联合国教科文组织)指定为世界文化遗产。
창덕궁은 조선 초기에 가장 먼저 지은 이궁이나 정궁으로 사용된 기간은 경복궁보다 훨씬 긴 260년 정도이다. 또 5대궁 중 가장 잘 보존되고 원래 자연 그대로의 모습을 간직한 채 꼭 필요한 곳에만 사람의 손을 댄 궁전으로 유일하게 (유네스코) 세계문화유산으로 지정되었다.

昌庆宫是唯一向东而建的宫殿。它建在昌德宫的东边，和昌德宫合称为'东阙'，又称为'兄弟宫阙'。
창경궁은 동쪽을 향해 세워진 유일한 궁궐이다. 창덕궁의 동쪽에 세워져 있는데,
창덕궁과 합쳐서 '동궐'이라 부르고 또한 '형제궁궐'이라고도 한다.

德寿宫是唯一传统和现代共存的宫殿。朝鲜末期，高宗建立'大韩帝国'，把庆运宫就是现在的德寿宫作为皇宫(或正宫)使用，因此这里是朝鲜末期(混乱的)政治舞台的中心。
덕수궁은 전통과 현대가 공존하는 유일한 궁궐이다. 조선 말기에 고종은 '대한제국'을 세웠고 경운궁 곧 지금의 덕수궁을 황궁(혹은) 정궁으로 사용했기 때문에 이곳은 조선 말기 (혼란한) 정치사의 중심지이다.

庆熙宫是朝鲜后期修建的最后一座离宫，又称为'西阙'，在五大宫中，最不受关注。

경희궁은 조선 후기에 지어진 마지막 이궁으로, '서궐'이라고도 불리며, 5대 궁중 가장 관심을 받지 못하고 있다.

宫名	修建时期	正门	正殿	便殿	寝殿	后花园
景福宫	1395年－太祖	光化门	勤政殿	思政殿	康宁殿	香远亭
昌德宫	1405年－太宗	敦化门	仁政殿	宣政殿	熙政堂	后苑
昌庆宫	1418年－成宗	弘化门	明政殿	文政殿	通明殿	■胎室
德寿宫	1593年－宣组	大汉门	中和殿	德弘殿	咸宁殿	静观轩
庆熙宫	1623年－光海君	兴化门	崇政殿	资政殿	隆福殿	■瑞岩

1.景福宫－北阙 jǐngfúgōng－běiquè 경복궁－북궐
2.昌德宫－东阙 chāngdégōng－dōngquè 창덕궁－동궐
3.昌庆宫－东阙 chāngqìnggōng－dōngquè 창경궁－동궐
4.庆熙宫－西阙 qìngxīgōng－xīquè 경희궁－서궐
5.德寿宫－西宫 déshòugōng－xīgōng 덕수궁－서궁
6.为~之首 wéi~zhīshǒu 제일의. …의 우두머리이다　例)凤凰为百鸟之首
7.定都 dìngdū 도읍지를 정하다　■ 迁都 qiāndū 천도하다
8.修建 xiūjiàn 건조하다. 축조하다. 부설하다
9.风貌 fēngmào 풍격과 면모. 경치
10.唯一 wéiyī 유일하다. 유일한. 하나밖에 없는
11.混乱 hùnluàn 혼란(하다). 혼란스럽다
12.政治舞台 zhèngzhì wǔtái 정치무대
13.受关注 shòu guānzhù 주목받다. 관심을 받다
14.联合国教科文组织 liánhéguó jiàokēwén zǔzhī 유네스코[UNESCO]
■ 联合国教育科学及文化组织 국제연합교육과학문화기구

② 首尔的四大门与四小门　서울의 4대문과 4소문

朝鲜时期，为了加强都城－汉阳的防御，防止敌人入侵，以景福宫为中心，在都城的周围修筑了坚固的城墙，并在东·西·南·北建造了四座城门，称为四大门。

四大门按（照）儒学中的"仁·义·礼·智·信"思想及风水五行（而）命名，分别为东边是兴仁之门、南边是崇礼门、西边是敦义门、北边是肃靖门。其中，南大门－崇礼门是国宝，东大门－兴仁之门是宝物。西大门－'敦义门'在日本强占时期被日本以拓宽道路为由强行拆除，因此在四大门中唯一没（有）保留下来。

조선시기 도성인 '한양'의 방어를 강화하고 적의 침입을 막기 위해 경복궁을 중심으로 도성 주변에 견고한 성벽을 쌓고 동·서·남·북에 4개의 성문을 만들고 사대문이라고 불렀다.

4대문은 유학의 '인·의·예·지·신'사상과 풍수오행에 따라 이름을 붙였다. 각각 동쪽은 흥인지문, 남쪽은 숭례문, 서쪽은 돈의문, 북쪽은 숙정문이다. 그중 남대문인 숭례문은 국보, 동대문인 흥인지문은 보물이다. 서대문인 '돈의문'은 일제강점시기 일본이 도로를 확장한다는 이유로 강제로 헐어버려 4대문 중 유일하게 남아 있지 않다.

在四大门之间，建造了四个小门，称为四小门，分别为东边是惠化门、西边是昭义门、南边是光熙门、北边是彰义门。其中，西小门－'昭义门'在日本强占时期被日本以城市规划为由强行拆除，因此在四小门中唯一没（有）保留下来。

사대문사이에 4개의 작은 문을 만들고 사소문이라고 부르고, 각각 동쪽은 혜화문, 서쪽은 소의문, 남쪽은 광희문, 북쪽은 창의문이다. 그중 서소문인 '소의문'은 일제강점시기 일본이 '도시계획'을 한다는 이유로 강제로 헐어버려 4소문 중 유일하게 남아 있지 않다.

1.都城 dūchéng 도성
2.防御 fángyù 방어(하다)
3.防止 fángzhǐ 방지하다
4.敌人 dírén 적
5.入侵 rùqīn 침입하다
6.周围 zhōuwéi 둘레. 주변. 주위. 사방
7.修筑 xiūzhù 축조하다. 쌓다
8.坚固 jiāngù 견고하다. 튼튼하다
9.城墙 chéngqiáng 성벽
10.儒学 rúxué 유학
11.命名 mìngmíng 명명하다. 이름을 붙이다
12.兴仁之门 xīngrénzhīmén 흥인지문
13.崇礼门 chónglǐmén 숭례문
14.敦义门 dūnyìmén 돈의문

15.肃靖门 sùjìngmén 숙정문
16.强占 qiángzhàn 강점하다. 무력으로 점유하다
17.拓宽 tuòkuān 넓히다. 확장하다
18.以~为由 yǐ~wéiyóu …을 이유로 하다
19.强行 qiángxíng 강행하다
20.拆除 chāichú 철거하다. 헐다
21.唯一 wéiyī 유일하다. 유일한. 하나밖에 없는
22.保留 bǎoliú 보류하다. 남아 있다. 간직하다
23.惠化门 huìhuàmén 혜화문
24.昭义门 zhāoyìmén 소덕문
25.光熙门 guāngxīmén 광희문
26.彰义门 zhāngyìmén 창의문
27.规划 guīhuà 계획. 기획[비교적 종합적이고 장기 적인 계획에 쓰임]

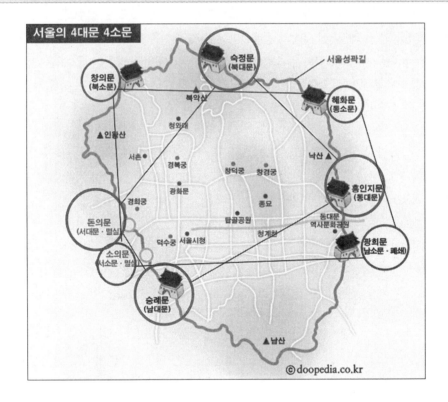

③ 崇礼门 숭례문

朝鲜时期，为了加强都城-'汉阳'的防御，防止敌人入侵，以景福宫为中心，在都城的周围修筑了坚固的城墙，并在东·西·南·北建造了四座城门，称为四大门。

崇礼门建在南边，因此俗称为'南大门'，在四大门中，崇礼门规模最大、也是首尔现存最古老的木造建筑，因此被称为'第一国门'，最先被指定为国宝。此外，崇礼门的最特别之处是匾额上的汉字是竖写的。

崇礼门是首尔的地标建筑之一。2005年在崇礼门的四周修建广场(以)后向公众开放，但是2008年不幸被纵火烧毁，600多年的古建筑就这样被付诸一炬、毁于一旦，之后历时5年的修复工程(以)后重新开放。据我所知，韩国的崇礼门相当于中国的北京'天安门'。

조선시기 도성인 '한양'의 방어를 강화하고 적의 침입을 막기 위해 경복궁을 중심으로 도성 주변에 견고한 성벽을 쌓고 동·서·남·북에 4개의 성문을 만들고 4대문이라고 불렀다.

숭례문은 남쪽에 지어져 있기 때문에 통속적으로 '남대문'이라고도 한다. 4대문 중규모가 가장 크고 또한 서울에 현재 남아있는 가장 오래된 목조건물이기 때문에 '제1의 국문'으로 부르고 가장 먼저 국보로 지정되었다. 이외 숭례문의 가장 특별한 점은 현판의 한자가 세로로 쓰인 것이다.

숭례문은 서울의 랜드 마크 건물 중의 하나이다. 2005년에 숭례문의 둘레에 광장을 만든 후 대중에게 개방하였다. 하지만 2008년에 불행히도 방화로 600여 년 된 고건축물은 이렇게 불타버려 하루아침에 소실되었다. 그 후 5년의 복구공사를 거친 후에 다시 개방하였다.

제가 알기로는 한국의 숭례문은 중국의 베이징 '천안문'에 해당한다.

1.俗称 súchēng 속칭. 통속적으로 부르다	11.纵火 zònghuǒ 방화하다
2.古老 gǔlǎo (역사가)오래되다. 유구하다	12.烧毁 shāohuǐ 소실하다. 소각하다
3.木造建筑 mùzào jiànzhù 목조건축물	13.付诸一炬 fùzhūyījù 몽땅 불태우다
4.特别之处 tèbiézhīchù 특별한 점	14.毁于一旦 huǐyú yīdàn 하루아침에 무너지다
5.匾额 biǎn'é 편액. 현판	15.地标 dìbiāo 랜드 마크. 지상표지
6.竖写 shùxiě 내리 쓰기. 세로로 쓰다	16.历时 lìshí 시간이 경과하다[걸리다]
7.四周 sìzhōu 둘레. 주위, 사방	17.修复 xiūfù 수리하여 원상복구하다. 재생하다
8.修建 xiūjiàn 건설하다. 부설하다	18.重新 chóngxīn 다시. 재차
9.公众 gōngzhòng 공중. 대중	19.据我所知 jùwǒsuǒzhī 제가 알기로는
10.不幸 bùxìng 불행하다. 불행히도	20.相当于 xiāngdāngyú …에 해당하다

④ 守门将交接仪式 수문장교대의식

'守门将交接仪式'是再现朝鲜时代王家卫队守卫王宫、巡逻、交接班仪式的活动。
在景福宫的正门－光化门(或兴礼门前的广场)、德寿宫的正门－大汉门前，可以看到
这个活动。这个仪式一周进行6天，景福宫一天进行两次，德寿宫一天进行三次，
一次大概30分钟左右。看完仪式(以)后，游客们可以跟守门侍卫(或把守宫殿门的
侍卫)拍照留念。这个活动很受游客们的喜爱，每天都吸引来很多游客，驻足观看
(或每天都有大量的游客前来观看)。

'수문장교대의식'은 조선시대 왕실 호위대가 왕궁을 지키고 순찰하고 근무를 인계[근무 교대]하는
의식을 재현하는 활동이다. 경복궁의 정문인 광화문 (혹은 흥례문 앞의 광장), 덕수궁의 정문인
대한문 앞에서 볼 수 있다. 이 의식은 일주일에 6일 진행하는데 경복궁은 하루에 2차례, 덕수궁은
하루에 3차례 진행하고 한 차례가 대략 30분 정도이다. 의식을 본 후 관광객은 수문군과 기념
사진을 찍을 수 있다. 이 활동은 관광객들의 사랑을 많이 받고 있고 하루에도 수많은 관광객을
유치해 오고 있다(혹은 수많은 관광객이 몰려오고 있다).

■ 수문군－궁궐이나 도성의 문을 지키는 군사

景福宫的兴礼门

德寿宫的大汉门

1.守门将 shǒuménjiàng 수문장	8.受喜爱 shòu xǐài 사랑을 받다
2.交接 jiāojiē 교대하다. 인계하다	9.吸引 xīyǐn 끌다. 유인하다. 매료시키다
3.守卫 shǒuwèi 수위하다. 지키다. 망보다	10.驻足 zhùzú 걸음[발길]을 멈추다
4.巡逻 xúnluó 순찰하다	11.观看 guānkàn (공연, 영화 등을)관람하다
5.侍卫 shìwèi 호위병사	12.前来 qiánlái 저쪽으로부터 오다
6.把守 bǎshǒu 수비하다. 보초를 서다	到这里来;向这个方向来
7.拍照留念 pāizhào liúniàn 기념사진을 찍다	例)前来祝贺　前来访问

⑤ 日月五峰图 일월오봉도

御座(或龙椅)(的)后面有一个(刺绣)屏风，屏风上的画叫'日月五峰图'。
屏风上画有一个太阳、一个月亮、五座山峰、两棵松树、一条江河、两条瀑布等。
太阳象征国王、月亮象征王妃、五座山峰象征朝鲜的土地、松树象征臣子、江河象征
老百姓。'日月五峰图'含有祈求在君王的治理下，国家繁荣昌盛、老百姓安居乐业、
国泰民安的寓意。'日月五峰图'是王权的象征，所以国王去哪里，都带着这个'日月五峰图'
屏风，国王驾崩(以)后随葬(或一同下葬)。在一万韩元纸币(的正面)上印有'日月五峰图'。

어좌(혹은 용의)뒤에는 (자수) 병풍이 하나 배치되어 있는데 병풍에 그려져 있는 그림을 '일월오
봉도'라고 한다. 병풍에는 한 개의 태양, 한 개의 달, 다섯 개의 산봉우리, 두 그루의 소나무, 한
개의 강하, 두 개의 폭포 등이 그려 있다. 태양은 왕, 달은 왕비, 다섯 개의 산봉우리는 조선의
토지[땅, 국토], 소나무는 신하, 강하는 백성을 상징한다. '일월오봉도'는 임금의 통치하에 나라의
번영, 백성들의 안일, 국태민안을 기원하는 뜻을 담고 있다. '일월오봉도'는 왕권의 상징이다. 그래
서 왕은 어디를 가든지 이 '일월오봉도' 병풍을 가지고 다니고 왕이 승하하면 함께 묻었다. 한화
1만원권 지폐(의 정면에)는 일월오봉도가 찍혀 있다.

1. 御座 yùzuò 어좌 ▣ 龙椅 lóngyǐ 용의
2. 屏风 píngfēng 병풍
3. 太阳 tàiyang 태양
4. 月亮 yuèliang 달
5. 山峰 shānfēng 산봉우리
6. 棵 kē (식물을 세는 단위)그루. 포기
7. 松树 sōngshù 소나무
8. 臣子 chénzǐ 신하 ▣ 微臣 wēichén 소신
9. 瀑布 pùbù 폭포
10. 治理 zhìlǐ 다스리다. 통치하다. 관리하다
11. 含有 hányǒu 함유하다. 내포하다. 함축하다
12. 繁荣昌盛 fánróng chāngshèng 번창하다
13. 安居乐业 ānjū lèyè [성어] 안거낙업
    편안하게 살면서 즐겁게 일하다
14. 国泰民安 guótài mín'ān 국태민안
15. 寓意 yùyì 우의. 좋은 뜻. 깊은 의미
    📖所寄托的, 隐含的意思 例)寓意深远
16. 纸币↔硬币 zhǐbì↔yìngbì 지폐↔동전
17. 印 yìn 찍다. 인쇄하다. 자국
18. 驾崩 jiàbēng 붕어하다. 승하하다
    ▣ 薨逝 hōngshì [훙서]옛날 제후나 대관이 죽다
19. 下葬 xiàzàng 매장하다. 묻다 例)择吉下葬
20. 随葬 suízàng 부장하다
21. 祈求 qíqiú 기원하다

⑥ 杂像 잡상

在宫殿建筑的屋檐(或屋脊、岔脊)上，排放着一些'小兽像'，它们叫'杂像'。
古时人们认为杂像可以驱鬼辟邪、灭火消灾，因此被视为宫殿的'守护神'。
韩国的杂像把(中国的名著－神魔小说)'西游记'里的四个主人公(和道教的小仙)
作为原型，排列的顺序依次为唐僧·孙悟空·猪八戒·沙悟净[沙僧]·(三煞菩萨·
二口龙·穿山甲·二鬼朴·罗土头)等。
杂像的数量一般是(代表'阳数'的)奇数(或单数)，建筑的规格越高，杂像的数量
越多，就是说杂像是建筑等级的标志。
杂像的数量最多的建筑是景福宫的'庆会楼'，有11个。
第二个(多的)是德寿宫的正殿－'中和殿'，有10个。
◢ 据我所知，在中国，杂像称为'走兽、角兽'。

한국 궁궐 건물의 처마 위(혹은 지붕마루, 추녀마루)에 '작은 짐승 돌상'들이 한 줄로 나란히 놓여져 있는데 이들을 '잡상'이라고 부른다. 옛날에 사람들은 잡상은 귀신을 쫓고 사악한 것을 없애고 불을 끄고 재앙을 피하고[살을 막을 수 있다고] 믿었기 때문에 잡상을 궁전의 '수호신'으로 생각했다.
한국의 잡상은 (중국의 명작－신마소설인)'서유기'속의 네 주인공(과 도교의 잡신)을 모티브로 하고 있다. 배열하는 순서는 차례로 삼장법사·손오공·저팔계·사오정·(마화상·삼살보살·이구룡·천산갑·이귀박·나토두)등이다.
잡상의 수량은 보통 ('양수'[길한 숫자]를 의미하는)기수[혹은 홀수]이다.
건물의 품격이 높을수록 잡상의 수량은 많다. 다시 말해서 잡상은 건물등급의 표시[상징]이다.
잡상의 수량이 가장 많은 건물은 경복궁의 '경회루'이고 11개가 있다.
두 번째(로 많은 것은) 덕수궁의 정전인 '중화전'이고 10개가 있다.
◢ 제가 알기로는 중국에서는 잡상을 '走兽, 角兽'라고 부른다 한다.

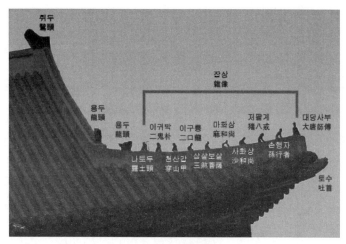

덕수궁—중화전

1.屋檐 wūyán 처마 ▣ 屋顶 wūdǐng 지붕

2.岔脊=戗脊 chàjǐ=qiàngjǐ 추녀마루 ▣ 屋脊 wūjǐ 지붕마루[옥척]

▣ 正脊=平脊=大脊 용마루 ▣ 垂脊 chuíjǐ 내림마루

3.排放 páifàng 한 줄로 차례로 놓다. (폐기·오수·찌꺼기 따위를)배출하다

4.兽饰 shòushì 짐승장식

6.驱鬼辟邪 qūguǐ bìxié 귀신을 쫓고 사악한 것을 없애다 혹은 액막이를 하다[벽사]

7.灭火消灾 mièhuǒ xiāozāi 불을 끄고 재앙을 없애다

8.消灾免祸 xiāozāi miǎnhuò 화를 면하고 재앙을 없애다

9.名著 míngzhù 명작

10.神魔小说 shénmó xiǎoshuō 신마소설

11.原型 yuánxíng (문학작품의)모델[모티브]

12.排列 páiliè 배열하다

13.顺序 shùnxù 순서

14.依次 yīcì 차례대로… 例)依次就诊 依次入座

15.小仙 xiǎoxiān 잡신 ▣ 牛鬼蛇神 niúguǐ shéshén 잡귀

16.唐僧 tángsēng 당승[현장의 속칭]. 삼장법사

17.孙悟空 sūnwùkōng 손오공

18.猪八戒 zhūbājiè 저팔계

19.沙悟净=沙僧 shāwùjìng=shāsēng 사오정

20.麻和尚 máhéshang 마화상

21.三煞菩萨 sānshà púsà 삼살보살

22.穿山甲 chuānshānjiǎ 천산갑

23.二鬼朴 èrguǐpǔ 이구박

24.奇数 jīshù 기수 ▣ 偶数 ǒushù 우수

25.规格 guīgé 규격. 격. 품격

⑦ 景福宮的简介 경복궁의 간단한 소개

景福宫是朝鲜时代的正宫，为五大宫之首，在五大宫中，规模最大、历史最悠久，
有着600多年的历史。
景福宫是由朝鲜的开国之君'太祖－李成桂'（从开城）迁都（到）汉阳的时候修建的。
因位于都城－汉阳的北边，所以又称为'北阙'。
景福宫建在平地上，呈长方形，东·西·南·北建有四个门。其中，南门－光化门
是正门。 ▣ 东门－建春门、西门－迎秋门、南门－光化门、北门－神武门
景福宫坐北朝南，分为三个区域，分别为外朝、治朝、燕朝。
三道门和宫内的中心建筑建在一条中轴线（或直线）上，依次为光化门、兴礼门、勤政门、
（正殿－）勤政殿、（便殿－）思政殿、（国王的寝殿－）康宁殿、（王妃的寝殿）－交泰殿。

경복궁은 조선시대의 정궁이며 5대궁에서 으뜸으로 가는 궁전으로 5대궁에서 규모가 가장
크고 역사가 가장 유구하며 600여년의 역사를 가지고 있다.
경복궁은 조선의 개국임금인 '태조－이성계'가 (개성에서) 한양으로 천도 시 지은 것이다.
도성인 한양의 북쪽에 위치해 있기 때문에 '북궐'이라고도 부른다.
경복궁은 평지에 지어져 있고 장방형형태를 이루며 동·서·남·북에 4개의 문이 만들어져 있다.
그중 남문인 광화문이 정문이다.
▣ 동문－건축문, 서문－영추문, 남문－광화문, 북문－신무문
경북궁은 북쪽을 자리 잡고 남쪽을 향해 있고 외조, 치조, 연조의 세 구역으로 나뉜다.
삼도문[3개의 문]과 궁내의 중심 건물은 중심축상 혹은 일직선상에 지어져 있다.
차례로 광화문, 흥례문, 근정문, (정전인)근정전, (편전인) 사정전, (왕의 침전인)강녕전,
(왕비의 침전인) 교태전이다.

1.规模 guīmó 규모
2.位于 wèiyú ~에 위치하다
3.悠久 yōujiǔ 유구하다. (역사가)오래되다
4.开国之君 kāiguózhījūn 개국임금
5.迁都 qiāndū 천도하다
6.呈 chéng (어떤 형태를) 갖추다. (빛깔을) 띠다. 나타내다. 드러내다
7.坐北朝南 zuòběi cháonán 북쪽을 자리 잡고 남쪽을 향하다
8.区域 qūyù 구역

9. 依次 yīcì 차례대로…
10. 燕朝 yàncháo 연조　📖燕为安乐之意
11. 中轴线 zhōngzhóuxiàn 중축선. 중심축
12. 直线 zhíxiàn 일직선　◼ 曲线 qūxiàn 곡선
13. 勤政殿 qínzhèngdiàn 근정전
14. 思政殿 sīzhèngdiàn 사정전
15. 康宁殿 kāngníngdiàn 강녕전
16. 交泰殿 jiāotàidiàn 교태전
17. 便殿 biàndiàn 편전
18. 寝殿 qǐndiàn 침전
19. 王妃 wángfēi 왕비　◼ 娘娘 niángniang 마마

景福宫(曾)遭到(或遭受)过两次大(面积的)破坏。第一次是在'壬辰倭乱'时期，当时景福宫内的建筑大部分被烧毁，之后被废弃275年。在第26代国王高宗时期，由高宗的父亲-兴宣大院君重建。第二次是在'日本强占'时期，景福宫被日本拆毁(得面目全非)，因此规模缩小了很多。目前，在进行复原工程，大概复原了百分之三十左右。非常可惜，我们再也看不到景福宫昔日的风采了。

경복궁은 2번의 큰 파괴를 받았다. 처음은 '임진왜란'시기이다. 그때 경복궁 내의 건축물 대부분은 소각되었고 그 후 275년간 폐허로 남아 있었다가 제26대 왕인 고종 시기 그의 부친-'흥선 대원군'이 중건했다. 두 번째는 '일제 강점' 시기이다. 경복궁내 건축물은 일본에 의해 헐려(원래의 모습을 잃어)버렸다. 때문에 규모가 많이 줄었다. 현재 복원공사를 진행하고 있고, 대략 30%정도 복원되었다. 아쉽게도 우리들은 경복궁의 옛 모습을 더 이상 볼 수 없다.

目前，景福宫进行'穿韩服游览古宫'的活动。穿韩服，可以免费游览，所以我们可以随处看到穿韩服的本国人和外国人，形成一个独特的风景线。这个活动很受人们的喜爱。此外，从4月到10月，进行'景福宫夜间开放'的活动，本国人必须要提前网上预约，外国人可以现场购买门票。

현재 경복궁은 '한복을 입고 고궁을 유람'하는 이벤트를 진행하고 있다. 한복을 입으면 무료로 구경할 수 있기에 우리는 여기저기서 한복을 입은 내국인과 외국인을 볼 수 있으며, 독특한 광경을 이루고 있다. 이 이벤트는 사람들의 사랑을 많이 받고 있다. 그리고 4월~10월 '경복궁 야간 개장' 이벤트를 진행하는데 내국인은 반드시 사전 인터넷 예약을 해야 하고 외국인은 현장에서 티켓을 구매 할 수 있다.

1.遭到=遭受 zāodào=zāoshòu (불행, 손해 등을)입다

2.大面积 dà miànjī 대규모 면적

3.破坏 pòhuài 파괴하다

4.壬辰倭乱 rénchén wōluàn 임진왜란

5.大部分 dàbùfen 대부분

6.烧毁 shāohuǐ 소각하다. 소실하다　☐焚烧毁坏 불에 타서 훼손하다

7.废弃 fèiqì 폐기하다. 버려지다

8.兴宣大院君 xīngxuān dàyuànjūn 흥선 대원군

9.重建 chóngjiàn 중건하다. 재건하다

10.拆毁 chāihuǐ 헐어서 망가뜨리다

11.缩小 suōxiǎo 축소하다

12.面目全非 miànmù quánfēi 딴판으로 되다. 원래의 모습을 찾아 볼 수가 없다

13.复原 fùyuán 복원하다. (건강 등을)회복하다

14.昔日 xīrì 석일. 옛날. 지난 날　☐以前;往日

15.风采 fēngcǎi 풍채. 풍모. 기풍. 면모

16.游览 yóulǎn 유람하다

17.随处 suíchù 어디서나. 여기저기

18.风景线 fēngjǐngxiàn 경관. 광경. 모습

19.必须 bìxū 반드시

20.网上预约 wǎngshàng yùyuē 인터넷 예약

■ 网上预订 wǎngshàng yùdìng 인터넷 예매. 인터넷 주문

21.门票 ménpiào 입장권. 입장티켓　■ 通票 자유이용권

22.受喜爱 shòu xǐài 사랑을 받다

⑧ 光化门 광화문

景福宫的正门是南门－光化门，君王坐北朝南，因此正门设在南边。
光化门矗立于景福宫中轴线的开端，是景福宫里最大、最尊贵的大门，而且在五大宫的宫门中，唯一具备了宫门的规格，为宫门之首。

경복궁의 정문은 남문인 광화문으로, 왕이 남향으로 앉아 있었기 때문에 남쪽에 정문을 두었다. 광화문은 경복궁 중축선의 시작에 우뚝 서 있고 경복궁에서 가장 크고 (존)귀한 문이고 게다가 5대궁의 궁궐 대문 중 유일하게 궐문의 격식을 갖추어 으뜸으로 가는 궐문으로 자리 잡고 있다.

光化门是双层门楼，(石筑基坛上)开有三个'虹霓门'(或'拱形门')，中间(或居中)的门稍高、稍宽，是国王进出的门，两边的门是文武官员和王世子及宗室王公进出的门。
■ 据我所知，东边的门供文武官员进出，西边的门供王世子及宗室王公进出。

광화문은 이층문루이고 (석축기단에) 3개의 '홍예문'(혹은 '아치형문')이 만들어져 있다. 가운데의 문은 조금 높고 조금 넓으며 국왕이 드나드는 문, 양쪽의 문은 문무관원과 왕세자 및 종실왕공이 드나드는 문이다.
■ 제가 알기로는 동쪽의 문은 문무관원이 드나드는 데 사용되고 서쪽의 문은 왕세자 및 종실 왕공이 드나드는데 사용된다고 한다.

光化门前立有两座'獬豸'石像。'獬豸'是传说中的(独角)神兽，古时人们认为獬豸
可以驱鬼辟邪、辨别真伪和善恶、吞噬火焰(或吞火)、灭火消灾，因此被视为
宫殿的'守护神'。首尔市把'獬豸'定为首尔的'吉祥物'。

▣ 獬豸的头上有一个角，它用这个角去顶坏人。

광화문 앞에 2개의 '해치'석상이 세워져 있다. '해치'는 전설중의 (외 뿔)신수이다.
옛날 사람들은 해치가 귀신을 쫓고 사악한 것을 없애고 진위와 선악을 판별하고 화염을 삼켜
불을 끄고 재앙을 면케 할 수 있다고 믿기 때문에 해치를 궁전의 '수호신'으로 생각한다.
서울시는 해치를 서울의 '마스코트'로 정하였다.

▣ 해치의 머리위에 뿔 하나가 있다, 이 뿔로 나쁜 사람을 들이받는다.

✔더 알고 가기

景福宫的正门最初叫'午门'，后来改称为'光化门'。光化门中'光化'的意思是'光照
四方、教化四方'。'光化门'这个宫门名是由朝鲜最杰出的国王世宗大王命名的，
取自(于)诗经中的'光被四表，化及万方'。

경복궁 정문은 이름은 최초에 '오문'으로 했다가 나중에 '광화문'으로 바꾸었다.
광화문 중 '광화'의 뜻은 '빛이 사방을 덮고 가르침이 만방에 비춘다, 곧 왕의 덕이 온 나라
를 비추다.'이다. '광화문' 이 궁문의 이름은 조선의 가장 걸출한 임금 세종대왕께서 지은
것이며 시경 '빛이 사방을 덮고 가르침이 만방에 비추다'에서 따온 것이다.

1. 矗立 chùlì 우뚝 서 있다
2. 开端 kāiduān 발단(하다). 시작(하다)
3. 尊贵 zūnguì (존)귀하다
4. 规格 guīgé 규격. 격. 품격
5. 双层门楼 shuāngcéng ménlóu 이층문루
6. 石筑基坛 shízhùjītán 석축기단
7. 虹霓门 hóngnímén 홍예문
8. 拱形 gǒngxíng 아치형
9. 稍 shāo 살짝. 약간. 조금
10. 宽↔窄 kuān↔zhǎi 넓다↔좁다
11. 宗室王公 zōngshì wánggōng 종실왕공
12. 供 gōng 제공하다. 공급하다. …에 사용되다
13. 獬豸 xièzhì 해치. 해태
14. 独角 dújiǎo 외 뿔
15. 神兽 shénshòu 신성한 짐승[신수]

16.驱鬼辟邪 qūguǐ bìxié 귀신을 쫓고 사악한 것을 없애다[벽사]

17.吞噬 tūnshì 삼키다. 통째로 먹다

18.火焰 huǒyàn 화염

19.灭火消灾 mièhuǒ xiāozāi 불을 끄고 재앙을 없애다

20.辨别 biànbié 판별하다. 가리다

21.真伪 zhēnwěi 진위

22.善恶 shàn'è 선악 ▣ 惩恶扬善 chéng'è yángshàn 권선징악

23.被视为 …으로 생각하다. 간주하다. 여기다

24.吉祥物 jíxiángwù 마스코트. 상징 아이콘

25.顶 dǐng 들이받다

26.光照 guāngzhào 밝게 비추다

27.教化 jiàohuà 교화하다 📖比喻恩德感化四面八方

28.杰出 jiéchū 걸출하다

29.取自 qǔzì …에서 따오다. 취하다

⑨ 勤政殿 근정전

勤政殿是景福宫的正殿，是景福宫里最大、最尊贵的建筑，被指定为国宝。
勤政殿作为政治仪式的重要场所，雄伟庄严。在这里举行即位典礼(或登基典礼)、
大婚典礼、(立储)册封典礼、文武百官朝贺、接见外国使臣等国家大典(或重大的
国家仪式)。

◪ 勤政殿中的'勤政'顾名思义，意思是'勤于理政'，就是'勤奋治理朝政'。
◪ 勤政殿相当于紫禁城的'太和殿'，太和殿俗称为'金銮殿'。

근정전은 경북궁의 정전이고 경복궁 안에서 가장 크고 가장 존귀한 건물이고, 국보로 지정되었다.
근정전은 정치 의식의 중요한 장소로서 웅장하고 장엄하다. 이곳에서 즉위식, 가례식,
(왕세자) 책봉식, 문무백관 조하, 외국사신의 접견 등 국가성전 (혹은 중대한 국가 의식)을 거행
한다.

◪ 근정전중의 '근정'은 말 그대로. '부지런히 정치하다'는 뜻이다.
◪ 근정전은 자금성의 '태화전'에 해당하며 태화전을 통속적으로 '금란전'이라고 부른다.

1.雄伟 xióngwěi 웅위하다. 우람하다
2.庄严 zhuāngyán 장엄하다
3.举行 jǔxíng 거행하다
4.即位典礼=登基典礼 jíwèi diǎnlǐ=dēngjī diǎnlǐ 즉위식
　📖登基 dēngjī 천자의 자리에 오르다. 제위에 오르다. 등극하다
5.立储册封 lìchǔ cèfēng 왕세자책봉
6.文武百官 wénwǔ bǎiguān 문무백관
7.朝贺 cháohè 조하하다 📖朝见庆贺
8.接见 jiējiàn 접견하다 ◪ 谨见 jǐnjiàn 알현하다
9.使臣 shǐchén 사신
10.勤奋 qínfèn 부지런하다. 꾸준하다
11.治理 zhìlǐ 다스리다[통치하고 관리하다] 📖治国安民
12.顾名思义 gùmíngsīyì 이름을 보고 바로 그 뜻을 짐작할 수(생각해낼 수) 있다
　　　　　　　　　　이름 그대로. 글자 그대로
13.紫禁城 zǐjìnchéng 자금성
14.俗称 súchēng 속칭. 통속적으로 칭하다
15.金銮殿 jīnluándiàn 금란전

⑩ 薄石 박석=얇은 돌

正殿前的广场上铺有(花岗岩)石砖(或地砖)，叫'薄石'。薄石没(有)经过打磨，
所以表面粗糙、凹凸不平。铺薄石是为了防止官员们(的)刺眼和滑倒。
此外，薄石铺得中间稍高、两边稍低(或倾斜)，而且薄石之间有缝隙，
因此下雨的时候，雨水可以顺着缝隙流出去(或顺流而下)，具有排水的功能。

정전 앞의 광장에는 (화강암)벽돌을 깔았다. 이를 '박석'이라고 한다. 박석은 다듬지 않아서 표면
이 거칠고 울퉁불퉁하다. 박석을 까는 것은 관원들이 눈이 부시고 미끄러져 넘어지는 것을 방지하
기 위해서이다. 이 외 박석을 중간은 조금 높고 양쪽은 조금 낮게(혹은 경사지게) 깔았고 게다가
박석지간에 틈새가 있기 때문에 비가 올 때 빗물이 틈새를 따라서 흘러 나갈 수 있어서 배수의
기능을 가지고 있다.

1.花岗岩 huāgāngyán 화강암
2.石砖 shízhuān 벽돌
3.地砖 dìzhuān 바닥벽돌. 보도블록
4.经过 jīngguò (과정을)거치다. 경과하다
5.打磨 dǎmó 다듬다. 갈아서 광(윤)을 내다
6.表面 biǎomiàn 표면
7.粗糙 cūcāo 거칠다. 조잡하다. 투박하다
8.凹凸不平 āotū bùpíng 울퉁불퉁하다
9.刺眼 cìyǎn 눈이 부시다. 눈꼴이 시다. 눈에 거슬리다
10.滑倒 huádǎo 미끄러져 넘어지다
11.倾斜 qīngxié 경사지다. 기울어지다
12.缝隙 fèngxì 이음새. 틈새
13.顺着 shùnzhe (같은 방향을) 따라서
14.顺流而下 shùnliú'érxià (물의)흐름을 따라 내려가다
15.排水 páishuǐ 배수하다
16.功能 gōngnéng 기능
17.薄↔厚 báo↔hòu [박]얇다↔두껍다. 두텁다

⑪ 康宁殿 강녕전

康宁殿是景福宫内的国王的寝殿，是国王日常起居的地方。

강녕전은 경복궁 안에 있는 왕의 침전으로 왕이 일상생활하고 휴식하는 곳이다.

康宁殿的特别之处是屋顶上没有正脊(或平脊、大脊)。

关于康宁殿为什么没有正脊，有几个说法，其中一个是这样。

在韩国，(把)正脊称为'龙'脊。龙象征国王，国王安寝(或睡觉)的地方不能

有别的龙压着，就是说'一室不容二龙'，所以屋顶上没有正脊。

강녕전의 특별한 점은 지붕에 '용마루'가 없는 것이다. 왜 용마루가 없는 것에 대해서 몇 개의 설이 있는데 그중 하나는 이러하다. 한국에서는 '正脊'를 '龙'脊라고 한다. 용은 왕을 상징하기 때문에 임금이 자는 곳에는 다른 용이 누르면 안 된다. 곧 '1실에 용 2마리를 용납할 수 없다.' 그래서 지붕에 용마루를 얹지 않았다.

1.起居 qǐjū 일상생활　📖人的日常生活作息。起为活动，居为休息
2.寝殿 qǐndiàn 침전　▣ 寝室 qǐnshì 침실
3.特别之处 tèbiézhīchù 특별한 점
4.屋顶 wūdǐng 지붕
5.正脊 zhèngjǐ 용마루　▣ 屋脊 wūjǐ 지붕마루[옥척]
6.说法 shuōfa 설. 표현(법)
8.安寝 ānqǐn 편히 주무시다
9.压 yā 누르다
10.不容 bùróng 용납하지 않다 例)不容有失

용마루가 없다

⑫ 交泰殿峨嵋山烟囱 교태전 아미산 굴뚝

交泰殿是景福宫内的王妃的寝殿。'交泰殿峨嵋山烟囱'建在交泰殿后边人工小山的花坛上，共有四个。它是六角形的'红砖烟囱'，在烟囱(的六面)上分别刻有象征吉祥和长寿的韩国的传统纹样，比如说凤凰、獬豸、鹤、鹿、松树、唐草(纹)、不老草、莲花、菊花、梅花、竹子等，这些纹样搭配得十分和谐。
'交泰殿峨嵋山烟囱(的造型)非常独特、精致，是朝鲜时代最漂亮的烟囱之一，被指定为宝物。
◨ 交泰殿的特别之处是屋顶上没有正脊(或平脊，大脊)。

교태전은 경복궁 안에 있는 왕비의 침전으로 '교태전 아미산 굴뚝'은 교태전 뒤의 작은 인공산의 화단에 지어져 있는데 모두 4개가 있다. 이는 6각형의 '붉은 벽돌 굴뚝'이고 굴뚝(의 여섯 면에) 각각 상서롭고 장수를 상징하는 한국의 전통문양이 새겨져 있다. 예를 들면 봉황, 해치, 박쥐, 학, 사슴, 소나무, 불로초, 연꽃, 국화, 매화, 대나무 등이 있고 이 문양들은 매우 조화롭게 배합되어 있다. '교태전 아미산 굴뚝'(의 조형)은 매우 독특하고 정교하며 조선 시대 가장 아름다운 굴뚝 중의 하나이며 보물로 지정 되었다.
◨ 교태전은 지붕에 용마루가 없는 것이 특이하다.

1.娘娘 niángniang 마마	15.獬豸 xièzhì 해치
2.诞下 dànxià 출산하다	16.蝙蝠 biānfú 박쥐
3.龙嗣 lóngsì 임금의 자손	17.鹤 hè 학. 두루미
4.产子 chǎnzǐ 아이를 출산하다	18.鹿 lù 사슴
5.峨嵋山 éméishān 아미산	19.松树 sōngshù 소나무
6.阶梯 jiētī 계단. 층층대. 디딤돌	20.唐草(纹) tángcǎo(wén) 덩굴(무늬)
7.花坛 huātán 화단	21.莲花 liánhuā 연꽃
8.六角形 liùjiǎoxíng 6각형	22.菊花 júhuā 국화
9.红砖 hóngzhuān 붉은 벽돌	23.梅花 méihuā 매화
10.烟囱 yāncōng 굴뚝	24.竹子 zhúzi 대나무
11.造型 zàoxíng 조형. 스타일링. 컨셉	25.吉祥 jíxiáng 길하다. 상서롭다
12.独特 dútè 독특하다	26.搭配 dāpèi 배합(하다). 조합(하다). 잘 어울리다
13.纹样 wényàng 문양	27.和谐 héxié 조화롭다. 화합
14.凤凰 fènghuáng 봉황	

⑬ 慈庆殿十长生烟囱 자경전 십장생 굴뚝

慈庆殿是景福宫内的王太妃的寝殿，是宫内唯一一座原有的旧建筑，被指定为宝物。'慈庆殿十长生烟囱'建在慈庆殿(的)后边。这个烟囱(的造型)非常独特、精致，堪称朝鲜时代最漂亮的烟囱，被指定为宝物。

자경전은 경복궁 안에 있는 왕대비의 침전으로 궁내 유일한 기존의 오래된 건물이며 보물로 지정되었다. '자경전 십장생 굴뚝'은 자경전의 뒤에 만들어져 있다. 이 굴뚝(의 조형은) 매우 독특하고 정교하며 조선시대 가장 아름다운 굴뚝이라 할 만 하며 보물로 지정되었다.

它看起来是一面突出来的红砖'墙壁'(或影壁)，其实是一个把墙壁和烟囱合为一体的烟囱。在烟囱的中间刻有'十长生'，还有蝙蝠、葡萄、莲花、海星等韩国的传统纹样，所以称为'十长生烟囱'。这些纹样里含有祈求王太妃健康、长寿(或福寿万年、万寿无疆、延年益寿)的寓意。此外，壁顶上有10个'屋状'的烟囱盖，用于排烟。

이는 하나의 튀어나온 붉은 벽돌 '담벽'으로 보이지만 사실은 담벽과 굴뚝이 하나로 합친 굴뚝이다. 이 굴뚝의 가운데에 '십장생'과 박쥐, 포도, 연꽃, 불가사리 등 한국의 전통문양이 새겨져 있다. 그래서 '십장생굴뚝'으로 부른다. 이 문양들에는 왕대비의 건강, 장수(만수만년, 만수무강, 오래오래 건강하게 살다)를 기원하는 뜻이 담겨 있다. 이 외 벽 꼭대기에는 10개 '가옥형태'의 굴뚝 덮개가 있는데 이는 연기를 배출하는데 쓰인다.

■ '慈庆殿十长生烟囱'把墙壁和烟囱完美地合为一体(或把墙壁兼做烟囱)，雕刻上华丽的花纹，呈现出了古代匠人的智慧和精湛的工艺，令人赞叹不已(或令人称奇)。

'자경전 십장생 굴뚝'은 담벽과 굴뚝을 완벽하게 하나로 합쳤다(혹은 담벽을 굴뚝으로 겸하도록 만들었다).거기에 화려한 무늬를 조각해서 만들어 놓아 옛날 장인의 지혜와 정밀하고 뛰어난 기술을 잘 드러내어 사람들의 찬탄을 자아낸다(혹은 사람들의 감탄을 금치 않게 한다, 사람들을 놀라게 한다).

1.突出来 tūchulai 튀어 나오다. 돌출해 나오다

2.合为一体 héwéiyìtǐ 하나로 합치다

3.墙壁 qiángbì 담벽

4.影壁＝照壁 yǐngbì＝zhàobì 가림 담벽 [(사합원의 중문이나 대문 안에 세운) 여러 가지 형상으로 장식된 벽]

5.蝙蝠 biānfú 박쥐

6.葡萄 pútao 포도　例)黑葡萄　葡萄酒

7.莲花 liánhuā 연꽃　■ 莲池 liánchí 연못

8.海星 hǎixīng 해성. 불가사리

9.祈求 qíqiú 기원하다. 간절히 바라다

10.福寿万年 fúshòu wànnián 만수만년

11.万寿无疆 wànshòu wújiāng 만수무강

12.延年益寿 yánnián yìshòu 연년익수. 오래오래 장수하다

13.顶 dǐng 꼭대기　例)壁顶 头顶 山顶　屋顶

14.屋状 wūzhuàng 가옥형태

15.盖 gài 뚜껑. 덮개　例)烟囱盖 锅盖 笔盖

16.排烟 páiyān 배연하다. 연기를 배출하다

17.兼做 jiānzuò 겸용하다

18.雕刻 diāokè　조각하다

19.呈现 chéngxiàn 드러내 보여주다

20.匠人 jiàngrén 장인

21.智慧 zhìhuì 지혜

22.精湛 jīngzhàn (기예가)정밀하고 뛰어나다

23.工艺 gōngyì 공예. (가공하는)작업. 기술

24.令人赞叹 lìngrén zàntàn 사람의 감탄을 자아내다

25.赞叹不已 zàntàn bùyǐ 감탄을 금치 않다

26.令人称奇 lìngrén chēngqí 기묘함에 탄복하게 하다

相关问题'十长生'的介绍 십장생의 소개

'十长生'是指十个(或十个以上)象征健康、长寿、长生不老的物象。

它们分别为太阳(或日)·云(或云朵)·山·水·石(或石头、岩石)·

松树·竹子·灵芝·仙草·桃子·(乌)龟·鹤·鹿等。

'十长生'含有祈求健康长寿(福寿万年、延年益寿、吉祥)的寓意。

십장생은 10개(혹은 10개 이상)건강, 장수, 불로장생을 상징[표상]하는 물상을 뜻한다.

각각 태양(혹은 해), 구름[운](혹은 구름송이), 산, 물, 돌(혹은 바위),

소나무, 대나무, 영지, 불로초, 복숭아, 거북이, 학, 사슴 등이다.

십장생에는 건강, 장수, 불로장생을 기원하는 뜻이 담겨있다.

在景福宫的'慈庆殿十长生烟囱'上刻有十长生纹样。

这个烟囱(的造型)非常独特、精致，堪称朝鲜时代最漂亮的烟囱，

被指定为宝物。还有，在韩国的传统服装-韩服上也绣有十长生纹样。

경복궁의 '자경전 십장생 굴뚝'에 십장생 문양이 새겨 있다.

이 굴뚝은 (조형이) 매우 독특하고 정교해서 조선시대 가장 아름다운 굴뚝이라고

할 수 있으며 보물로 지정되었다.

이외 한국의 전통복장인 한복에도 십장생 문양을 수놓았다.

1.长生不老 chángshēngbùlǎo 불로장생

2.物象 wùxiàng 물상

3.云=云朵 yún=yúnduǒ 구름=구름송이

　■ 乌云密布 wūyún mìbù 먹구름이 짙게 깔리다

4.石(头) shí(tou) 돌(멩이) ■ 岩石 yánshí 암석. 바위

5.竹子 zhúzi 대나무 ■ 竹叶 zhúyè 대나무잎

6.灵芝 língzhī 영지 ■ 仙草 xiāncǎo 불로초

7.桃子 táozi 복숭아 ■ 仙桃 xiāntáo 선도

8.(乌)龟 (wū)guī 거북이 ■ 海龟 바다거북이

9.鹤 hè 두루미. 학 ■ 仙鹤 xiānhè 선학

10.鹿 lù 사슴 ■ 獐子 zhāngzi 노루

11.吉祥 jíxiáng 길하다. 상서롭다

12.寓意 yùyì 좋은 뜻. 깊은 의미

13.服装 fúzhuāng 복장

14.绣 xiù 수놓다. 자수하다

⑭ 庆会楼 경회루

庆会楼是一座'水上楼阁'，是举行宫廷宴会的地方，堪称韩国建筑之最，被指定为国宝。
庆会楼'黑瓦白柱'，分为上下两层。1层立着48根高大的白色(花岗岩)石柱。
外边的24根是'方形'，里边的24根是'圆形'，象征'天圆地方'。
庆会楼建在一个人工莲池上，从远处看的时候，仿佛浮在水面上。
此外，在飞翘的屋檐上排放着11个杂像，在宫殿的建筑中数量最多。
庆会楼不能自由参观，实行导览(或特别游览)，而且限定人数，一次20人，
必须要提前网上预约。

경회루는 '수상 누각'으로 궁중 연회[잔치]가 열리는 곳으로 한국 건축 중 최고라 할 수 있고
국보로 지정되었다. 경회루는 '검은 기와와 하얀 기둥'으로 상하 2층으로 나누고, 1층에는 48개의
커다란 흰색(화강암)기둥이 세워져 있다. 바깥쪽 24개는 '사각형', 안쪽 24개는 '원형'으로 '천원지
방'을 상징한다. 경회루는 인공 연못에 지어져 있어 멀리서 봤을 때 물 위에 떠 있는 것처럼 보인다.
이 외 날아갈 듯 처마 위에 11개의 잡상이 나란히 놓여져 있는데 궁궐 건물 중 가장 수가 많다.
경회루는 자유 관람이 안 되고 해설사 인솔하에 제한관람만(혹은 특별관람) 실시하고 인원도 한정
해 한 번에 20명씩 반드시 사전 인터넷 예약을 해야 한다.

缓形柱[민흘림기둥]

1.楼阁 lóugé 누각
2.宫廷宴会 gōngtíng yànhuì 궁정연회[잔치]
3.堪称 kānchēng 감히…라고 할 만 하다. 감히…라고 할 수 있다
4.黑瓦白柱 hēiwǎ báizhù 검은색 기와에 하얀색 기둥
5.花岗岩 huāgāngyán 화강암
6.根 gēn (기둥, 머리카락 등을 세는)양사
7.莲池 liánchí 연못 ▣ 池塘 chítáng 못
8.仿佛 fǎngfú 마치 …인 듯하다. 방불케하다
9.浮 fú (물이나 액체위에)뜨다
10.飞翘 fēiqiào 날아 갈 듯 올라가다
11.排放 páifàng 나란히[차례로] 놓다
12.导览 dǎolǎn 관람을 안내하다

⑮ 乾淸宮 건청궁

乾淸宮建在景福宫的后花园，是朝鲜(末期)第26代国王－高宗为摆脱父亲'兴宣大院君'的政治干预并亲政而建的。

乾淸宮是景福宫内一座非常与众不同(或特别)的建筑。它是一座建在正宫里的'离宫'，因此以'宫'命名，是唯一的'宫中宫'。

此外，它是景福宫内唯一一座'民宅'形式的建筑，仿建士大夫的住宅(或房屋)而建，没(有)漆丹青(彩绘)，显得特别素雅。

乾淸宮是在韩国首次发电点亮电灯的地方，很有历史意义。

在乾淸宮(曾)发生过一起悲剧事件，就是高宗的王妃、朝鲜的国母'明成皇后'被日本(浪人)弑害(或残忍杀害)的事件，这让所有的韩国人都无比气愤。

这起事件史称为'乙未事变'或者'明成皇后弑害事件'。

건청궁은 경복궁의 뒤뜰에 지어져 있다. 이는 조선(말기) 제26대 왕인 고종이 부친인 흥선 대원군의 정치적 관여에서 벗어나고 동시에 친정을 하기 위해서 만든 것이다.

건청궁은 경복궁 내 아주 남다른 (혹은 특별한) 건축물로 정궁 안에 세워진 이궁으로 궁의 이름을 붙였다. 때문에 유일한 '궁 안의 궁'이다.

그리고 경복궁 내 유일한 '민가'형식의 건물로 '사대부'의 주택(혹은 가옥)을 본떠 지은 것으로 단청(채색)을 칠하지 않아 유난히 단아하고 소박해 보인다.

건청궁은 한국에서 최초로 전기를 내서[발전해서]전등을 밝힌 곳[전기가 켜진 곳]이라 매우 역사적인 의미가 있다.

건청궁에서 비극적인 사건이 발생한 적이 있는데 바로 고종의 왕비, 조선의 국모인 명성황후(혹은 명성왕후)가 일본(낭인)에게 시해(혹은 잔인하게 살해)된 사건이다. 이는 모든 한국인을 매우 분노케 했다. 이 사건을 역사적으로 '을미사건' 혹은 '명성황후시해사건'이라 한다.

▣ 据我所知，乾淸宮是高宗用'内帑银'而建的。

　제가 알기로는 건청궁은 고종이 '내탕금'으로 만든 것이다.

1.摆脱 bǎituō (속박·어려운 상황 따위에서) 벗어나다. 빠져나오다. 떨쳐버리다

2.兴宣大院君 xīngxuān dàyuànjūn 흥선 대원군

3.政治 zhèngzhì 정치

4.干预 gānyù 관여(하다). (개입)하다

5.亲政 qīnzhèng 친정하다

6.以 yǐ …을 가지고. …으로써. …을 근거로

7.命名 mìngmíng 명명하다. 이름을 짓다

8.民宅 mínzhái 민가

9.仿建 fǎngjiàn 본떠 짓다

10.士大夫 shìdàfū 사대부 ▣ 大夫 dàifu 의사

11.住宅 zhùzhái 주택 ▣ 房屋 fángwū 가옥

12.漆 qī 칠하다

13.丹青 dānqīng 단청

14.彩绘 cǎihuì (기물[器物]이나 건축[建筑]에 그려져 있는)채색도안. 채색화

15.显得 xiǎnde (어떠한 상황이) 드러나다, …하게 보이다

16.素雅 sùyǎ 소박하고 우아하다 📖朴素, 雅致

17.点亮 diǎnliàng 불을 켜 밝게 하다

18.电灯 diàndēng 전등

19.悲剧事件 bēijù shìjiàn 비극적인 사건

20.浪人 làngrén 낭인[일본 떠돌이 무사]

21.弑害 shìhài 시해하다

22.残忍 cánrěn 잔인하다

23.杀害 shāhài 살해하다

24.无比 wúbǐ ~하기 짝이 없다. 비할 바 없다

25.气愤 qìfèn 분개하다

26.乙未事变 yǐwèi shìbiàn 을미사변

27.内帑银 nèitǎngyín 내탕금 📖国王, 王室的私财和私产

① 乙未事变 을미사변

乙未事变是指(1895年10月8日)朝鲜第26代国王高宗的王妃、朝鲜的国母'明成皇后'在景福宫的乾清宫被日本(浪人)弑害(或残忍杀害)的历史事件。当时，明成皇后极力主张'亲俄反日'，这引起了日本的极大不满，成为日本的'眼中钉'，被视为他们侵占朝鲜的最大'绊脚石'，因此被弑害了。这起事件让所有的韩国人都无比气愤。

▣ '乙未事变'又称为'明成皇后弑害事件'(或'闵妃弑害事件)'。

'을미사변'은 (1895.10.8)조선 제26대왕인 고종의 왕비이자 조선의 국모인 '명성황후'가 경복궁 '건청궁'에서 일본(낭인)에게 시해된(혹은 잔인하게 살해된) 역사사건을 말한다.

당시 명성황후는 강력하게 '친러반일'을 주장하였기에 일본의 큰 불만을 샀고, 일본의 눈엣가시가 되어 그들이 조선을 침탈하는 데 가장 큰 '걸림돌'로 생각되어 시해했다.

이는 모든 한국인을 분노케 했다.

▣ '을미사건'은 '명성황후시해사건'이라고도 한다.

---

1. 乙未事变 yǐwèi shìbiàn 을미사변
2. 引起 yǐnqǐ (주의를) 끌다. 야기하다
3. 浪人 làngrén 낭인[일본 떠돌이 무사]
4. 弑害 shìhài 시해하다
5. 残忍 cǎnrěn 잔인하다

6. 杀害 shāhài 살해하다
7. 眼中钉 yǎnzhōngdīng [눈엣 못]눈엣 가시
　▣ 肉中刺 ròuzhōngcì 살 속엣 가시
8. 侵占 qīnzhàn 침탈하다.
9. 绊脚石 bànjiǎoshí 걸림돌

✔더 알고 가기

1895年10月8日，日本浪人闯入景福宫，在乾清宫杀害了'明成皇后'(以)后，把她的尸身移到坤宁合的玉壶楼。在鹿山焚烧了'明成皇后'的尸身，然后把她的残骸扔到了乾清宫前的荷花池–香远亭，但由于残骸浮出水面，又埋到了鹿山。

1895년 10월 8일 일본낭인은 경복궁에 난입하여 건청궁에서 명성황후를 살해 한 후 그의 시신을 곤녕합의 옥호루에 옮겼다. 녹산에서 명성황후의 시신을 태우고 그의 잔해를 건청궁 앞의 연못인 향원정에 버렸지만 시체의 잔해가 수면위로 떠올라서 다시 녹산에 묻었다.

1.闯入 chuǎngrù 난입하다	6.鹿山 lùshān 녹산
2.尸身 shīshēn 시신 ▣ 尸体 shītǐ 시체	7.残骸 cánhái 잔해 ▣ 遗骸 yíhái 유해
3.坤宁合 kūnnínghé 곤녕합	8.浮 fú 수면위로 오르다. 물위에 떠다
4.玉壶楼 yùhúlóu 옥호루	9.埋 mái 묻다
5.焚烧 fénshāo 불태우다	

② 俄馆播迁=露馆播迁 아관파천=노관파천

俄馆播迁是指乙未事变4个月后(1896.2.11)朝鲜第26代国王－高宗为了摆脱日本的控制和生命威胁(连夜)从景福宫(逃离出来)到'俄罗斯公使馆'避难的历史事件。此后高宗再也没(有)回到景福宫。高宗在'俄罗斯公使馆'避难1年(以)后(1897年)去了庆运宫就是现在的'德寿宫'居住。之后(1897年)高宗在'圜丘坛'宣布了大韩帝国的成立，登基为皇帝，把(庆运宫就是现在的)德寿宫作为皇宫(或正宫)使用。

▣ '俄馆播迁'又称为'露馆播迁'。

'아관파천'은 '을미사변'이 발생한 4개월 후(1896.2.11)조선의 제26대 왕인 고종이 일본의 통제와 신변의 위협[생명위협]에서 벗어나기 위해서 (야밤에) 경복궁에서 (도망 나와) '러시아공사관'으로 피신을 간 역사사건을 말한다. 그 이후로는 고종은 다시 경복궁으로 돌아가지 않았다. 고종은 '러시아공사관'에서 1년 동안 피신을 한 후 (1897년) 경운궁, 곧 지금의 덕수궁으로 가서 거주했다. 그 후(1897년)고종은 '환구단'에서 대한제국의 성립과 황제가 되었음을 선포하고 (경운궁, 곧 지금의) 덕수궁을 황궁(혹은 정궁)으로 사용하였다.

▣ '아과파천'을 '노관파천'이라고도 부른다.

1.俄馆播迁 éguǎn bōqiān 아관파천
2.露馆播迁 lùguǎnbōqiān 노관파천
3.连夜 liányè 그날 밤[즉시 행동하는 경우]
4.威胁 wēixié 위협(하다)
5.逃离 táolí (위험한 상황 등에서)벗어나다. 도주하다. 달아나다. 도망치다
6.俄罗斯公使馆 éluósī gōngshǐguǎn 러시아공사관
7.避难 bìnàn 피난하다
8.圜丘坛 yuánqiūtán 환구단

⑯ 昌德宫的简介

昌德宫是朝鲜初期最先修建的一座离宫，但是作为正宫使用的时间比正宫－景福宫更长，大概是260年。昌德宫被视为最好的风水宝地，据我所知，朝鲜的国王们最喜欢的宫殿就是昌德宫。在五大宫中，昌德宫保存最完好、最具自然风貌，整个宫殿以顺应自然地势、不破坏自然环境下而建，因此建筑和自然和谐地融为一体。

此外，昌德宫内的后苑是韩国最美、最具自然风貌的宫廷园林。这些受到高度评价与认可，因此在五大宫中，只(有)昌德宫(于1997年)被(联合国教科文组织)指定为世界文化遗产。后苑不能自由参观游览，实行导览，而且限定人数，一次50人，必须要提前(网上)预约。此外，要另行购买门票。

■ 昌德宫始建于1405年，由太宗所建，1592年壬辰倭乱时期全毁，1609年由光海君重建。

창덕궁은 조선 초기 가장 먼저 지은 이궁이지만 정궁으로 사용된 기간은 270여 년으로 정궁인 경복궁보다 더 길다. 창덕궁은 최고의 명소로 꼽힌다. 조선의 왕들이 가장 좋아하는 궁궐이 바로 창덕궁이다. 5대궁 중에서 창덕궁은 원형이 가장 잘 보존되어 있고 원래 자연 그대로 모습을 간직한 채 꼭 필요한 곳에만 사람의 손을 대어 대자연과의 조화로운 배치가 가장 잘 되어 있다.

궁궐 전체가 자연의 지세에 따라 자연환경을 파괴하지 않게 지어져 있기 때문에 건축물과 자연이 조화롭게 하나로 어우러져 있다. 그리고 창덕궁의 후원은 한국에서 가장 아름다운 정원으로 한국 정원의 최고라 할 수 있다. 이런 것들이 높은 평가와 인정을 받아 5대궁 중 오직 창덕궁만이 (1997년에) (유네스코) 세계문화유산으로 지정되었다.

후원은 자유 관람이 안 되고 인솔하에 제한 관람만 실행하고 인원수를 한번에 50명씩으로 한정하고, 반드시 사전 (인터넷)예약해야 한다. 이외 티켓은 따로 구매해야 한다.

■ 창덕궁은 1405년 태종이 창건, 1592년 임진왜란 때 전소되었다가 1609년 광해군이 중건.

1.风水宝地 fēngshuǐ bǎodì 길지[풍수 사상의 관점으로 보아 좋은 땅]. 명당
2.顺应 shùnyìng 순응하다. 따르다
3.地势 dìshì 지세
4.和谐 héxié (배합·가락 따위가)잘 어울리다. 맞다. 조화롭다. 화합
5.融为一体 róngwéiyītǐ 하나로 융합되다. 하나로 어우러지다
6.堪称 kānchēng …라고 할 만하다
7.保护 bǎohù 보호하다
8.导览 dǎolǎn 안내관광
9.限定 xiàndìng (수량·범위·기한 등을)한정하다. 제한하다
10.另行 lìngxíng 따로 따로[별도로] …하다 例)另行通知　另行安排
11.联合国教科文组织 liánhéguó jiàokēwén zǔzhī 유네스코[UNESCO]

📖 相关问题

为什么把昌德宫作为正宫使用了? 왜 창덕궁을 정궁으로 사용하였나요?

昌德宫虽然是离宫,但是作为正宫使用的时间比正宫-景福宫更长。那是因为在第14代国王-宣祖时期,发生了'壬辰倭乱'。当时,都城-汉阳内的所有宫殿(或3座宫殿-景福宫、昌德宫、昌庆宫)全部都被烧毁,宣祖去宜州避难返都(以)后,去了第9代国王成宗的大哥(或宗室王公、王亲)-月山大君的府邸(或私邸),就是现在的德寿宫居住,把这里作为临时王宫使用,称为'贞陵洞行宫'。在'光海君'时期,(认为景福宫的风水不吉利,所以没有重建景福宫,而是)重建昌德宫(以)后,就迁去了昌德宫。

此后,把昌德宫作为正宫使用(一)直到景福宫重建,大概是260年。

◼ 使用期间是1610年~1867年,长达257年。

비록 창덕궁은 이궁이지만 정궁인 경복궁보다 정궁으로 더 오래 사용되었다. 그 이유는[왜냐하면] 제14대왕 선조시기 임진왜란이 일어났고, 그 때, 도성인 한양 내 모든 궁궐(혹은 3개 궁궐-경복궁, 창덕궁, 창경궁)은 전부[모두] 다 타버렸기 때문이다.[소각되었다]. 선조는 의주로 피난을 갔다가 환도한 뒤 제9대왕 성종의 형님(혹은 종실왕공, 왕친)-월산대군의 저택(혹은 저택)인, 지금인 덕수궁에 가서 거주하여 임시 왕궁으로 사용했고, 이곳을 '정릉동 행궁'이라 불렀다. '광해군'시기 (경복궁의 터가 불길하다는 이유로 경복궁을 재건하지 않고 대신) 창덕궁을 재건한 뒤 창덕궁으로 옮겼고 그 후로는 창덕궁을 경복궁이 중건될 때까지 줄곧 정궁으로 사용했으니 대략 260년이다.

◼ 사용기간은 1610~1867년으로 257년에 이른다.

1.宣祖 xuānzǔ 선조
2.壬辰倭乱 rénchén wōluàn 임진왜란
3.烧毁 shāohuǐ 불태워 없애다. 소각하다. 화재로 소실되다
4.宜州 yízhōu 의주
5.避难 bìnàn 피난하다
6.返都 fǎndū 환도하다
7.府邸 fǔdǐ 저택 ◼ 私邸 sīdǐ 사저 ◼ 王府 황족[왕족]의 저택
8.贞陵洞 zhēnlíndòng 정릉동
9.吉利 jílì 길하다
10.重建 chóngjiàn 재건하다. 중건하다
11.而是 érshì 그러나. 오히려
12.迁去 qiānqù 옮기다
13.(一)直 (yī)zhí 줄곧. 곧바로. 내내. …에 이르기까지[범위를 강조함]

⑰ 宣政殿 선정전

宣政殿是昌德宮內的便殿，是国王处理朝政的地方，相当于国王的办公室。
宣政殿的特别之处是屋顶的瓦片是'青琉璃瓦'，因此称为'青瓦建筑'。
朝鲜时期，为了彰显至高无上的王权和威严，在一些中心建筑上铺了'青琉璃瓦'，
但是只(有)宣政殿保留下来，因此是五大宮中，唯一现存的'青瓦建筑''。
宣政殿保存完好，被指定为宝物。

선정전은 창덕궁 안에 있는 편전으로 왕이 집무[정사]를 보는 곳으로 왕의 집무실에 해당된다.
선정전의 특별한 점은 지붕의 기와가 '청 유리기와'이다. 때문에 '청기와건물'이라고 부른다.
조선시기 지고지상의 왕의 권력[혹은 왕의 절대권력]과 위엄을 드러내기[과시] 하기 위해 궁궐의
일부 중심건물에 '청 유리기와'를 덮었다[깔았다]. 하지만 오직 선정정만 남아 있다.
때문에 궁궐에 남아있는 유일한 '청기와건물'이다.
선정전은 잘 보존되어 있고 보물로 지정되어 있다.

▣ 在'朝鲜王朝实录'上记载着世宗时期景福宮的勤政殿、思政殿上铺有'青琉璃瓦'。
'조선왕조실록'에는 세종시기 경복궁의 근정전과 사정전이 청기와를 얹은 건물이라는 내용이
적혀 있다.

1.宣政殿 xuānzhèngdiàn 선정전
2.瓦片 wǎpiàn 기왓장
3.琉璃瓦 liúlíwǎ 유리기와 📖유약[釉药]을 발라서 구운(烧制) 기와
4.记载 jìzǎi 기재(하다). 기록(하다)
5.彰显 zhāngxiǎn 과시하다 📖分明而确定地表现或显示
6.至高无上 zhìgāo wúshàng 지고지상. 더할 수 없이 높다
7.威严 wēiyán 위엄(있다)
8.铺 pū 깔다 例)铺路 铺地板

⑱ 乐善斋(一带) 낙선재 (일원)

'乐善斋'是昌德宫内非常与众不同(或特别)的一个建筑群，由三座建筑构成，分别为乐善斋、锡福轩、寿康斋，它们统称为'乐善斋(一带)'。

这三座建筑是朝鲜第24代国王－'宪宗'为自己、嫔妃(或宠妃－庆嫔)、祖母－大王大妃(或王太妃)而建的。其中，最先建造的是乐善斋，宪宗把乐善斋作为书斋兼舍廊房使用，后来在高宗时期，把这里作为办公室使用了。

'乐善斋'是(昌德)宫内一组民宅形式的建筑群，仿建士大夫(或两班)的住宅(或房屋)而建，没(有)漆丹青(彩绘)，显得特别素雅。乐善斋保存比较完好，被指定为宝物。

'낙선재'는 창덕궁내 매우 색다른(혹은 특별한) 건물군으로 세 개의 건물로 구성되었다. 각각 낙선재, 석복헌, 수강재이다. 이 일곽을 통틀어 '낙선재 일원'이라고 부른다.

이 세 건물은 조선 제24대 임금인 '헌종'이 자신 후궁(혹은 총애하는 후궁－경빈), 조모인 대왕대비를 위해 지은 것이다. 그중 가장 먼저 지은 것은 낙선재이고, 헌종은 낙선재를 '서재 겸 사랑채'로 사용하였다. 이후 고종 때에는 이곳을 사무실[집무실]로 사용하였다. '낙선재'는 창덕궁 내 민가 형식의 건물군으로 사대부의 주택(혹은 가옥)을 본떠 지은 것으로 단청이 없어 수수[소박]한 느낌을 준다. 낙선재는 비교적 잘 보존되어 있고 보물로 지정되었다.

乐善斋－낙선재　　　　　锡福轩－석복헌　　　　　寿康斋－수강재

■ 据我所知，宪宗的生活(素来)很简朴，所以(特意)把这三座建筑建得很素雅。

　제가 알기로는 헌종은 평소(부터) 생활이 검소하기 때문에 이 세 건물을 (일부러) 단아하고 소박하게 지었다 한다.

■ '舍廊房'是(一家之主的)男主人(或当家的)日常起居并会客的房屋(或场所)。
舍廊房相当于中国的'堂屋'。

'사랑채'는 바깥주인이 일상생활 하고 손님을 접대하는 공간이다.
사랑채는 중국의 '堂屋'에 해당한다.

■ '锡福轩'是宪宗(特意)为自己的嫔妃(或宠妃-庆嫔)而建的，这在朝鲜历史上是前所未有(的破例之举)、史无前例。

석복헌은 헌종이 (특별히) 자신의 후궁(혹은 총애하는 후궁-경빈)을 위해 지은 것으로, 이는 조선 역사상 이례적(인 일)이다.

■ '乐善斋'是朝鲜的末代王族们度过余生并去世的场所，很有历史意义。
熟为人知的是高宗的小儿子和儿媳妇还有小女儿。

이 외 '낙선재'는 조선의 마지막 왕족들이 낙선재에서 여생을 보내고 생을 마감한 장소로 매우 역사적인 의미가 있다. 가장 잘 알려져 진 것은 고종의 막내아들과 며느리, 그리고 막내딸이다.

■ 昌德宫里有两座民宅形式的建筑。一个是乐善斋，另一个是后苑的演庆堂。
창덕궁에는 두 채의 민가 형식의 건물이 있다. 하나는 낙선재, 다른 하나는 후원의 연경당이다.

1.乐善斋 lèshànzhāi 낙선재
2.锡福轩 xīfúxuān 석복헌
3.寿康斋 shòukāngzhāi 수강재
4.宪宗 xiànzōng 헌종
5.建筑群 jiànzhùqún 건축군
6.构成 gòuchéng 구성하다. 구성되다
7.嫔妃 pínfēi 황제의 첩[빈비]. 후궁
8.宠妃 chǒngfēi 총애하는 후궁
9.书斋 shūzhāi 서재
10.舍廊房 shèlángfáng 사랑채
11.待客 dàikè 손님을 접대하다
12.起居 qǐjū 일상생활(하다)
13.宽敞 kuānchǎng 널찍하다
14.前所未有 qiánsuǒwèiyǒu 전에 있은 적이 없다
15.破例 pòlì 전례를 깨뜨리다   ■ 破例之举 pòlìzhījǔ 이례적인 행동
16.史无前例 shǐwúqiánlì 역사상 전례가 없다

17. 素来 sùlái 평소부터. 원래부터. 예로부터
18. 简朴 jiǎnpǔ 검소하다
19. 特意 tèyì 특별히. 일부러
20. 度过余生 dùguò yúshēng 여생을 보내다
21. 儿媳妇 ér xífù 며느리
22. 熟为人知 shúwéirénzhī 사람들한테 잘 알려져 있다

⑲ 后苑 후원

后苑是昌德宫内的御花园，是韩国最美、最具自然风貌的宫廷园林，堪称韩国园林之最。后苑面积很大，占昌德宫总面积的百分之六十(或一半以上)。
后苑是国王和王室成员们游赏和休憩的空间，同时也是举行各种户外活动、宴会的地方，但是也有藏书、读书的用途。后苑内建有很多造型各异(或漂亮、精致)的亭子，堪称'亭子博物馆'，它们和自然和谐地融为一体。游赏后苑最好的季节是秋天和冬天。秋天的时候，枫叶漫天;冬天的时候，一片雪白。
'后苑'不能自由参观游览，实行导览，而且限定人数，一次40人，必须要提前(网上)预约。此外，要另行购买门票。

후원은 창덕궁 내 어화원으로 한국에서 가장 아름답고 원래 자연 그대로 모습을 간직한 채 꼭 필요한 곳에만 사람의 손을 댄 궁중 정원으로 한국의 으뜸가는 정원이다. 후원은 창덕궁 전체 면적의 60%(또는 절반 이상)에 달하는 넓은 면적을 차지하고 있다.
후원은 임금을 비롯한 왕실 사람들이 풍경을 감상하고 휴식하는 공간[쉼터]이고 동시에 다양한 야외 활동, 연회가 열리는 곳이기도 하지만 서적을 수장하고, 독서를 하는 데도 사용되는 곳이다.
후원에는 여러 가지 조형이 각기 다른 (혹은 예쁘고 정교한) 정자가 지어져 있어 '정자박물관'이라 불리고 정자들은 자연과 조화를 잘 이루고 있다. 후원을 거닐며 경치를 감상하기 가장 좋은 계절은 가을과 겨울이다. 가을에는 온통 단풍으로 뒤덮이고 겨울에는 온통 하얀 눈으로 뒤덮인다.
후원은 자유 관람이 안 되고 해설사의 인솔 하에 제한관람만 실시하고 인원수를 한번에 50명씩으로 한정하고, 반드시 사전 (인터넷) 예약해야 한다. 이 외 티켓은 따로 구매해야 한다.

1.御花园 yùhuāyuán 어화원
2.面积 miànjī 면적
3.占 zhàn 차지하다
4.游赏 yóushǎng 거닐며 감상하다
5.休憩 xiūqì 쉬다. 휴식하다 📖暂时休息
6.藏书 cángshū 서적을 수장하다[장서]
7.用途 yòngtú 용도
8.造型各异 zàoxíng gèyì 조형이 각기 다르다
9.亭子 tíngzi 정자
10.博物馆 bówùguǎn 박물관
11.季节 jìjié 계절
12.枫叶漫天 fēngyè màntiān 온통 단풍으로 뒤덮이다
13.一片雪白 yīpiàn xuěbái 온통 눈으로 뒤덮이다

⑳ 德寿宫的简介

德寿宫是朝鲜五大宫中唯一传统和现代共存的宫殿，是朝鲜末期混乱的政治舞台的中心。

덕수궁은 조선 5대궁 중 유일하게 전통과 현대가 공존하는 궁궐로 조선 말기 혼란한 정치사의 중심지였다.

1897年朝鲜第26代国王高宗在'圜丘坛'宣布了大韩帝国的成立，登基为皇帝(或称帝)，把庆运宫就是现在的德寿宫作为皇宫(或正宫)使用，因此在五大宫中，只(有)德寿宫的建筑上刻有'五爪龙'。

(1897년) 조선 제26대 임금 고종이 '환구단'에서 대한제국의 성립을 선포하고 황제로 즉위하고, 경운궁, 곧 지금의 덕수궁을 황궁(혹은 정궁)으로 사용하였기 때문에 5대궁 중 덕수궁 건물에만 '오조용'이 새겨져 있다.

德寿宫里建有石造殿、静观轩、重明殿等西洋建筑。其中，石造殿是(德寿)宫内最大(或豪华、气派)的西洋建筑，原来是高宗的寝殿兼便殿，被毁(以)后，经过复原现在作为'大韩帝国历史馆'免费向公众开放(或对开外放)。

덕수궁에는 석조전, 정관헌, 중명전 등 서양식 건물이 들어서 있다. 이 중 석조전은 (덕수)궁내에서 가장 큰 (혹은 호화롭고 멋있는) 서양식 건물로 원래는 고종의 침전 겸 편전이었다. 훼손된 후 복구하여 현재 '대한제국역사관'으로 대중에게 무료로 개방하고 있다.

在正门'大汉门'前，进行'守门将交接仪式'，每天都有大量的游客前来观看。
看完仪式(以)后，游客们可以跟守门侍卫拍照留念，这个活动很受游客们的喜爱。
정문인 대한문 앞에서는 '수문장 교대식'을 진행하는데 하루에도 수많은 관광객이 몰려오고 있다.
식을 본 후, 관광객들은 수문군과 기념사진을 찍을 수 있다.
이 행사는 관광객들의 사랑을 많이 받고 있다.

此外，可以沿着德寿宫的'石墙路'散步。这条'石墙路'是首尔有名的散步小路。
이외 덕수궁 '돌담길'을 따라 산책도 할 수 있다.
이 돌담길은 서울에서 유명한 산책로이다.

1.混乱 hùnluàn 혼란(하다)
2.圜丘坛 yuánqiūtán 환구단
3.称帝 chēngdì 왕위에 오르다. 왕이 되다 📖改称号为皇帝、做皇帝
4.五爪龙 wǔzhuǎlóng 오조용
5.静观轩 jìngguānxuān 정관헌
6.重明殿 chóngmíngdiàn 중명전 📖1905年被迫签定'乙巳勒约'的历史场所，韩国丧失外交权
7.气派 qìpài （건물. 풍채 등이）멋있다
8.沿着 yánzhe …을 따라서[끼고] 📖顺着(江河、道路或物体的边) 例)沿着汉江边散步
9.石墙路 shíqiánglù 돌담길
10.豪华 háohuá 호화롭다. 럭셔리하다. （건축·장식 등이)화려하고 웅장하다

德寿宫的历史－德寿宫名称的变迁史 덕수궁의 역사－덕수궁 명칭의 변천사

德寿宫原来是朝鲜第9代国王成宗的大哥－月山大君的府邸(或私邸)。

在朝鲜第14代国王'宣祖'时期, 发生了'壬辰倭乱'。当时, 都城－汉阳内的所有宫殿(或3座宫殿－景福宫、昌德宫、昌庆宫)全部都被烧毁, 宣祖去宜州避难返都(以)后, 来到这里居住, 扩建(以)后把这里作为临时王宫使用, 称为'贞陵洞行宫'。

光海君即位(以)后, 把这里正式升格为'宫'并改称为'庆运宫'。

光海君废黜仁穆大妃, 幽禁在庆运宫(以)后, 把庆运宫贬称为'西宫'。

后来高宗建立'大韩帝国', 把'庆运宫'作为皇宫使用, 被迫退位给'纯宗'(以)后, 改称为'德寿宫'。高宗退位(以)后居住在德寿宫(一)直到驾崩。

■ '纯宗'尊太上皇－高宗为'德寿', 这个尊号就成为了宫名。

■ '纯宗'迁去昌德宫居住(一)直到驾崩。

■ 高宗驾崩(以)后, 德寿宫被日本(大肆)拆毁, 因此规模缩小了很多。
　现在的规模是以前(过去)的三分之一。

덕수궁 원래는 조선 제9대왕 성종의 형인 '월산대군'의 저택(혹은 사적)이다.

조선 제14대왕 '선조'시기 '임진왜란'이 발생했다. 그 때, 도성인 한양 내 모든 궁궐(혹은 3개 궁궐－경복궁, 창덕궁, 창경궁)은 전부[모두] 다 타버렸다[소각되었다]. 선조는 의주로 피난을 갔다가 환도한 뒤 이곳으로 와서 거주하게 되었고 증축한 후 이곳을 임시 왕궁으로 사용했고, '정릉동 행궁'이라 불렀다.

광해군이 즉위한 뒤 이곳을 정식으로 '궁'으로 승격하고 '경운궁'으로 개칭하였다.

광해군은 인목대비를 폐위시키고 경운궁에 유폐한 후 경운궁을 '서궁'이라 낮춰 불렀다.

그 후 고종이 '대한제국'을 세우고 '경운궁'을 황궁으로 사용했다가 강압에 의해[강제로] 순종에게 황위를 물려준 후, '덕수궁'으로 개칭했다. 고종은 퇴위 후 승하할 때까지 덕수궁에 거주하였다.

■ '순종'은 태상황－고종을 '덕수'라고 존칭했고, 이 존호는 궁명이 되었다.

■ '순종'은 창덕궁으로 거처를 옮기고 그곳에서 승하하였다.

■ 고종이 승하한 후 덕수궁은 일본에 (마구. 마구잡이로) 헐려 규모가 많이 축소되었다.
　지금의 규모는 예전(과거)의 3분의 1이다.

1.废黜 fèichù 파면하다. (왕을) 폐위시키다. (특권이 있는 지위에서) 쫓아내다
2.仁穆大妃 rénmù dàfēi 인목대비
3.幽禁 yōujìn 유폐하다. 연금하다
4.贬称 biǎnchēng 폄하하여 칭하다. 폄하하는 호칭
5.驾崩 jiàbēng 승하하다. 붕어하다
6.大肆 dàsì 제멋대로. 마구[잡이]. 함부로

㉑ 石造殿 석조전

石造殿是德寿宫内最大(或豪华、气派)的西洋建筑，原来是高宗的'寝殿兼便殿'。
石造殿是一座3层洋楼，楼前建有很大的西洋式庭院和一个喷水池。
在日本强占时期和韩国战争时期，石造殿的内部大部分被破坏。
2009年开始进行复原工程，历时5年，以'大韩帝国历史馆'焕然新生，免费向公众
开放(或对外开放)。
石造殿不能自由参观，实行导览(或特别游览)，而且限定人数，一次15人，必须要
提前(网上)预约。

'석조전'은 덕수궁 안에 가장 큰 (혹은 호화롭고 멋있는)서양식 건축물로 원래는 고종의 '침전 겸
편전'이었다. 석조전은 3층짜리 양옥[서양식 다층 건물]이고 건물 앞에 큰 서양식 정원과 분수대
하나가 만들어져 있다. 일제강점기와 한국전쟁 때 석조전의 내부는 대부분 파괴됐다.
2009년 복원공사를 시작하여 5년에 걸쳐 '대한제국역사관'으로 새롭게 태어났고 대중에게 무료로
개방하고 있다. '석조전'은 자유 관람이 안되고 해설사의 인솔하에 제한관람만 실행하고 인원 수를
한번에 15명씩으로 한정하고, 반드시 사전 (인터넷) 예약해야 한다.

1.兼 jiān 겸하다. 동시에 하다
2.洋楼 yánglóu 서양식 다층 건물 ▣西洋式楼房
3.庭院 tíngyuàn 정원
4.喷水池 pēnshuǐchí 분수(지). 분수대
5.焕然新生 huànrán xīnshēng 새롭게 태어나다

㉒ 庆熙宫-西阙（경희궁–서궐）

庆熙宫是朝鲜后期修建的最后一座离宫，因位于都城－汉阳的西边，又称为'西阙'，是(朝鲜)五大宫中，最不受关注的宫殿。庆熙宫建于光海君时期，最初叫'庆德宫'，后来在仁祖时期改称为'庆熙宫'。在朝鲜后期，仁祖到哲宗，共10代国王经常往来于当时的正宫－昌德宫与庆熙宫居住以及处理朝政，因此庆熙宫成为了朝鲜后期政治舞台的中心，庆熙宫在日本强占时期，被日本(大肆)拆毁，因此规模缩小了很多。

경희궁은 조선후기 지은 마지막 이궁이고, 도성 한양의 서쪽에 있다 하여 '서궐'이라고도 부르고, (조선) 5대궁에서 가장 주목을 받지 못하는 궁전이다.
경희궁은 광해군 시기에 지은 것이고 처음에는 '경덕궁'이라 불렀고 나중에 인조시기에 경희궁으로 개칭했다. 조선후기 인조 이후 철종에 이르기까지 10대에 걸쳐 임금들이 당시 법궁인 창덕궁과 경희궁을 번갈아 오가며 정사를 보았기 때문에 조선 후기 정치사의 중심 무대가 되었다.
일본 강점시기에 일본이 (마구) 헐려서 규모가 많이 축소되었다.

1.往来 wǎnglái 왔다갔다하다. 왕래하다
2.大肆 dàsì 제멋대로. 마구
3.拆毁 chāihuǐ 헐려 망가지다

Part 4

세계유산

① 韩国的世界遗产 한국의 세계유산

目前，韩国共有16项世界遗产，分别为世界文化遗产14项、世界自然遗产2项。

현재 한국에는 총 16건의 세계유산이 있다. 각각 세계문화유산 14건, 세계자연유산 2건이다.

韩国为了大力推广世界遗产的价值和意义，同时为了促进旅游业(和相关产业以及地方经济)的发展，推出并积极开展举办"世界遗产文化庆典"活动，比如说安东文化庆典、昌德宫夜间开放活动－月光之旅、水原华城夜间开放活动－彩灯之旅等等，这些文化庆典很受人们的欢迎，慕名而来的游客络绎不绝。

한국은 세계유산의 가치와 의미를 널리 알리고자 관광 활성화(와 관련 산업 및 지방경제의 발전을) 위해 안동문화축제, 창덕궁 야간개장 행사인 '달빛기행', 수원화성 야간개장 행사인 '빛의 산책로'등 '세계유산문화축제'를 선보이고 있는데, 이들 문화축제가 인기를 끌면서 찾아오는 관광객의 발길이 끊이지 않는다.

1.促进 cùjìn 촉진하다. 활성화하다
2.推出 tuīchū 출시하다. (시장에 신상품이나 새로운 아이디어를) 내놓다
3.积极 jījí 적극적이다
4.开展 kāizhǎn 펼치다. 벌리다. 전개하다. (작은 범위에서 큰 범위로 점차)넓히다
5.彩灯 cǎidēng 조명등. 곱게 꾸민 등롱[燈籠]
6.慕名而来 mùmíng'érlái 명성을 듣고 찾아오다
7.络绎不绝 luòyì bùjué 발길이 끊이지 않다

✔더 알고 가기

'세계유산축전'은 문화재청과 한국문화재재단이 유네스코 세계유산으로 등재된 국내 세계유산의 가치와 의미를 내·외국인들[国内外人士]에게 알리고자 2020년부터 추진하고 있는 사업으로, 세계유산을 무대로 한 각종 전통공연과 체험과 재현행사가 펼쳐지고, 세계유산을 주제로 한 영상을 상영하는 등 고품질의 복합 향유 축전 프로그램이다. 국내 소재 유네스코 세계유산 중 공모를 통해서 개최지가 선정되며, 2020년에는 세계유산등재 서원, 경북, 제주에서 개최되었고 2021년에는 백제역사 유적지구(공주·부여·익산) 안동, 수원, 제주 등 4곳에서 진행되었다.

▣ 2022년 세계유산축전은 경북(안동·영주), 수원, 제주에서 열리며, 각 지역의 세계유산을 다양한 공연과 체험 프로그램을 통해 만나볼 수 있다.

② 世界遗产的定义 세계유산의 정의

'世界遗产'是指把人类罕见的、目前无法替代的财富，全人类公认的具有突出意义和普遍性价值的文物古迹以及自然景观，经联合国教科文组织世界遗产委员会根据《保护世界文化和自然遗产公约》评选确定而列入世界遗产名录的遗产项目。

세계유산은 인류에게 흔치 않은, 현재 대체할 수 없는 유산 또는 자원, 전 인류가 인정하는 탁월한 의미와 보편적가치를 지닌 문화재 유적과 자연경관을 유네스코 세계유산위원회에서 《세계문화와 자연 유산보호협약》에 따라 선정하여 세계유산으로 등재한 유산이다.

1.罕见 hǎnjiàn 보기 드물다. 희한하다
2.无法替代 wúfǎ tìdài 대체불가
3.评选 píngxuǎn 심사하여 뽑다. 선정하다

✔더 알고 가기

세계유산협약에 의거하여 유네스코 세계유산위원회가 인류 전체를 위해 보호되어야 할 뛰어난 보편적 가치가 있다고 인정하여 세계유산목록에 등재한 유산으로 문화유산, 자연유산, 복합유산으로 분류한다. 이 외 유네스코는 세계유산 이외에도 '무형문화유산'과 '세계기록유산'을 지정해 보호·관리하고 있다.

United Nations Educational, Scientific and Cultural Organization ·
세계유산 World Heritage Convention
무형문화유산 Intangible Cultural Heritage
세계기록유산 Memory of the World

③ 世界遗产的分类 세계유산의 분류

世界遗产分为文化遗产、自然遗产、文化与自然复合遗产。
根据形态和性质，世界遗产分为物质遗产与非物质文化遗产。

세계유산은 문화유산, 자연유산, 문화·자연 복합유산으로 나뉩니다.
세계유산은 형태와 성격에 따라 유형유산과 무형유산으로 나뉩니다.

④ 指定世界遗产的目的 세계유산의 지정목적

指定世界遗产是为了保存对全世界人类都具有杰出普遍性价值的自然或文化处所，鼓励人类对自然资源的保护与永久利用。

세계유산의 지정은 전 세계 인류에게 탁월한 보편적 가치를 지닌 자연이나 문화적인 장소를 보존하고 자연자원의 보존과 영구적인 이용을 장려[고무]하기 위한 것이다.

⑤ 入选世界遗产[入遗]的好处 등재의 좋은 점

1)有助于保护和宣传本国的文化和自然遗产。

2)可以增强国民的世界遗产保护意识。

3)可以提升本国的对外旅游形象，促进旅游业和相关产业以及地方经济的发展，给国家带来巨大的经济利益，同时创造更多的工作岗位，提高国民的就业率。

4)可以提高国内外对相关遗产保护的关注和支持，从而提高世界遗产的管理水平，同时可以得到国际组织的财政支援。随着知名度的提高，访问人数增加，由此给韩国的旅游业以及相关产业带来很多经济利益以及就业率的提高。世界遗产起着衡量一个国家文化水平的作用，获得联合国教科文组织的承认令世界遗产所在的国家自豪。

1)자국의 문화와 자연유산을 보호하고 홍보하는 데 도움이 된다.

2)국민의 세계유산 보호의식을 강화시킬 수 있다.

3)자국의 대외 관광 이미지를 높이고 관광 및 관련 산업 및 지방 경제의 발전을 촉진하며 국가에 막대한 경제적 이익을 가져다주며 동시에 더 많은 일자리를 창출하고 국민의 취업률을 높일 수 있다.

4)관련 유산 보호에 대한 국내외 관심과 지원을 높여 세계유산의 관리수준을 높이고 국제기구의 재정 지원을 받을 수 있다. 인지도가 높아지면서 방문자가 늘어나고 이로 인해 한국의 관광 및 관련 산업에 많은 경제적 이익과 고용률 향상을 가져온다. 세계유산은 한 나라의 문화수준을 가늠하는 역할을 함으로 유네스코가 인정하는 세계유산이 있는 나라를 자랑스럽게 한다.

▣ 世界(文化、自然)遗产

📖 目前，韩国共有16项世界遗产，分别为文化遗产14项、自然遗产2项。

① 佛国寺与石窟庵 fóguósì yǔ shíkū'ān 불국사와 석굴암 (1995年)

② 海印寺藏经板殿 hǎiyìnsì zàngjīngbǎndiàn 해인사 장경판전 (1995年)

③ 宗庙 zōngmiào 종묘 (1995年)

④ 昌德宫 chāngdégōng 창덕궁 (1997年)

⑤ 水原华城 shuǐyuán huáchéng 수원화성 (1997年)

⑥ 庆州历史遗址区 qìngzhōu lìshǐ yízhǐqū 경주 역사 유적지구 (2000年)

⑦ 高敞、和顺、江华支石墓遗址 gāochǎng、héshùn、jiānghuá zhīshímù yízhǐ (2000年)
　　　　　　　　　　　　고창, 화순, 강화 고인돌 유적지

⑧ 济州火山岛与熔岩洞窟 jìzhōu huǒshāndǎo yǔ róngyán dòngkū (2007年) ☑
　　　　　　　　　　　　제주화산섬과 용암동굴

　　1. 汉拿山自然保护区 hánnáshān zìrán bǎohùqū 한라산 천연 보호구역

　　2. 城山日出峰 chéngshān rìchūfēng 성산 일출봉

　　3. 拒文岳熔岩洞窟系 jùwényuè róngyán dòngkūxì 거문악 용암 동굴계

⑨ 朝鲜王陵 cháoxiǎn wánglíng 조선왕릉 (2009年)

⑩ 韩国的历史村庄 hánguó de lǐshǐ cūnzhuāng 한국의 역사마을 (2010年)

　　1. 安东河回村 āndōng héhuícūn 안동 하회 마을

　　2. 庆州良洞民俗村 qìngzhōu liángdòng mínsúcūn 경주 양동 민속 마을

⑪ 南汉山城 nánhàn shānchéng 남한산성 (2014年)

⑫ 百济历史遗址区 bǎijì lìshǐ yízhǐqū 백제 역사 유적지구 (2015年)

⑬ 山寺，韩国的山地僧院 shānsì, hánguó de shāndì sēngyuàn (2018年)
　　　　　　　　　　　　산사, 한국의 산지승원

⑭ 韩国书院 hánguó shūyuàn 한국의 서원 (2019年)

⑮ 韩国滩涂 hánguó tāntú 한국의 갯벌 (2021年) ☑

⑯ 伽倻古坟群 jiāyē gǔfénqún 가야 고분군 (2023年)

① 佛国寺与石窟庵 불국사와 석굴암

1) 佛国寺的简介 불국사의 간단한 소개[요약소개]

佛国寺位于庆尚北道庆州的吐含山山腰，是韩国最具代表性的佛教文化遗址，被誉为韩国最精美的寺庙。

佛国寺建于新罗时期，有着千年的悠久历史，在这座千年古刹（或古寺）里，可以感受到（新罗人对佛教的虔诚以及）新罗佛教文化的鼎盛时期。

佛国寺的布局大体上分为两大区域，一个是以大雄殿为中心的区域，象征现实世界，另一个是以极乐殿为中心的区域，象征死后世界。这两大独立的区域东西并列着，表现了一种平衡和谐之美。

佛国寺的（核心）大雄殿内供奉着'释迦牟尼'佛，从地面到进入大雄殿的紫霞门，由上下两层台阶连接，称为'云桥'，象征俗世和佛界的连接。上边的叫'青云桥'，（有16级台阶）；下边的叫'白云桥'，（有18级台阶，共34级台阶。青云桥代表青年人，白云桥代表白发老人，象征人生）。它们是唯一完好地保流下来的新罗时代的石桥，被指定为国宝。

불국사는 경상북도 경주의 토함산 중턱에 위치해 있고, 한국에서 가장 대표적인 불교문화유적지로, 한국의 가장 정교하고 아름다운 사원으로 알려져 있다.

불국사는 신라 시대에 지은 것으로 천년의 유구한 역사를 가지고 있다. 이 '천년고찰'에서 (신라인의 불교에 대한 독실한 신앙 및) 신라 불교 문화의 전성시기를 느낄 수 있다.

불국사의 배치는 크게 대웅전을 중심으로 한 현실세계를 상징하는 구역과 극락전을 중심으로 한 사후 세계를 상징하는 구역으로 나뉘는데 이 두 개의 독립된 구역이 동서로 나란히 있어 일종의 균형과 조화의 아름다움을 표현하고 있다.

불국사의 (핵심인) 대웅전 내에는 '석가모니 상'을 모시고 있고, 지면으로부터 대웅전에 들어가는 '자하문'까지는 상·하 2층의 섬돌로[계단으로] 이어져 있는데, 그들을 '운교[구름다리]'라고 하고 속세와 부처님의 세계의 연결을 상징한다. 위쪽의 것을 '청운교'라 하고 (16단의 계단이 있고) 아래쪽의 것을 '백운교'라 하고 (18단의 계단이 있다. 총 34단 계단으로 청운교와 백운교는 푸른 청년의 모습으로 젊은이와 흰머리 노인을 빗대어 놓아 인생을 상징한다). 그들은 유일하게 완전한 형태로 남아있는 신라시대의 돌다리로 국보로 지정되었다.

大雄殿前的院子上并列立有两座风格迥异(或截然不同)的石塔，在韩国的寺庙中仅此一处。一个是东塔-多宝塔，风格华丽、装饰复杂，具有阴柔之美，被誉为韩国最精美的石塔，在10韩元硬币上印有多宝塔。另一个是西塔-释迦塔，风格简洁，具有阳刚之美，两座塔和谐地融为一体。多宝塔和释迦塔保存完好，被指定为国宝。
代表新罗佛教文化以及堪称韩国石造艺术宝库的佛国寺(于1995年)被指定为世界文化遗产。

대웅전 앞마당에 판이한 석탑 두 개가 나란히 서 있는데, 한국의 사찰 중 이곳 하나뿐이다. 한 기는 동탑인 '다보탑'으로 분위기가 화려하고 장식이 복잡하며 여성의 부드러움과 아름다움[여성미]을 갖고 있다. 한국의 가장 정교하고 아름다운 석탑으로 알려져 있다.
한화 10원짜리(동전)에는 '다보탑'이 찍혀 있다. 다른 한 기는 서탑인 '석가탑'으로 풍격이 간결하며 남성의 강건미[남성미]를 갖고 있다. 다보탑과 석가탑은 보존이 잘 되어있고 국보로 지정되었다.
신라 불교문화를 대표하고 한국 석조 예술의 보고라 할 수 있는 불국사는 (1995년에) 세계문화유산으로 지정됐다.

- ◉ 佛国寺是(笃信佛教的)新罗人建在凡间的理想的佛祖之国。
- ◉ 新罗人信奉佛教并把佛教作为国教。佛国寺是新罗人把理想的佛祖之国再现在凡间的佛国净土(或佛国胜地)。
- ◉ '释迦塔'是新罗时代石塔的典型塔型，'多宝塔'造型精巧，制作工艺精湛，巧夺天工，堪称新罗时代的石造艺术之最。

- ◉ 불국사는 (불교를 독실하게 믿는) 신라인이 인간 세상에 지은[옮겨놓은] 이상적인 부처님의 나라이다.
- ◉ 신라인들은 불교를 믿고 국교로 삼았다. 불국사는 신라인들이 이상적인 부처의 나라를 인간 세상에 재현한 불국정토(혹은 불국승지)다.
- ◉ '석가탑'은 신라시대의 전형적인 탑형이고 '다보탑'은 조형이 정교하고, 제작한 공예[기술이] 정밀하고 뛰어나며 기교가 훌륭하여[신에 가까운 기교] 감히 신라시대의 석조예술의 최고라고 할 수 있다.

1.吐含山 tǔhánshān 토함산

2.山腰 shānyāo 산중턱

3.被誉为 bèiyùwéi …으로 칭송받다. …알려져 있다

4.精美 jīngměi 정교하고 아름답다

5.寺庙 sìmiào 사찰. 절

6.古刹 gǔchà 고찰

7.虔诚 qiánchéng 독실하다. 경건하고 성실하다

8.以及 yǐjí 및. 아울러. 그리고

9.鼎盛 dǐngshèng 바야흐로 한창 흥성하다. 전성기. 황금기

10.笃信 dǔxìn 독신하다. 굳게 믿다

11.凡间 fánjiān 인간세상

12.核心 héxīn 핵심

13.大雄殿 dàxióngdiàn 대웅전

14.释迦牟尼 shijiāmóuní 석가모니

15.紫霞门 zǐxiámén 자하문

16.台阶 táijiē 계단 ▣ 石阶 shíjiē 돌계단

17.云桥 yúnqiáo 구름다리

18.俗世 súshì 속세

19.佛界 fójiè 부처님의 세상

20.风格迥异 fēnggé jiǒngyì 풍격, 분위기, 스타일등이 판이하다

21.和谐 héxié 조화(롭다). 화합

22.融为一体 róngwéiyìtǐ 하나로 융합되다. 조화를 이루다

23.装饰 zhuāngshì 장식(하다)

24.复杂 fùzá 복잡하다

25.阴柔之美 yīnróuzhīměi 여성미

26.阳刚之美 yánggāngzhīměi 강건미. 남성미

27.硬币↔纸币 yìngbì↔zhǐbì 동전↔지폐

28.精湛 jīngzhàn 정밀하고 깊다. (조예가)깊다. (기술, 솜씨등이)뛰어나다

29.造型 zàoxíng 조형. 스타일링. 컨셉

30.精巧 jīngqiǎo 정교하고 섬세하다

31.巧夺天工 qiǎoduó tiāngōng 기술이 빼어나다

32.堪称 kānchēng …라고 할 만하다. 할 수 있다

33.截然不同 jiérán bùtóng 뚜렷이[확연히] 다르다. 판이하다

2) 石窟庵的简介 석굴암의 간단한 소개[요약소개]

石窟庵是佛国寺的附属建筑，离佛国寺大概4公里左右。它是一间人工石室（或在[花岗岩]石洞内开凿而建的小寺庙），这在世界上独一无二。

석굴암은 불국사의 부속 건물로, 불국사로부터 4km 떨어져 있다. 이는 한 칸의 인공석실 (혹은 [화강암] 동굴 안에 굴을 파서 만든 작은 절)이며 세계적으로 유일한 인공석굴이다.

石窟庵是在新罗－景德王时期，由宰相－金大成始建的。
据高丽时期的史书《三国遗事》中记载，佛国寺和石窟庵是金大成为表孝心分别为现世和前世的父母而建的。佛国寺是为'现世'的父母，石窟庵是为'前世'的父母而建的。

석굴암은 신라 경덕왕시기, 재상인 김대성이 창건한 것이다.
고려시기의 사서인 《삼국유사》의 기록에 의하면 불국사와 석굴암은 김대성의 '효심'에서 탄생한 것으로 각각 현세[이승]와 전세[전생]의 부모님을 위해 지은 것이다. 불국사는 '현세'의 부모님, 석굴암은 '전세'의 부모님을 위해 지은 것이다.

石窟庵内部分为前室、扉道（或通道）、主室。前室呈方形，主室呈圆形，象征'天圆地方'。前室是拜佛的地方。扉道（或通道）的入口雕刻着两个'金刚力士'像，两边的墙上雕刻着'四大天王'像。

석굴암 내부는 전실, 비도(혹은 통도), 주실로 나뉘어져 있다. 전실은 방형[사각형], 주실은 원형으로 되어 있는데 이는 '천원지방[하늘은 둥글고 땅은 네모남]'을 상징한다. 전실은 부처님을 참배하는 곳이다. 비도(혹은 통도)의 입구에는 두 개의 '금강역사'상이 조각되어 있고 양쪽의 벽면에는 '사천왕'상이 조각되어 있다.

主室内有一尊（白色花岗岩）释迦牟尼（或本尊佛）坐像，大概3米多高，（围绕它在主室的）墙上雕刻着梵天、帝释天、文殊菩萨、普贤菩萨、十大弟子罗汉像、十一面观音菩萨等39尊诸佛的佛像（或浮雕）。这些佛像（或浮雕）雕刻得栩栩如生、活灵活现，非常精致、生动，堪称新罗时代的伟大杰作。
石窟庵是韩国的国宝，（于1995年）被指定为世界文化遗产。

주실 안에는 한기의 (흰색 화강암의) 석가모니 좌상(혹은 본존불)이 있는데, 약 3미터 넘는 높이이고, (이를 빙 둘러 주실의)벽에는 범천, 제석천, 문수보살, 보현보살, 10대 제자 나한상, 11면 관음보살상 등 39개 여러 부처상이(혹은 부조가) 조각되어 있다. 이 부처상들은 (혹은 부조들은)

생생하게 살아 있는 것같이 매우 생동감이 넘치고 매우 정교하고 생동적이어서 신라시대의 위대한 걸작이라 할 만하다. 석굴암은 한국의 국보로 지정되었고, (1995년에) 세계문화유산으로 지정되었다.

为了很好地保护石窟庵，在它的内部设了(一道)玻璃墙。
석굴암을 잘 보호하기 위해 이의 내부에 유리창을 설치했다.

1. 附属 fùshǔ 부속
2. 花岗岩 huāgāngyán 화강암
3. 开凿 kāizáo (운하,터널 따위를)파다. 뚫다
4. 宰相 zǎixiàng 재상
5. 记载 jìzǎi 기재(하다)
6. 表孝心 biǎo xiàoxīn 효심을 나타내다[표하다]
7. 扉 fēi 문짝. 문과 같은 것(비유) 📖门扇 例)心扉 마음의 문[속마음.흉금] 扉页 속표지
8. 呈 chéng (어떤 형태를) 갖추다. (빛깔을) 띠다
9. 雕刻 diāokè 조각하다
10. 释迦牟尼 shìjiāmóuní 석가모니
11. 梵天 fàntiān 범천
12. 帝释天 dìshìtiān 제석천
13. 文殊菩萨 wénshū púsà 문수보살
14. 普贤菩萨 pǔxián púsà 보현보살
15. 观音菩萨 guānyīn púsà 관음보살
16. 诸佛 zhūfó 여러 부처
17. 浮雕 fúdiāo 부조
18. 栩栩如生 xǔxǔ rúshēng 생생하게 살아 있는 듯 하다
19. 活灵活现 huólíng huóxiàn 살아있는 것처럼 생동하다. 생생하다
20. 玻璃墙 bōliqiáng 유리벽

📖 相关问题

▣ 佛国寺和石窟庵是'金大成'为谁而建(造)的?

불국사와 석굴암은 '김대성'이 누구를 위해 지은 것인가?

佛国寺和石窟庵是金大成为表孝心分别为'现世'和'前世'的父母而建的。

佛国寺是为'现世'的父母，石窟庵是为'前世'的父母而建的。

它们是代表新罗佛教文化的重要历史遗址，同年共同入遗。

불국사와 석굴암은 김대성의 '효심'에서 탄생한 것으로 각각 현세[이승]와 전세[전생]의 부모님을 위해 지은 것이다.

불국사는 '현세'의 부모님, 석굴암은 '전세'의 부모님을 위해 지은 것이다.

이들은 신라 불교문화를 대표하는 중요한 역사유적지로 같은 해에 공동으로 세계문화유산에 등재되었다.

---

1. 始建 shǐjiàn 창건하다. 처음으로 짓다
2. 入遗 rùyí 유산에 등재되다. 유산목록에 들어가다

② 海印寺藏经板殿 해인사 장경판전

海印寺位于庆尚南道陕川郡的伽倻山山麓。海印寺建于高丽时期，寺内保存着‘高丽八万大藏经’，因此又称为‘法宝寺庙’。海印寺内的藏经板殿是世界上唯一用于保存藏经板的殿阁。藏经板殿的设计非常科学，具有自行换气、调温、调湿的功能，可以使藏经板在任何气候和条件下，都不会被腐蚀和损毁，能够完好地把藏经板保存下来，这一点受到高度评价与认可，（于1995年）被指定为世界文化遗产。

해인사는 경상남도 합천군 가야산 산기슭에 위치해 있다. 사찰 내에 ‘고려팔만대장경’을 보존하고 있다. 그래서 ‘법보사찰’이라고도 칭해진다. 해인사 내의 장경판전은 세계에서 유일하게 장경판을 보존하는데 사용되는 전각이다. 장경판전은 대단히 과학적으로 설계되어 있는데 자동적으로 환기, 온도조절, 습도조절 기능을 갖고 있어서, 장경판이 어떠한 기후와 조건 하에서도 부식과 훼손이 되지 않게 하며 장경판을 완전하게 보존케 할 수 있기에, 이 점이 높은 평가와 인정을 받아 (1995년에) 세계문화유산으로 지정되었다.

1. 庆尚南道 qìngshàng nándào 경상남도
2. 陕川郡 shǎnchuānjùn 합천군
3. 伽倻山 jiāyēshān 가야산
4. 山麓 shānlù 산록. 산기슭 📖山坡和周围的平地相接的地方
5. 保存 bǎocún 보존하다. 간직하다
6. 高丽八万大藏经 gāolí bāwàn dàzàngjīng 고려 팔만 대장경
7. 殿阁 diàngé 전각
8. 设计 shèjì 디자인. 설계. 설계하다. 디자인하다
9. 自行 zìxíng 자동적이다. 자체적이다
10. 换气 huànqì 환기하다
11. 调温 tiáowēn 온도 조절 📖调节温度
12. 调湿 tiáoshī 습도 조절 📖调节湿度
13. 腐蚀 fǔshí 부식하다
14. 损毁 sǔnhuǐ 훼손하다
15. 能够 nénggòu 어떤 능력을 구비하고 있거나 어떤 효과를 얻을 수 있다

📖 相关问题

1) 佛教四物(或佛殿四物) 불교4물(혹은 불전4물)

佛教四物(或佛殿四物)是指在寺庙(或佛寺)进行(佛事)仪式的时候敲打的四个佛具(或法器)。它们分别为鱼板(或鱼鼓、鱼梆)、云板、法鼓、梵钟。

佛教四物(或佛殿四物)含有'济渡(或普渡=普济)众生'的意思。

불교4물(혹은 불전4물)이란 사찰(혹은 불교사찰)에서 (불사)의식을 진행할 때 두드리는 [때리는] 4개 불구를 가리킨다. 그들은 각각 목어, 운판, 법고, 범종이다.

불교4물(혹은 불전4물)은 불교에서 모든 중생을 제도(혹은 구제)하겠다는 뜻이 담겨 있다.

1.敲打 qiāodǎ 두드리다. 때리다
2.佛具 fójù 불구. 법구
3.鱼板=鱼鼓=鱼梆 yúbǎn=yúgǔ=yúbāng 목어
4.云板 yúnbǎn 운판
5.法鼓 fǎgǔ 법고
6.梵钟 fànzhōng 범종
7.济渡 jìdù 제도하다 📖普渡众生 중생을 구제

✔더 알고 가기

1) 범종은 천상과 지옥중생[惡道众生], 목어는 수중에 사는 중생, 운판은 공중을 날아다니는 중생, 법고는 짐승을 제도[济渡=普渡=普济]하기 위해 울린다고 한다.

2) 목어는 어고[魚鼓] 또는 어판[魚板]이라고도 부른다. 본래 중국의 선원[禪院]에서 아침에는 죽[粥]을 먹고 점심에는 밥을 먹었는데, 그때마다 때를 알리는 신호기구로 쓰였던 것이다. 세월이 지나면서 물고기의 형상은 둥근 모양으로 단순화 되었는데 한국에서는 이것을 '목탁[木鐸]'이라 하여 부처님 앞에서 염불[念佛]·독경[诵经]·예불[礼佛]을 할 때에 쓰고 또 공양[供养]할 때, 대중을 모을 때에 신호로서 사용하였다. 목어의 형상 또한 변화가 일어나 몸집은 물고기이지만 머리 형상은 용머리를 한 용두어신[龍頭魚身]으로 변화하였다.

鱼板=鱼鼓=鱼梆

木鱼

2) 佛教三宝与三宝寺庙 불교의 삼보와 삼보사찰

佛家有三宝，分别为'佛(宝)、法(宝)、僧(宝)'，称为'佛教三宝'。
(或佛家把'佛·法·僧'视为至尊之宝，称为'佛教三宝')。
佛宝是指参悟佛道的佛主;法宝是指佛主的教诲与教法;僧宝是指实践佛主教诲的教徒或僧侣。
代表这三宝的寺庙称为'三宝寺庙'，分别为佛宝寺庙－通度寺、法宝寺庙－海印寺、僧宝寺庙－松广寺。其中，法宝寺庙－海印寺内的'藏经板殿'被指定为世界文化遗产，'大藏经板及诸经板'被指定为世界记录遗产。2018年'佛宝寺庙－通度寺'与其他6座寺庙以'山寺，韩国的山地僧院'之名共同被指定为世界文化遗产。

불가에서 '불(보)', '법(보)', '승(보)' 세 가지 보물이 있는데, 이를 "불교 삼보"라고 한다.
(혹은 불가에서는 '불·법·승'을 지존지보로 생각한다)
불보는 진리를 깨친 부처님을, 법보는 부처님의 가르침과 교법을, 승보는 부처님의 가르침대로 실천하고 수행하는 사람을 이른다.
이 삼보를 대표하는 사찰을 '삼보사찰'이라고 하는데, 불보사찰인 통도사, 법보사찰인 해인사, 승보사찰인 송광사이다. 이 중 법보사찰인 해인사 내 '장경판전'이 세계문화유산, '대장경판 및 제경판'이 세계기록유산으로 지정됐다. 2018년 '불보사찰－통도사'는 다른 여섯 개 사찰과 함께 '산사, 한국의 산지승원'이라는 이름으로 공동으로 세계문화유산으로 지정됐다.

佛宝寺庙 불보 사찰	通度寺 통도사	庆尚南道 梁山市 경상남도 양산시
法宝寺庙 법보 사찰	海印寺 해인사	庆尚南道 陕川郡 경상남도 합천군
僧宝寺庙 승보 사찰	松广寺 송광사	全罗南道 顺天市 전라남도 순천시

1.至尊之宝 zhìzūnzhībǎo 지존지보
2.参悟 cānwù (마음에 느껴) 깨닫다
3.教诲 jiàohuì 가르침. 가르치다. 깨우치다. 타이르다
4.实践 shíjiàn 실천(하다). 실행(하다)
5.僧侣 sēnglǚ 승려
6.教徒 jiàotú 교도. 신도. 신자
7.视为 shìwéi …로 보다[간주하다. 생각하다]

③ 宗庙[宗室庙堂] 종묘[종실묘당]

宗庙是供奉朝鲜历代国王和王妃的神位(或牌位、灵牌、灵位)并举行祭祀的王家祠堂(或儒家祠堂)。宗庙是王权的象征，建在正宫景福宫的东边。

종묘는 조선의 역대 왕과 왕비의 신주(혹은 위패)를 모시며 제사를 거행하는 왕실 사당(혹은 유교사당)이다. 종묘는 왕권의 상징이고 정궁인 경복궁의 동쪽에 지어져 있다.

宗庙由主庙(或核心建筑)正殿和别庙(或附属庙堂)永宁殿、以及(功臣堂等)几个附属建筑构成。宗庙的'正殿'是世界上最长的'单栋木造建筑'，全长101米。正殿和永宁殿分别被指定为国宝和宝物。

종묘는 주묘(혹은 핵심건물)인 정전과 별묘[혹은 부속묘당]인 영녕전, 및 (공신당 등) 몇 개의 부속 건물로 구성되어 있다.종묘의 '정전'은 세계에서 가장 긴 '단일목조건축물'로, 전체 길이가 101미터이다. 정전은 국보로, 별묘인 영녕전은 보물로 각각 지정되었다.

宗庙以顺应自然地势、不破坏自然环境下而建(造)，建筑洁净简明、不(饰)奢华，更能显示宗庙的庄严和神圣，同时很好地反映了朝鲜儒家崇尚简朴的精神。

종묘는 자연 지세를 따르고 자연환경을 파괴하지 않은 조건하에서 지어 졌고, 건물이 깨끗하고, 사치스럽지 않아 종묘의 근엄함과 신성함을 더욱 잘 보여 주는 동시에 조선유교의 검소한 정신을 아주 잘 나타내었다.

宗庙保存非常完好，它的建筑价值得到认可。此外，传承至今的600多年的祭礼仪式和祭礼文化受到高度评价与认可，(于1995年)被指定为世界文化遗产。

종묘는 보존이 매우 잘 되어 있고 그 건축가치가 인정을 받았다. 이 외 지금까지 전승해 온 600여년의 제례의식과 제례 문화가 높은 평가와 인정을 받아 (1995년에) 세계문화유산으로 지정되었다.

每年5月的第一个星期天在宗庙举行祭祀，这就是'宗庙祭礼'，被指定为世界(人类)无形文化遗产。

매년 5월의 첫째 일요일 종묘에서 제사를 거행하는데 이것이 곧 '종묘제례'이고 세계(인류)무형문화 유산으로 지정되었다.

▣ 朝鲜时代抑制佛教，崇尚(或推崇)儒教，就是'抑佛崇儒'(或抑佛扬儒)。
　儒家注重'孝道'，即'百善孝为先，孝为德之本'(或孝为根本)。

조선시대 때는 불교를 억제하고 유교를 숭상했다. 곧 '억불숭유'이다.
유교는 '효도'를 가장 중요하게 생각한다, 곧 '모든 선행 중 효가 으뜸이다. 효는 최고의 덕목이다.'

▣ 正殿内共有19个'龕室'，供奉着19位国王和30位王妃的神位。国王与王妃供奉在一个
　'龕室'里。神位的排列顺序从西边开始，'西为上'，第一龕室内供奉着朝鲜的开国
　之君'太祖－李成桂'与两位王妃的神位。

정전 내에는 모두 19개의 감실이 있고 19분의 왕과 30분의 왕비의 신주를 모시고 있다.
왕과 왕비는 같은 감실에 모신다. 신주의 봉안순서는 '서쪽을 상'으로 하고 제1실에 조선의 개
국 임금인 '태조－이성계'와 두 분의 왕비의 신주가 봉안 되어 있다.

▣ 永宁殿里内共有16个'龕室'，供奉着从正殿里祧迁过来的15位国王和17位王妃以及
　'懿愍皇太子－李垠'的神位。

영녕당 내에는 모두 16개의 감실이 있고 정전에서 옮겨[조천하다] 온 15분의 왕과 17분의
왕비 및 '의민황태자－이은'의 신주를 모시고 있다

▣ 功臣堂内安放着朝鲜历代功臣的牌位，共83位。

공신당 내에는 조선의 역대 공신들, 총 83분의 위패가 안치되어 있다.

1.供奉 gòngfèng 모시다. 봉안하다. 공양하다
2.祠堂 cítáng 사당
3.祭祀 jìsì 제사(지내다)
4.神位＝牌位＝灵牌 shénwèi=páiwèi=língpái 신주＝위패
5.核心 héxīn　핵심
6.附属庙堂 fùshǔ miàotáng 부속묘당[별묘]
7.单栋 dāndòng [단채]하나의 상량[마룻대] 📖'栋'指房屋的正梁
8.龕室 kānshì 감실 📖'龕'指供奉神位，佛像的小阁子
9.排列 páiliè 배열하다
10.奢华 shēhuá 사치스럽고 화려하다
11.洁净简明，不(饰)奢华 jiéjìng jiǎnmíng, bù(shì) shēhuá
　　　　　　　　　　　　　　　　깨끗하고 절제돼 있고 사치(스럽게 장식)하지 않다
12.显示 xiǎnshì 현시하다. 과시하다. 보여주다
13.庄严 zhuāngyán 장엄하다. 근엄하다

14.神圣 shénshèng 신성함. 신성하다. 성스럽다

15.反映 fǎnyìng 반영(하다. 시키다). (객관적 상황 또는 다른 사람의 의견 등을 상급기관 혹은 관련 기관에) 보고하다. 전달하다. 알게 하다

16.崇尚 chóngshàng 숭상하다

17.简朴 jiǎnpǔ 검소하다. 소박하다. (생활, 태도 등이)간소하다 📖简单朴素

18.传承至今 chuánchéngzhìjīn 지금까지 전승해 내려오다

19.抑佛崇儒=抑佛扬儒 yìfó chóngrú=yìfó yángrú 억불숭유

20.抑制 yìzhì 억제하다

21.推崇 tuīchóng 추앙하다. 숭배하다

22.安放 ānfàng 안치하다. (일정한 장소)에 두다. 놓다. 안전하게 놓다

23.孝道 xiàodào 효도

24.桃迁 tiāoqiān 조천하다

25.懿愍 yìmǐn 의민[영친왕 이은의 시호]

26.配享 pèixiǎng 배향하다 📖贤人或有功于国家文化的人, 附祀于庙

📖朝鲜历代国王的庙号与名讳 - 共27代国王

	庙 号 [묘호]	名 讳 [휘, 존함]	备 注 [비고]
1	太祖 tàizǔ	李成桂 李旦 lǐchéngguì lǐdàn 이성계 이단	开国之君 [第一龛室]
2	定宗 dìngzōng	李芳果 lǐfāngguǒ 이방과	太祖嫡次子
3	太宗 tàizōng	李芳远 lǐfāngyuǎn 이방원	太祖嫡五子 [第二龛室]
4	世宗 shìzōng	李裪 lǐtáo 이도	训民正音 [第三龛室]
5	文宗 wénzōng	李珦 lǐxiàng 이향	世宗嫡长子
6	端宗 duānzōng	李弘暐 lǐhóngwěi 이홍위	文宗嫡子
7	世祖 shìzǔ	李瑈 lǐróu 이유	世宗嫡次子，端宗之叔父 [第四龛室]
8	睿宗 ruìzōng	李晄 lǐhuǎng 이황	世祖嫡次子
9	成宗 chéngzōng	李娎 lǐxiē 이혈	[第五龛室] 修建昌庆宫
10	■燕山君 yànshānjūn	李隆 lǐlóng 이융	被废黜 bèifèichù 폐출되다
11	中宗 zhōngzōng	李怿 lǐyì 이역	中宗反正 중종반정 [第六龛室]
12	仁宗 rénzōng	李峼 lǐgào 이호	中宗嫡长子
13	明宗 míngzōng	李峘 lǐhuán 이환	中宗嫡次子
14	宣祖 xuānzǔ	李昖 lǐyán 이공	壬辰倭乱 임진왜란 [第七龛室]
15	■光海君 guānghǎijūn	李珲 lǐhún 이혼	被废黜 bèifèichù 폐출되다
16	仁祖 rénzǔ	李倧 lǐzōng 이종	仁祖反正 인조반정 丙子胡乱 병자호란 [第八龛室]
17	孝宗 xiàozōng	李淏 lǐhào 이호	仁祖嫡次子 [第九龛室]
18	显宗 xiǎnzōng	李棩 lǐyuān 이연	孝宗嫡子 [第十龛室]
19	肃宗 sùzōng	李焞 lǐtūn 이순	显宗嫡子 [第十一龛室]
20	景宗 jǐngzōng	李昀 lǐyún 이윤	肃宗庶长子
21	英祖 yīngzǔ	李昑 lǐqǐn 이금	肃宗庶四子 [第十二龛室]
22	正祖 zhèngzǔ	李祘 lǐsuàn 이산	水原华城 [第十三龛室]
23	纯祖 chúnzǔ	李玜 lǐhóng 이홍	正祖庶长子 [第十四龛室]
24	宪宗 xiànzōng	李奂 lǐhuàn 이환	修建乐善斋 [第十六龛室]
25	哲宗 zhézōng	李弁 lǐbiàn 이변	[第十七龛室] 江华公子 강화도령
26	高宗 gāozōng	李熙 lǐxī 이희	[第十八龛室] 大韩帝国 年号:光武
27	纯宗 chúnzōng	李坧 lǐzhǐ 이척	高宗嫡次子 [第十九龛室] 末代皇帝 年号:隆熙

④ 水原华城 수원화성

水原华城是朝鲜第22代国王－'正祖'为悼念自己的父亲而建的城邑，因此又称为'孝城'。

수원화성은 조선 제22대왕인 정조가 자기의 부친을 추모하기 위해 지은 성읍이다.
이로 인해 '효성'이라고도 칭해진다.

水原华城由朝鲜时代的著名实学家－'丁若镛'设计并建造。在建造华城时，首次使用了
游衡车、举重机、辘轳等科学器械，大大缩短了工程的时间，只花了2年就建成。
这些科学器械由丁若镛发明。

수원화성은 조선시대의 저명한 실학가인 '정약용'이 설계하고 건축했다. 화성을 지을 때 처음으로
유형거, 거중기, 녹로 등 과학적 기구를 사용해, 기간을 크게 단축시켜 오직 2년의 시간만을 들여
바로 완성했다. 이 과학기구들은 정약용이 발명한 것이다.

水原华城属于平地和山地相连的'平山城'地形，集居住、商务、军事于一体，而且具有
高度的科学性、合理性、实用性，堪称'东西方城郭的典范'。

수원화성은 평지와 산지가 서로 이어지는 '평산성' 지형에 속하고, 거주지역, 상업 업무, 군사시설
을 한 곳에 모았다. 또한 고도의 과학성, 합리성, 실용성을 갖추고 있어서 '동서양 성곽의 모범'이
라고 할만하다.

此外，现在的水原华城是按(照)'华城城役仪轨'复建的，这一点受到高度评价与认可，
因此(于1997年)被指定为世界文化遗产。水原华城是京畿道地区的必游之地(或必访的
景区、打卡景区)，(于2016年)被指定为观光特区。

이 외 현재의 수원화성은 '화성성역의궤'에 의해 다시 지은 것이다. 이 점이 높은 평가와 인정을
받아 (1997년에) 세계문화유산으로 지정되었다. 수원화성은 경기도 지역의 필수 관광지로(혹은
필수 방문하는 관광지역), (2016년에)관광특구로 지정되었다.

水原华城的四个城门都建有'瓮城'，其中，北门－'长安门'是正门。
那是因为'长安门'是正祖大王出行到华城时，通过的第一道城门，因此定为正门。

수원화성의 4개 성문에 모두 '옹성'이 만들어져 있고 그중 북문인－'장안문'이 정문이다. 그것은
'장안문'은 정조대왕이 화성으로 행차 시 통과하는 첫 번째 성문이기 때문에 정문으로 정했다.

此外，在朝鲜的行宫中，水源华城内的'华城行宫'规模最大。

이 외 조선의 행궁 중에서 수원화성내의 '화성행궁'은 규모가 가장 크다.

1.悼念 dàoniàn 애도하다. 추모하다
2.城邑 chéngyì 성읍 📖古代城市的统称
3.丁若镛 dīngruòyōng 정약용[조선 정조 때의 실학자]
4.设计 shèjì 설계(하다). 디자인(하다)
5.首次 shǒucì 가장 최초로
6.游衡车 yóuhéngchē 유형거
7.举重机 jǔzhòngjī 거중기 ▣ 滑轮 huálún 도르래, 활차
8.辘轳 lùlu 녹로 ▣ 轱辘 gūlu 바퀴
9.科学器械 kēxué qìxiè 과학기구[기계]
10.缩短 suōduǎn 단축하다. 단축시키다. 줄이다. 줄어들다
11.属于 shǔyú (…범위에)속하다. 소속하다
12.相连 xiānglián 서로 이어지다
13.集~于一体 jí~yú yìtǐ …을 하나로 합치다
14.商务 shāngwù 상무. 비지니스
15.城郭 chéngguō 성곽
16.典范 diǎnfàn 모범. 전범. 본보기
17.按(照) àn(zhào) …에 비추어. 따라
18.华城城役仪轨 huáchéng chéngyì yíguǐ 화성성역의궤
19.复建 fùjiàn (파괴된 건축물을)복구하다. 재건하다
20.瓮城 wèngchéng 옹성

⑤ 庆州历史遗址区 경주 역사 유적지구

庆州是新罗时代的'千年古都'，是韩国最具代表性的历史城市，也是韩国唯一的历史国立公园。这里完好地保留着新罗时代的文化遗迹和佛教遗址，因此被誉为'露天'（或没有屋顶的）博物馆，（于2000年）被指定为世界文化遗产。

경주는 신라시대의 '천년고도[천년 옛 도읍지]'로 한국을 대표하는 역사도시이고 또한 한국의 유일한 역사국립공원이다. 이곳에 신라시대 문화유적과 불교유적지가 고스란히 남아 있어 '노천'（혹은 지붕 없는） 박물관으로 불리고, （2000년에） 세계문화유산으로 지정되었다.

庆州历史遗址区划分为5个地区域，分别为（佛教美术的宝库）南山地区;（千年王朝的王宫遗址）月城地区;（新罗王陵的古坟密集区）大陵苑地区;（新罗佛教的精髓）皇龙寺地区;（王都防御的核心地带）山城地区。

경주역사유적지구는 （불교미술의 보고인）남산지구, （천년왕조의 궁궐터인）월성지구, （신라 왕릉의 고분 밀집지역인）대릉원지구, （신라불교의 정수인）황룡사지구, （왕경방어의 핵심지대인）산성지구 등 5개 지구로 구분되어 있다.

各区的代表遗址是（月城地区的）瞻星台、（月池）、（大陵苑地区的）天马冢、皇南大冢等。其中，瞻星台是东方现存最古老的天文台。

각 지구의 대표 유적지는 （월성 지구의）첨성대, （월지）, （대릉원 지구의）천마총, 황남대총 등이다. 그중 첨성대는 동양에서 현존하는 가장 오래된 천문대이다.

此外，庆州是第一个被指定的观光特区，也是目前韩国规模最大的观光特区。

이외, 관광특구로 지정된 것은 경주가 처음이며 현재 국내 최대 규모다.

1.遗迹 yíjì 흔적. 유적. 자취
2.露天博物馆 lùtiān bówùguǎn 노천 박물관
3.屋顶 wūdǐng 지붕
4.划分 huàfēn （전체를 여러 부분으로）나누다.구분
　하다. 구획하다
5.大陵苑 dàlíngyuàn 대릉원
6.皇龙寺 huánglóngsì 황룡사
7.瞻星台 zhānxīngtái 첨성대
8.月池 yuèchí 월지

9.天马冢 tiānmǎzhǒng 천마총
10.皇南大冢 huángnán dàzhǒng 황남대총
11.划分 huàfēn （전체를 여러 부분으로）나누다
12.宝库 bǎokù 보고[보물창고]
13.密集 mìjí 밀집하다
14.精髓 jīngsuǐ 진수. 정수. 알짜. 정화. 정석
15.防御 fángyù 방어(하다)
16.核心 héxīn 핵심

⑥ 朝鮮王陵 조선왕릉

'朝鮮王陵'是朝鮮历代国王和王妃的陵墓群，共有42座陵墓。其中，40座在韩国、2座在北韩(的开城)，只有在韩国的40座陵墓(于2009年)被指定为世界文化遗产。

조선 왕릉은 조선의 역대 국왕과 왕비의 능묘군으로 모두 42기의 능묘가 있다.
그 중, 40기는 한국에 있고, 2기는 북한(의 개성)에 있다.
한국에 있는 40기의 능묘만 (2009년에) 세계문화유산으로 지정되었다.

在北韩(开城)的2座王陵是'齐陵'和'厚陵'。'齐陵'是朝鲜的开国之君太祖－李成桂嫡妻的陵墓。'厚陵'是朝鲜第二代国王定宗和他的嫡妃的陵墓。

북한 (개성)에 있는 2개의 왕릉은 '제릉'과 '후릉'이다. '제릉'은 조선의 개국임금 태조인 이성계 정실부인의 능묘이다. '후릉'은 조선 제2대왕인 정종과 그의 정비의 능묘이다.

在韩国的历朝历代王陵中，朝鲜王陵保存得最完好，而且一个朝代(或一个王朝)的陵墓保存得这么完好，这在世界上非常罕见，这一点受到高度评价与认可，因此被指定为世界文化遗产。

한국의 역대 왕릉 중 조선 왕릉은 가장 잘 보존이 잘 되어 있고 게다가 한 시대(혹은 한 왕조)의 능묘가 이처럼 완전하게 보존되어 있는 것은 세계에서 몹시 드물다. 이 점이 높은 평가와 인정을 받아 세계문화유산으로 지정되었다.

朝鲜王陵大部分分布在京畿道地区，据我所知，首尔市内共有8座朝鲜王陵。
我可以说其中的两座。一个是'宣陵'，另一个是'靖陵'，它们合称为'宣靖陵'。
宣陵是朝鲜第9代国王－成宗和他的继妃的陵墓。
靖陵是朝鲜第11代国王－中宗的陵墓。

조선 왕릉은 대부분 경기도 지역에 분포되어 있다. 제가 알기로는 서울시내에는 모두 8기의 조선 왕릉이 있다. 저는 그중의 2기를 말할 수 있다. 한기는 '선릉'이고 다른 한기는 '정릉'이다. 이들을 합쳐서 '선정릉'이라고 부른다. 선릉은 조선 제9대왕인 성종과 그의 계비의 능묘이다.
정릉은 조선 제11대 왕인 중종의 능묘이다.

1.陵墓 língmù 능묘[왕과 왕비의 능 곧 무덤]

2.陵墓群 língmùqún 능묘군

3.开城 kāichéng 개성

4.历朝历代 lìcháolìdài 역대의 왕조시대. 역조역대

5.朝代 cháodài (왕조의)연대. 시대

6.罕见 hǎnjiàn 보기 드물다. 희한하다. 이례적이다

7.分布 fēnbù 분포하다. 산재하다

8.齐陵 qílíng 제릉 (태조의 정비−신의왕후의 능)

9.厚陵 hòulíng 후릉 (정종과 정안왕후의 능)

10.宣陵 xuānlíng 선릉

11.靖陵 jìnglíng 정릉

12.嫡妻=正妻=发妻 díqī=zhèngqī=fàqī 정실부인. 본처

■ 神懿王后 shényì wánghòu 신의 왕후(이성계의 정실 부인) 📖'懿'是美德之意

13.嫡妃 dífēi 정비

14.继妃 jìfēi 계비

■ 贞显王后 zhēnxiǎn wánghòu 정현왕후(성종의 계비)

⑦ 韩国的历史村庄-安东河回村和庆州良洞民俗村

1）河回村的简介 하회 마을의 간략 소개

河回村位于庆尚北道的安东市，是韩国最具代表性的氏族(或两班)村(庄)。

하회마을은 경상북도 안동시에 위치해 있고, 한국의 가장 대표적인 씨족(혹은 양반)마을이다.

◾ 这个村庄三面被'洛东江'环绕，洛东江呈'S形'流过，因此得名为'河回村'。

마을은 삼면이 '낙동강'으로 둘러싸여 있고 낙동강이 'S자형'으로 마을을 감싸 흐른다 하여 '하회마을'이란 이름을 얻게 되었다.

河回村是'丰山柳氏'(聚居)村(庄)，是韩国最古老的传统民俗村，有着600多年的悠久历史，目前依然有居民实际居住。

하회마을은 '풍산 류씨'(가 모여 사는 집성)마을로 600여년의 유구한 역사가 있으며 한국에서 가장 오래된 전통 민속마을로 현재 여전히 주민들이 실제로 거주하고 있다.

◾ '丰山柳氏'是安东河回村的名门望族或世宦书香门第。

'풍산 류씨'는 안동 하회마을의 명문가문[문벌] 혹은 대대로 내려온 양반학자가문이다.

韩国的传统村庄一般遵照'背山临水、依山傍水'的风水原则而建，就是靠水而建和靠山而建。河回村就是靠水而建的。此外，其建筑和格局也是遵照儒教礼法而建的。

한국의 전통마을은 보통 '배산임수'의 원칙인 강가입지와 산기슭입지에 의해 세운다. 하회마을은 바로 강가 입지로 지어졌다. 또한 그 건축물과 구도[구조] 역시 유교적 예법에 따라 세워졌다.

这里的传统房屋(和书院等儒家建筑)保存完好，而且完好地保留着朝鲜时代儒学家的学术、艺术作品、传统风俗和民俗艺术，这一点受到高度评价与认可，(于2010年)被指定为世界文化遗产。

이곳의 전통 가옥과 (서원 등 유교건축물)이 잘 보존되어 있고, 또한 조선시대 유학자의 학술, 예술작품, 전통풍습과 민속놀이[민속예술]가 완전하게 보존되어 있다. 이런 점이 높은 평가와 인정을 받아 (2010년에) 세계문화유산으로 지정되었다.

此外，河回村以'河回假面'和'河回别神假面舞'而闻名。'河回假面'是韩国现存最古老的假面，被指定为国宝，'河回别神假面舞'与其他17个假面舞(于2022年)共同被指定为世界(人类)无形文化遗产。在新年年初的时候，村民们进行'河回别神假面舞'表演，是为祈求村庄的安宁和五谷丰登。

그리고 하회 마을은 '하회탈'과 '하회별신굿탈놀이'로 이름이 널리 알려 있다(혹은 유명하다). '하회탈'은 한국에 현존하는 가장 오래된 탈로 국보로 지정되었다. '하회별신굿탈놀이'는 다른 17개 탈춤과 (2022년) 공동으로 세계(인류)무형문화유산으로 지정됐다. 새해 연초에 마을주민들은 '하회별신굿탈놀이' 진행하는데 이는 마을의 평안[안녕]과 풍년[풍농]을 기원하기 위해서이다.

目前，每年举办安东文化庆典活动，慕名而来的人络绎不绝。

현재 매년 안동문화축제를 개최하고 있으며, 찾아오는 사람들의 발길이 끊이지 않고 있다.

1.氏族 shìzú 씨족
2.村庄 cūnzhuāng 마을 ▣ 村落 cūnluò 촌락
3.洛东江 luòdōngjiāng 낙동강
4.环绕 huánrào 둘러싸다. 에워싸다. 감돌다
5.流过 liúguò 흘러 지나가다
6.依然 yīrán 여전히
7.丰山柳氏 fēngshān liǔshì 풍산 유씨
8.聚居 jùjū 집단으로 거주하다. 집거하다
9.遵照 zūnzhào 따르다. …대로 하다
10.背山临水 bèishān línshuǐ 배산임수. 산을 등지고 물을 마주하다
11.依山傍水 yīshān bàngshuǐ (지리적 위치가) 산과 강에 인접해 있다. 산을 끼고 물 가까이에 있다
12.格局 géjú (건물의) 구조와 장식. 방식. 짜임새. 골격. 구성
13.儒教礼法 rújiào lǐfǎ 유교적 예법[예의법도]
14.闻名 wénmíng 이름이 널리 알려지다 例)闻名中外 闻名海外 闻名遐迩(远近)
15.河回别神假面 héhuí biéshén jiǎmiàn 하회 별신굿 탈
▣ 河回别神假面舞=河回别神假面剧 하회 별신굿 탈놀이
16.古老 gǔlǎo 오래되다 📖经历了久远年代的 例)古老的风俗 古老的村庄
17.祈求 qíqiú 기원하다. 기구하다 📖恳切地希望或请求
18.安宁 ānníng 평안하다. 안녕하다
19.五谷丰登 wǔgǔ fēngdēng 풍년이 들다. 풍농하다
20.名门望族 míngmén wàngzú 명문귀족
21.世宦 shìhuàn 세환[대대로 관직에 있다] 📖代代作官
22.书香 shūxiāng 학자풍. 선비 집안 📖读书的风气传统

23.门第 méndì 가문. 집안(내력)
24.骊州 lízhōu 여주

하회마을

병산서원

✔더 알고 가기

■하회마을의 전래 놀이[传统游戏]
- 하회마을에는 서민들을 위한 놀이와 선비들을 위한 놀이가 병존하였다.
- 하회별신굿탈놀이[河回別神假面舞] ----- 굿을 겸한 탈놀이 중요무형문화재 제69호
- 하회선유줄불놀이[河回船游绳火游戏] ----- 시회[詩會]를 겸한 선유[船遊]놀이

■하회별신굿탈놀이[하회탈춤]는 하회마을에서 려말선초 경 상민[常民]들에 의해서 연행되어 온 탈놀이이다. 이 탈놀이는 마을의 안녕과 풍농을 기원하기 위하여 마을굿의 일환으로 연행되었다.

2) 良洞民俗村的简介 양동 민속 마을의 간략 소개

良洞民俗村位于庆尚北道的庆州市，是韩国最具代表性的氏族(或两班)村(庄)。
良洞民俗村是(由)'庆州孙氏'和'骊州李氏'(两大名门望族构成的)(聚居)村，是韩国
规模最大、最古老的传统民俗村，有着600年的悠久历史，目前依然有居民实际居住。

양동민속마을은 경상북도 경주시에 위치해 있으며, 한국의 가장 대표적인 씨족(혹은 양반) 마을이
다. 양동민속마을은 '경주 손씨'와 '여주 이씨'(가 공동으로 구성한 양반 집성)마을로, 한국에서
가장 크고 오래된 전통 민속마을로 600년의 유구한 역사를 가지고 있으며, 현재 여전히 주민들이
실제로 거주하고 있다.

▣ '孙庆州氏'和'骊州李氏是'良洞民俗村的两大名门望族或世宦书香门第。

　'경주 손씨'와 '여주 이씨'는 양동민속마을의 양대 문벌 혹은 대대로 내려온 양반학자가문.

韩国的传统村庄一般遵照'背山临水、依山傍水'的风水原则而建，就是靠水(而建)和靠
山而建。良洞民俗村就是靠水而建的。此外，其建筑和格局也是遵照儒教礼法而建
的。

한국의 전통마을은 보통 '배산임수'의 원칙인 강가입지와 산기슭입지에 의해 세운다. 양동마을은
바로 산기슭 입지로 지어졌다. 또한 그 건축물과 구도[구조] 역시 유교적 예법에 따라 세워졌다.

这里的传统房屋(和书院等儒家建筑)保存完好，文化遗产数量多，而且完好地保留着
朝鲜时代儒学家的学术、艺术作品、传统风俗，这一点受到高度评价与认可，(于2010年)
被指定为世界文化遗产。

이곳의 전통 가옥(과 서원 등 유교건축물)이 잘 보존되어 있고, 문화재의 수가 많으며, 또한 조선
시대 유학자의 학술, 예술 작품, 전통풍습 등이 완전하게 보존하고 있다. 이런 점이 높은 평가와
인정을 받아 (2010년에) 세계문화유산으로 지정되었다.

⑧ 南汉山城 남한산성

南汉山城位于京畿道的广州，（曾）作为朝鲜王朝非常时期的'临时首都'使用。

남한산성은 경기도 광주에 위치하고 있으며 조선왕조 비상시의 '임시 수도'로 사용되었다.

南汉山城内建有行宫，在朝鲜（所有）的行宫中，唯一建有宗庙和社稷坛。

남한산성 안에는 행궁이 지어져 있고, 조선의 （모든） 행궁 중에서 유일하게 종묘와 사직단이 세워져 있다.

南汉山城是一座集官衙、市场、居住地于一体的山城都市，这在世界上独一无二（或这种山城全世界只有南汉山城一处）。据我所知，这里依然有居民实际居住。

남한산성은 관아, 시장, 거주지를 한 곳에 모은 산성 도시로, 이는 세계에서 유일무이하다. （혹은 이러한 산성은 전 세계에 오직 남한산성 한 곳만 있다.）
제가 알기로는 이곳은 여전히 주민이 실제로 거주하고 있다.

在朝鲜第16代国王－仁祖时期，发生了'丙子胡乱'。当时，仁祖到南汉山城避难47天，这一点具有历史意义。

조선 제16대 왕인 인조시기 '병자호란'이 발생했다. 그 때 그는 이곳에 와서 47일간 피난했는데, 이 점이 역사적 의미를 가진다.

南汉山城集筑城技术和防御技术于一体，很好地展现了从新罗时代到朝鲜时代筑城技术的发展，这一点受到高度评价与认可，（于2014年）被指定为世界文化遗产。

남한산성은 축성（기）술과 방어기술을 한곳에 모았고 신라시대부터 조선시대까지의 축성（기）술의 발전을 아주 잘 보여주고 있는데, 이 점이 높은 평가와 인정을 받아 （2014년에） 세계문화유산으로 지정되었다.

1.京畿道 jīngjīdào 경기도

2.广州 guǎngzhōu (경기도)광주

3.非常时期 fēicháng shíqī 비상시기

4.临时首都 línshí shǒudū 임시수도

5.官衙 guānyá 관아. 관청

6.居住地 jūzhùdì 거주지

7.曾 céng 이전에. 예전에

8.丙子胡乱 bǐngzǐhúluàn 병자호란
📖清朝第二次入侵(或攻打)朝鲜的战乱

9.具有 jùyǒu (효능, 특성, 기능 등을)가지다. 지니다

10.避难 bìnàn 피난(하다)

11.筑城 zhùchéng 성을 쌓다[축성]

12.防御 fángyù 방어(하다)

13.展现 zhǎnxiàn 드러내다. 보여주다. 선보이다

남한산성

남한산성 행궁

⑨ 百济历史遗址区 백제 역사 유적지

百济历史遗址区(是)由8处百济时代的历史遗迹(或考古学遗迹)构成(的系列遗产)，它们分布在忠(清)南(道)的公州市、扶余郡、全(罗)北(道)的益山市。

'백제역사유적지구'는 8곳의 백제시대의 역사유적(혹은 고고학 유적)으로 구성(된 연속유산)이다. 이들은 충(청)남(도)의 공주시, 부여군, 전(라)북(도)의 익산시에 분포되어 있다.

具体是'公州市'2处，公山城、宋山里古坟群;'扶余郡'4处，官北里遗迹及扶苏山城、陵山里古坟群、定林寺址、扶余罗城;'益山市'2处，王宫里遗迹、勒寺寺址。

구체적으로는 공주시의 공산성, 송산리 고분군의 2곳; 부여군의 관북리유적 및 부소산성, 능산리 고분군, 정림사지, 부여나성의 4곳; 익산시의 왕궁리유적, 미륵사지의 2곳이다.

'弥勒寺址'是东方规模最大的寺庙遗址(或古寺遗址)，这里的'弥勒寺址石塔'是韩国现存最古老、规模最大的石塔，被指定为国宝。

'미륵사지'는 규모로는 동양 최대의 절터이고 이곳의 '미륵사지석탑'은 한국에 현존한 가장 오래되고 규모가 가장 큰 석탑으로, 국보로 지정되었다.

百济历史遗址区的历史遗迹和建筑很好地展现了韩、中、日三国之间建筑技术的发展以及佛教传播带来的交流，这一点受到高度评价与认可，(于2015年)被指定为世界文化遗产。

백제역사유적지구의 역사유적과 건축물은 한, 중, 일 삼국간의 건축기술의 발전 및 불교의 전파가 가져 온 교류를 아주 잘 보여 주고 있는데, 이 점이 높은 평가와 인정을 받아 (2015년에) 세계문화유산으로 지정되었다.

■ 百济的'古都'依次为慰礼城、熊津城、泗沘城，就是现在的首尔、公州、扶余。

　백제의 '옛 수도=옛 도읍지'는 차례로 위례성, 웅진성, 사비성이다. 곧 지금의 서울, 공주, 부여이다.

1.分布 fēnbù 분포하다. 산재하다
2.系列遗产 xìliè yíchǎn 연속유산
3.扶余郡 fúyújùn 부여군
4.公山城 gōngshānchéng 공산성
5.宋山里古坟群 sòngshānlǐ gǔfénqún 송산리 고분군
6.官北里遗迹 guānběilǐ yíjì 관북리유적
7.扶苏山城 fúsū shānchéng 부소산성
8.陵山里古坟群 língshānlǐ gǔfénqún 능산리 고분군
9.扶余罗城 fúyú luóchéng 부여나성
10.王宫里遗迹 wánggōnglǐ yíjì 왕궁리유적
11.弥勒寺址 mílèsìzhǐ 미륵사지
12.传播 chuánbō 전파(하다)
13.慰礼城 wèilǐchéng 위례성[백제의 초기 도읍지]
14.熊津城 xióngjīnchéng 웅진성
15.泗沘城 sìbǐchéng 사비성
16.具体 jùtǐ 구체적이다

⑩ 韩国滩涂 한국의 갯벌

继韩国的第一个世界自然遗产'济州火山岛和熔岩洞窟'，时隔14年，'韩国滩涂'
(于2021年)被列入世界自然遗产，成为第二个世界自然遗产。

한국의 첫 번째 세계자연유산인 '제주 화산섬과 용암동굴'에 이어 14년 만에 (2021년에)
'한국의 갯벌'이 세계자연유산에 등재되면서 두 번째 세계자연유산이 되었다.

入遗的韩国滩涂(是)由4个滩涂构成(的系列遗产)，分别为(忠南的)舒川滩涂、
(全北的)高敞滩涂、(全南的)新安滩涂、宝城·顺天滩涂，它们都是'拉姆萨尔湿地'。

등재된 한국의 갯벌은 4개의 갯벌로 이루어진 (연속유산)이다. 각각 (충남의) 서천갯벌,
(전북의) 고창갯벌, (전남의) 신안갯벌, 보성·순천갯벌이다. 이들 모두 '람사르습지'이기도 한다.

'韩国滩涂'堪称生态界的宝库，不但拥有高度的生物多样性，而且是'濒危候鸟'的
中途停留地，具有重大的价值，这一点受到高度评价，因此被指定为世界自然遗产。

'한국의 갯벌'은 생태계의 보고[보물창고]로 불리 우는데 높은 생물다양성을 보유하고 있을 뿐만
아니라 '멸종위기 철새'의 기착지로 큰 가치가 있어 이런 점이 높은 평가를 받아 세계자연유산으로
지정되었다.

这些滩涂是韩国最具代表性的生态旅游地区，因此慕名而来的人络绎不绝。
人们在这里体验挖八爪鱼、螃蟹、花蛤、黄蛤、毛蚶等海物，这个体验活动很受
人们的欢迎。

'이 갯벌들은 한국의 가장 대표적인 생태관광지로 소문을 듣고 찾아오는 사람들이 많다.
사람들은 이곳에서 낙지, 방게, 바지락, 모시조개, 꼬막조개 등 해물을 파는 것을 체험하는데
이 체험활동은 사람들의 많은 사랑을 받고 있다.

1.滩涂 tāntú 갯벌. 간석지

2.舒川 shūchuān 서천

3.高敞 gāochǎng 고창

4.拉姆萨尔湿地 lāmǔsà'ěr shīdì 람사르습지

5.拥有 yōngyǒu 보유하다. 소유하다. 가지다

6.濒危 bīnwēi 멸종에 처하다. 임박하다

7.候鸟 hòuniǎo 철새

8.中途停留地 zhōngtú tíngliúdì 기착지

9.宝库 bǎokù 보고[보물창고]

10.络绎不绝 luòyì bùjué 발길이 끊이지 않다

11.挖 wā 파다. 굴착하다

12.八爪鱼 bāzhuǎyú 낙지

13.毛蚶 máohān 꼬막조개

14.时隔 shígé ~만에 例)时隔10年 时隔很久

15.螃蟹 pángxiè 방게

16.花蛤 huāgé 바지락(조개)

17.黄蛤 huánggé 모시조개 ▣ 蛤蜊 gélí 조개

174

▣ 世界(人类)无形文化遗产

📖目前，韩国共有22个世界(人类)无形文化遗产，分别为

① 宗庙祭礼及宗庙祭礼乐 zōngmiào jìlǐ jí zōngmiào jìlǐyuè（2001年）
　　　　　　　　　　종묘제례 및 종묘 제례악
② 盘索里　pánsuǒlǐ 판소리（2003年）
③ 江陵端午祭 jiānglíng duānwǔjì 강릉단오제（2005年）
④ 羌羌水越来 qiāngqiāng shuǐyuèlái 강강술래（2009年）
⑤ 男寺党表演　nánsìdǎng biǎoyǎn 남사당놀이（2009年）
⑥ 灵山斋 língshānzhāi 영산재（2009年）📖佛教仪式-超度亡灵(영혼천도)
⑦ 济州七头堂灵灯祭 jìzhōu qītóutáng língdēngjì 제주 칠머리당영등굿（2009年）
⑧ 处容舞 chǔróngwǔ 처용무（2009年）
⑨ 传统歌曲［Gagok］chuántǒng gēqǔ 가곡（2010年）
⑩ 大木匠 dàmùjiàng 대목장（2010年）
⑪ 驯鹰术 xùnyīngshù 매사냥（2010年）
⑫ 跆跟＝跤拳 táigēn＝jiāoquán 택견（2011年）
⑬ (高空)走绳 (gāokōng)zǒushéng 줄타기（2011年）
⑭ 韩山苎麻纺织工艺 hánshān zhùmá fǎngzhī gōngyì 한산모시공예 （2011年）
⑮ 阿里郎 ālǐláng 아리랑（2012年）
⑯ 越冬泡菜文化 yuèdōng pàocài wénhuà 김장문화（2013年）
⑰ 农乐 nóngyuè 농악（2014年）
⑱ 拔河 báhé 줄다리기（2015年）
⑲ 济州海女文化 jìzhōu hǎinǚ wénhuà 제주 해녀 문화（2016年）
⑳ 摔跤 shuāijiāo 씨름（2018年）
㉑ 燃灯会 rándēnghuì 연등회（2020年）
㉒ 假面舞 jiǎmiànwǔ 탈춤（2022年）

① 宗庙祭礼及宗庙祭礼乐 종묘제례 및 종묘 제례악

宗庙是供奉朝鲜历代国王和王妃的神位(或牌位、灵牌)并举行祭祀的王家祠堂(或儒家祠堂)，(于1995年)被指定为世界文化遗产。

종묘는 조선의 역대 왕과 왕비의 신주(혹은 위패)를 모시며 제사를 거행하는 왕실사당(혹은 유교사당)이고, (1995년에) 세계문화유산으로 지정되었다.

'宗庙祭礼'是在宗庙举行的王室祭祀仪式，是朝鲜时代规模最大的国家祭祀，因此又称为'宗庙大祭'。每年5月的第一个星期天在宗庙举行祭祀。
■ '宗庙祭礼'严格遵照儒教的程序举行。

'종묘제례'는 조선시대 규모가 가장 큰 국가의 제사이기도 하다. 이 때문에 '종묘대제'라고 칭해지기도 한다. 매년 5월의 첫 번째 일요일 종묘에서 종묘제례를 거행한다.
■ '종묘제례'는 유교의 절차를 엄격하게 따라 거행한다.

'宗庙祭礼乐'是在举行宗庙祭礼的时候，为增添(或烘托)庄严的气氛(而)进行的乐曲和歌舞。主要演奏的乐曲是'保太平'和'定大业'，歌舞是'佾舞'。

'종묘제례'는 종묘에서 거행하는 왕실제사의식 '종묘제례악'은 종묘제례를 거행할 때 장엄한 분위기를 더하기 위해서 진행하는 악곡과 가무이다.
주로 연주하는 악곡은 '보태평'과 '정대업'이며, 가무는 '일무'다.

■ '佾舞'分为'文舞'和'武舞'，伴着保太平跳文舞，伴着定大业跳武舞。

일무는 '문무'와 '무무'로 나뉘는데, 보태평과 더불어 문무를 추고 정대업과 더불어 무무를 춘다.

'宗庙祭礼及宗庙祭礼乐'把庄严的祭祀仪式，祭礼乐完好地保流下来，这一点受到高度评价与认可，(于2001年)第一个被指定为世界(人类)无形文化遗产。

'종묘제례 및 종묘제례악'은 장엄한 제례의식과 제례악을 잘 보존하였다. 이런 점이 높은 평가와 인정을 받아 (2001년에) 첫 번째로 세계(인류)무형문화유산으로 지정되었다.

1.供奉 gòngfèng 모시다. 공양하다. 봉안하다

2.祠堂 cítáng 사당

3.大祭 dàjì 대제. 큰제사

4.严格 yángé 엄격하다

5.遵照 zūnzhào …에 따르다. …대로 하다

6.儒教 rújiào 유교

7.程序 chéngxù 순서와 절차. 프로세스

8.增添 zēngtiān 더하다. 늘리다. 보태다. 첨가하다

9.烘托 hōngtuō 받쳐주다. 돋보이게 하다

10.庄严 zhuāngyán 장엄하다

11.气氛 qìfēn 분위기

12.乐曲 yuèqǔ 악곡

13.歌舞 gēwǔ 가무

14.演奏 yǎnzòu 연주하다

15.保太平 bǎotàipíng 보태평

16.定大业 dìngdàyè 정대업

17.佾舞 yìwǔ 일무(대열을 지어 추는 춤)

📖천자는 팔일무를 추는데 가로 8명, 세로 8명 총 64명이 추는 춤이다

18.伴着 bànzhe …하면서. ~과 짝하여서

19.保留 bǎoliú 보류하다. (원형을)보존하다

② 盘索里 판소리

盘索里是韩国固有的传统说唱艺术，堪称韩国的国粹。盘索里以围绕一个主题，一人说唱，一人击鼓的形式进行。主要以'说唱'为主，'击鼓'为辅。

판소리는 한국 고유의 전통소리 예술로, 한국 문화의 정수라 할 만하다.
판소리는 하나의 주제를 중심으로 한 사람이 소리를 하고 한 사람이 북을 치는 형식으로 진행한다.
'소리[설창]'을 위주로 '북치기'는 보조로 한다.

盘索里源于民间，以全罗道为中心，传播到其他地区，分为三个流派，分别为
'东便制、西便制、中高制'。具体为全罗道东北地区的称为'东便制'，全罗道西南
地区的称为'西便制'，忠清道和京畿道地区的称为'中高制'。

판소리는 민간에서 기원했는데, 전라도를 중심으로 다른 지역까지 퍼졌다. 이는 세 개의 유파로
나누며 각각 '동편제, 서편제, 중고제'이다. 구체적으로 전라도 동북지역의 것은 '동편제', 전라도
서남지역의 것은 '서편제', 충청도와 경기도지역의 것은 '중고제'라 일컬어진다.

盘索里原来有12首，只有反映'忠、孝、义、贞'等价值观的5首流传下来，分别为
'春香歌、沈清歌、兴夫歌、水宫歌、赤壁歌'，被称为'五大经典'作品。

판소리는 원래 12곡이 있었는데 단지 '충·효·의리·정절' 등 가치관이 반영된 5곡만이 전해내려 왔다.
각각 '춘향가, 심청가, 흥부가, 수궁가, 적벽가'이고 이들은 '5대 경전'작품이라 일컬어진다.

盘索里把说、唱、动作完美地结合在一起，是一个高水平的传统艺术，具有独创性、
艺术性和民族特色，这一点受到高度评价与认可，(于2003年)被指定为世界(人类)
无形文化遗产。

판소리는 이야기, 소리, 동작[몸짓·너름새]을 아주 완벽하게 하나로 결합시켰고 높은 수준의 전통
예술로 독창성, 예술성과 민족적 특색을 갖추고 있다. 이 점이 높은 평가와 인정을 받아 (2003년
에) 세계(인류)무형문화유산으로 지정되었다.

1.堪称 kānchēng ~라고 할 수 있다. 할 만 하다

2.围绕 wéirào 둘러싸다. 주위를 돌다

3.主题 zhǔtí 주제. 테마

4.击鼓 jīgǔ 북을 치다 ◙ 鼓手 gǔshǒu 고수

5.国粹 guócuì 국수[한 나라나 민족이 지닌 고유한 문화의 정화]

6.源于 yuányú ~에서 기원하다. 비롯되다

7.流派 liúpài 유파

8.传播 chuánbō 전파(하다)

9.京畿道 jīngjīdào 경기도

10.忠清道 zhōngqīngdào 충청도

11.流传下来 liúchuánxialai 전해 내려오다

12.沈清歌 shěnqīnggē 심청가 ◙ 孝女救父 xiàonǚ jiùfù 효녀가 아버지를 구하다

13.春香歌 chūnxiānggē 춘향가

◙ 春香歌属于'东便制', 是全北南原地区流传下来的民间爱情故事

14.兴夫歌 xīngfūgē 흥부가

15.水宫歌 shuǐgōnggē 수궁가

16.赤壁歌 chìbìgē 적벽가

17.经典 jīngdiǎn 경전[중요하고 권위 있는 저작]

18.完美 wánměi 완미하다. 매우 완전하여 흠잡을 데가 없다. 완전무결하다

19.独创性 dúchuàngxìng 독창성

20.民族特色 mínzú tèsè 민족특색

③ 江陵端午祭 강릉단오제

江陵端午祭是江原道江陵地区流传下来的祭祀活动，有着1000多年的悠久历史。
一般从阴历4月到5月初进行，大概一个月左右。

강릉단오제는 강원도 강릉지역에 전해 내려온 제사로 1000년이 넘는 오랜 역사를 가지고 있다.
보통 음력 4월부터 5월 초까지 한 달 정도 진행된다.

在江陵端午祭上进行'巫祭'，大概8天左右，是韩国最具代表性的巫祭，因此江陵
端午祭又称为'巫俗祭'。

강릉단오제에서는 8일 정도 '굿'을 진행하는데 한국에서 가장 대표적인 굿이기 때문에
'무속제'라고도 한다.

现在江陵端午祭是韩国规模最大的传统庆典，进行各种民俗游戏和体验活动。
比如说进行摔跤、拔河、投壶、荡秋千等民俗游戏，用菖蒲汤洗头发，制作假面
等体验活动。

현재 강릉단오제는 한국에서 가장 큰 규모의 전통축제로 다양한 민속놀이와 체험행사가 이루어지
고 있다. 이를테면 씨름, 줄다리기, 투호, 그네뛰기 등 민속놀이, 창포탕에 머리 감기, 탈 만들기
등의 체험활동을 진행한다.

此外，进行'官奴假面剧'表演，是韩国唯一的'假面哑剧'。
官奴假面剧与其他17个假面舞(于2022年)共同被指定为世界(人类)无形文化遗产。

또 '관노가면극'공연을 하는데 이는 한국 유일의 '가면무언극'이다.
관노가면극은 다른 17개 탈춤과 공동으로 (2022년에) 세계(인류)무형문화유산으로 지정되었다.

江陵端午祭是韩国固有的传统民俗活动，形态多样，具有民族特色，这一点受到
高度评价与认可，(于2005年)被指定为世界(人类)无形文化遗产。

강릉단오제는 한국 고유의 전통 민속행사로 형태가 다양하고 민족적 특색이 있다는 점이 높은
평가와 인정을 받아 (2005년) 세계(인류)무형문화유산으로 지정됐다.

1.巫祭 wūjì 굿

2.巫俗祭 wūsújì 무속제 📖 巫俗-萨满教风俗

3.民俗游戏 mínsú yóuxì 민속놀이

4.体验 tǐyàn 체험하다

5.摔跤 shuāijiāo 씨름

6.拔河 báhé 줄다리기

7.投壶 tóuhú 투호

8.荡秋千 dàng qiūqiān 그네 타기

9.菖蒲汤 chāngpútāng 창포탕

10.头发 tóufà 두발. 머리카락

11.制作 zhìzuò 제작(하다)

12.假面 jiǎmiàn 가면. 탈

◼ 面具 miànjù 마스크

◼ 口罩 kǒuzhào (호흡 보호용) 마스크

13.官奴假面剧 guānnú jiǎmiànjù 관노가면극. 관노탈놀이

14.哑剧=无言剧 yǎjù=wúyánjù 무언극

15.庆典 qìngdiǎn 축제

16.形态多样 xíngtài duōyàng 형태가 다양하다

④ 羌羌水越来 강강술래

'羌羌水越来'是全罗南道地区流传下来的妇女们载歌载舞的民俗游戏，有着悠久的历史。

강강술래는 전라남도 지역에 전해 내려온 부녀들의 춤을 추면서 노래하는 민속놀이로 유구한 역사를 가지고 있다.

在阴历八月十五中秋节的夜晚，为了庆祝丰收(或秋收)，还有，祈求来年风调雨顺、五谷丰登，妇女们手拉着手围成一个(圆)圈，一边唱着'羌羌水越来歌'一边跳着舞转圈，因此又称为'圆圈舞'。

음력 8월 15일 추석날 밤에 풍작(혹은 추수[가을걷이])경축, 그리고 다음해[오는 해] 풍작을 기원하기 위해 부녀들은 손을 맞잡고 원을 그리며 강강술래노래를 부르면서 춤을 춘다. 그래서 '원무'라고도 한다.

羌羌水越来是一个集(唱)歌、(跳)舞于一体的妇女们的集体游戏，欢快、具有独创性和民族特色，这一点受到高度评价与认可，(于2009年)被指定为世界(人类)无形文化遗产。

강강술래는 하나의 노래(부르기), 춤(추기) 이 하나로 어우러진 부녀들의 집단 민속놀이로 흥겹고 역동적이며 독창성과 민족 특색이 있다. 이런 점이 높은 평가와 인정을 받아 (2009년에) 세계(인류)무형유산으로 지정되었다.

1.载歌载舞 zàigē zàiwǔ 노래하면서 춤추다 📖一边唱歌一边跳舞

2.妇女 fùnǚ 부녀

3.强大 qiángdà 강대하다

4.外敌 wàidí 외적

5.越过水来 yuèguò shuǐlai 물 건너오다

6.夜晚 yèwǎn 야밤. 늦은 밤

7.庆祝 qìngzhù 경축하다

8.丰收 fēngshōu 풍수. 수확. 풍작을 거두다

9.风调雨顺 fēngtiáo yǔshùn 비바람이 순조롭다. 우순풍조하다[기후가 잘 맞다]

10.五谷丰登 wǔgǔ fēngdēng 오곡이 풍년이 들다

11.祈求 qíqiú 기원하다. 간절히 바라다

12.围 wéi 둘러싸다. 에워싸다

13.(圆)圈 (yuán)quān 동그라미. 원

14.转圈 zhuànquān 원을 그리며 돌다. 맴돌다

15.集~于一体 jí~yú yìtǐ …을 하나로 합치다

16.欢快 huānkuài 즐겁고 경쾌하다. 활기차다. 역동적이다

17.热闹 rènao (광경이나 분위기가)흥겹다. 북적북적 들끓다. 시끌벅적하다

✔더 알고 가기

강강술래에 대한 어원[词源]은 몇 가지 설[说法]을 가지고 있다. 우선 한자 '강강수월래'[羌羌水越來] 즉, 강한 오랑캐[洋鬼子]가 물을 건너온다는 뜻으로 풀이하여 백성들에게 왜적[倭寇或日本鬼子]을 경계하도록 한 구호였다는 설이 있다. 그런가 하면 전라도 방언에서 '강'은 원[圆圈], '술래'는 수레(车轮或车轱辘)를 의미하여 둥글고 둥글다[圆圆]는 뜻이라는 설도 있다. 또 '강강'은 원[圆圈], '술래'는 순찰[巡视]을 의미한다는 설이나 '강강'은 둥근 원을 만들고 돈다는 뜻이며, '술래'는 도적을 잡는다[抓贼]는 뜻이라는 설 등 다양한 설이 존재한다.

⑤ 男寺党表演 남사당놀이

'男寺党'是为(社会底层)老百姓(或庶民阶层)表演的街头流浪男戏班子(或男子艺术团)。

'남사당'은 (사회 하층) 백성들을[혹은 서민계층] 위한 공연하는 길거리 유랑 남자예술단체이다.

一般由40人以上的男艺人组成，他们走街串巷，以表演杂耍、技艺为生(或他们没有固定的地方或舞台，走到哪儿，就在哪儿表演)。

일반적으로 40여명 이상의 남자예인으로 구성되고 그들은 시장과 골목을 다니면서 잡기, 기예를 공연하는 것으로 생계를 한다(혹은 고정된 곳이나 무대가 없고 어디에서나 공연한다).

男寺党戏班子的表演非常精彩、热闹、欢快，共有6个表演节目，分别为风物游戏、
转碟子、翻跟头、高空跳绳、假面剧、人偶戏等。
其中，'男寺党人偶戏'是韩国最具代表性的传统人偶戏。

남사당의 공연은 매우 멋있고 흥겹고 신나다. 이는 모두 6개 공연마당이 있는데 각각 풍물놀이,
버나[접시돌리기], 살판[공중제비], 어름[줄타기], 덧뵈기[가면극], 덜미[인형극]등이다.
그중 '남사당인형극'은 한국의 가장 대표적인 전통 인형극이다.

此外，通过夸张、滑稽的假面剧和人偶戏表演，赤裸裸地讽刺和批判当时官吏的
腐败、两班的(昏庸)无能(和无耻)，(社会底层)老百姓通过观看他们的精彩表演
得到精神和心灵的慰藉，因此很受老百姓们的喜爱。

이 외 익살스럽고 유머러스한 가면극과 인형극 공연을 통해 당시 관리들의 부정부패, 양반들의
무능함(과 뻔뻔스러움)을 적나라하게 풍자하고 비판하였다. 사회 하층민들은 그들의 멋진 공연을
보면서 심적, 정신적인 위안을 얻는다. 그로 인해 백성들의 환호를 많이 받았다.

男寺党表演是韩国固有的传统民俗艺术，充满活力、形态多样，具有独创性，艺术性
和民族特色，这一点受到高度评价与认可，(于2009年)被指定为世界(人类)无形文
化遗产。

남사당놀이는 한국의 고유의 전통 민속예술로 활력이 넘치고 형태가 다양하며 독창성, 예술성과
민족특색을 갖추었다. 이 점이 높은 평가와 인정을 받아 (2009년에) 세계(인류)무형문화제로 지정
되었다.

据我所知，每年在京畿道的安城举办'男寺党表演庆典'。还有，在韩国民俗村可以看到男寺党表演。

제가 알기로는 매년 경기도의 안성에서 남사당놀이축제를 개최하고 있다.
그리고 한국 민속촌에서 남사당놀이 공연을 볼 수 있다.

1.街头流浪艺术团 jiētóu liúlàng yìshùtuán 길거리 유랑 예술집단. 떠돌이 광대집단
◙ 戏班子 xìbānzi 광대집단 ◙ 戏子 xìzi 광대. 딴따라
2.庶民阶层 shùmín jiēcéng 서민계층
3.走街串巷 zǒujiē chuànxiàng 거리와 골목을 두루 다니다
📖走大街，串小巷，指足迹走遍居民聚集地的各个角落
4.以~为生 yǐ~wéishēng (어떤 수단으로)생업으로 하다. 생계를 꾸려 나가다
5.杂耍 záshuǎ 큰 거리나 대중 연예장 따위에서 하는 가무·요술·성대모사. 만담 따위의 잡기
◙ 杂技 zájì 잡기. 서커스
6.技艺 jìyì 기예
7.精彩 jīngcǎi (공연, 경기 등이) 멋있다. 훌륭하다
8.节目 jiémù 종목. 공연마당
9.风物游戏 fēngwù yóuxì 풍물놀이
10.翻跟头 fān gēntou 살판. 공중제비. 텀블링[tumbling]
11.转碟子 zhuàn diézi 버나놀이. 접시돌리기
12.跳绳 tiàoshéng 어름. 줄타기
13.假面剧 jiǎmiànjù 덧뵈기. 탈놀이극
14.人偶戏 rén'ǒuxì 덜미. 인형극
15.夸张 kuāzhāng 과장하다. 과장하여 말하다
16.滑稽 huájī 익살맞다. 익살스럽다. 우스꽝스럽다 📖(举止言谈)诙谐而引人发笑，以达到批评讽刺的目的
17.赤裸裸 chìluǒluǒ 적나라하게
18.讽刺 fěngcì 풍자하다. 비아냥거리다. 아이러니. 비꼬다
19.批判 pīpàn 비판하다
21.官吏 guānlì 관리. 관료
22.腐败 fǔbài 부정부패
23.昏庸 hūnyōng 어리석고 멍청하다
24.无耻 wúchǐ 뻔뻔스럽다. 염치없다. 파렴치하다
25.底层 dǐcéng 하층. 말단. (맨)밑바닥
26.心灵 xīnlíng 심령. 정신. 영혼. 마음
27.慰藉 wèijiè 위안(하다). 위로(하다). 안심(시키다)
28.充满活力 chōngmǎn huólì 활력이 넘치다
29.形态多样 xíngtài duōyàng 형태가 다양하다

⑥ 处容舞 처용무

处容舞是韩国现存最古老的传统宫廷舞(蹈)，是唯一戴着假面跳的宫廷舞(蹈)。

처용무는 한국에 현재 남아있는 가장 오래된 전통 궁정무용으로, 탈을 쓰고 춤추는 유일한 궁정무용이다.

处容舞以'阴阳五行说'为基本精神，含有驱鬼辟邪、祛瘟、祈福的意思。
过去，一般在王室宴会上和除夕的时候表演处容舞。

처용무는 '음양오행설'을 기본정신으로 삼아, 귀신을 쫓고 액땜을 하며 역병[전염병]을 퇴치하고 복을 빈다는 뜻을 내포하고 있다. 과거에는 보통 왕실 연회에서와 섣달 그믐날에 처용무를 공연했다.

处容舞始于'新罗时代'，由5名男子表演，他们戴着处容假面，分别穿着'青、白、红、黑、黄'等五方色的衣服，站在5个方位跳舞，因此又称为'五方处容舞'。

처용무는 '신라시대'에서 시작되었다. 다섯 명의 남자가 공연을 하는데, 그들은 처용탈을 쓰고 각각 '파란색, 흰색, 붉은색, 검은색, 노란색' 등 오방색 옷을 입고 다섯 방위에 서서 춤을 춘다. 이 때문에 '오방처용무'라고도 일컬어진다.

处容舞把假面、裝扮、动作完美地结合在一起，是一个高水平的舞蹈艺术，具有独创性、艺术性和民族特色。此外，处容假面的制作也非常讲究、精致，这一点受到高度评价与认可，(于2009年)被指定为世界(人类)无形文化遗产。

처용무는 탈, 변장[무대분장], 음악을 완벽하게 하나로 결합시켰다. 이는 하나의 수준 높은 무용 예술이며 독창성, 예술성과 민족특색을 갖추었다. 이 외 처용탈의 제작 또한 대단히 복잡하고 정교함이 필요하다. 이 점이 높은 평가와 인정을 받아 (2009년에) 세계(인류)무형문화유산으로 지정되었다.

1.宫廷舞(蹈) gōngtíng wǔ(dǎo) 궁정무용

2.戴 dài (모자, 안경, 악세사리 등을)착용하다

3.祛瘟 qūwēn 역병[전염병]을 퇴치하다

4.祈福 qífú 복을 기원하다

5.除夕 chúxī 섣달 그믐날

6.装扮 zhuāngbàn 무대분장. 변장하다

7.讲究 jiǎngjiu 꼼꼼하다. 추구하다. 중요시하다. (제작과정이) 복잡하다

8.精致 jīngzhì 정교하다

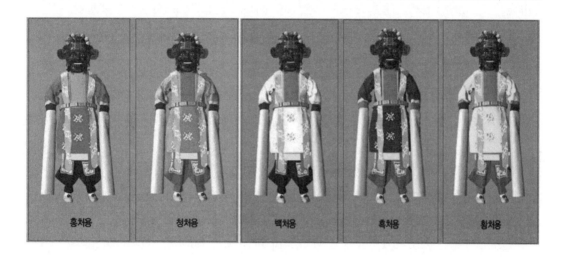

홍처용   청처용   백처용   흑처용   황처용

⑦ 假面舞(或者假面剧) 탈춤 (혹은 탈놀이[가면극])

假面舞(或者假面剧)是韩国固有的传统戏剧表演，表演者戴着假面进行表演，是一个集舞蹈、歌曲、戏剧于一体的综合性艺术，具有独创性和民族特色，受到高度评价与认可，(于2022年)被指定为世界(人类)无形文化遗产。在入遗的18个假面舞(或假面剧)中，最具代表性的是安东河回别神假面舞、江陵端午祭的官奴假面剧。通过夸张、滑稽的假面舞(或假面剧)表演批判和讽刺社会的不公和矛盾、官吏的腐败、两班的(昏庸)无能(和无耻)，同时体现(社会底层)老百姓的喜·怒·哀·乐以及生活的悲欢，老百姓通过观看表演得到精神和心灵的慰藉，因此很受老百姓们的喜爱。此外，也为祈求村庄的安宁、风调雨顺、五谷丰登以及驱鬼辟邪。

탈춤 혹은 탈놀이는 한국 고유의 전통 연극으로 연희자는 탈을 쓰고 공연을 진행하며 춤, 노래, 희극[연극]이 하나로 융합된[어우러진] 종합 예술로 독창성과 민족 특색을 가지고 있는 것이 높은 평가와 인정을 받아 (2022년에) 세계(인류)무형문화유산으로 지정되었다. 등재한 18개 탈춤 중 가장 대표적인 것은 안동하회별신굿탈놀이와 강릉단오제의 관노가면극이다. 과장하고, 익살스러운 공연을 통해 사회의 부조리와 갈등, 관리들의 부정부패, 양반들의 무능함(과 파렴치 등)을 비판하고 풍자하는 동시에 (서민층) 백성들의 희노애락 및 삶의 애환을 보여준다. 하층민들은 공연을 보면서 심적, 정신적인 위안을 얻는다. 때문에 백성들의 사랑을 많이 받았다. 이 외 마을의 안녕, 풍작, 그리고 귀신을 쫓고 액을 막기 위해서이다.

1.夸张 kuāzhāng 과장하다. 과장하여 말하다	10.底层 dǐcéng 하층. 말단
2.滑稽 huájī 익살맞다. 익살스럽다. 우스꽝스럽다	11.心灵 xīnlíng 심령. 정신. 영혼. 마음
3.批判 pīpàn 비판(하다)	12.慰藉 wèijiè 위안(하다). 위로(하다). 안심(시키다)
4.讽刺 fěngcì 풍자(하다). 비꼬다. 비아냥 거리다	13.不公 bùgōng 공정하지 않다. 공평하지 않다. 부조리[不合理]하다
5.矛盾 máidùn 모순. 갈등	
6.官吏 guānlì 관리	14.喜·怒·哀·乐 xǐ·nù·āi·lè 희·노·애·락[기쁨·노여움·슬픔·즐거움]
7.腐败 fǔbài 부정부패(하다)	
8.昏庸 hūnyōng 멍청하고 어리석다	15.驱鬼辟邪 qūguǐ bìxié 귀신을 물리치고 악을 물리치다[벽사]
9.悲欢 bēihuān 애환	

⑧ 阿里郎 아리랑

阿里郎是韩国固有的传统民谣，不管是高兴还是悲伤的时候，韩国人都会唱阿里郎，因此被誉为韩国的'第二国歌'。

아리랑은 한국 고유의 전통 민요이다. 기쁠 때건 슬플 때 건 한국인들은 모두 아리랑을 부르게 된다. 그래서 한국의 '제2의 국가'로 불리고 있다[알려지고 있다].

阿里郎蕴涵着韩民族特殊的情绪，就是'恨'。阿里郎(所)表达的'恨'是失去国家的'痛'、失去爱人的'痛'、对爱人的思念、对未来幸福生活的憧憬与希望、老百姓的'喜怒哀乐'等情感。

아리랑은 한민족 특수한 정서 곧 '한'을 담고 있다. 아리랑이 표현하는 '한'은 나라를 잃은 '아픔'이고, 연인을 잃은 '아픔'이고, 연인에 대한 그리움이고, 미래의 행복한 삶에 대한 동경과 희망[바람], 백성들의 '희노애락'등의 정서와 감정이다.

在不同地区有不同版本的阿里郎，各有特色。其中，江原道的'旌善阿里郎'、全南的'珍岛阿里郎'、庆南的'密阳阿里郎'、被称为韩国的'三大阿里郎'。但是，最有名的是京畿道一带的'本调阿里郎'，所有的韩国人都会唱，对外国人来说，最熟悉(或最耳熟能详)。

지역마다 각기 다른 버전의 아리랑이 있는데, 각기 특색이 있다. 그 중 강원도의 '정선아리랑', 전남의 '진도아리랑', 경남의 '밀양아리랑'은 한국의 '3대 아리랑'으로 일컬어진다. 그러나 가장 유명한 것은 경기도 일대의 '본조아리랑' 이다. 모든 한국 사람이 다 부를 수 있고 외국인들에게는 가장 익숙하다.(혹은 가장 귀에 익고 친숙하다)

阿里郎是代表韩国的传统民谣，(于2012年)被指定为世界(人类)无形文化遗产。

아리랑은 한국을 대표하는 전통 민요로 (2012년에) 세계(인류)무형문화유산으로 지정되었다.

1.民谣 mínyáo 민요
2.悲伤 bēishāng 구슬프다. 슬프다
3.被誉为 bèiyùwéi ~라고 불린다. 칭송받다. ~라고 알려져 있다
4.蕴涵 yùnhán 서려있다. 담겨 있다. 내포하다. 함축되다
5.情绪 qíngxù 정서
6.表达 biǎodá (사상, 감정을)나타내다. 표현하다
7.思念 sīniàn 그리움. 그립다
8.喜怒哀乐 xǐnù'āilè 희노애락[기쁨, 노여움, 슬픔, 즐거움]
9.憧憬 chōngjǐng 동경(하다)
10.版本 bǎnběn 판본. 버전
11.旌善 jīngshàn 정선
12.珍岛 zhēndǎo 진도
13.密阳 mìyáng 밀양
14.京畿道 jīngjīdào 경기도
15.本调 běndiào 본조(본래 가락, 기본 음조)
16.熟悉 shúxī 익숙하다. 잘 알다
17.耳熟能详 ěrshú néngxiáng 귀에 친숙하다. 귀에 익어 자세하게 말할 수 있다
18.未来 wèilái 미래

⑨ 越冬泡菜文化 김장문화

'越冬泡菜文化'是韩国冬天腌制过冬泡菜的传统风俗，是韩民族世代传承下来的传统饮食文化。韩国人一般11月末到12月初(之间)，大量腌制过冬泡菜。因为腌制量多，需要很多人手，所以全家人或者邻居们(或街坊邻居、左邻右舍)聚在一起做泡菜，互相帮忙。这种文化很好地反映了邻里(之)间分享的精神，而且通过它增强人们的纽带感和归属感，具有民族特色，这一点受到高度评价与认可，(于2013年)被指定为世界(人类)无形文化遗产。

김장문화는 한국에서 겨울에 김치를 담그는 것을 가리키는 전통 풍습으로, 한민족이 대대로 이어온 전통 음식문화이다. 한국인은 보통 11월 말에서 12월 초(사이) (대량으로) 겨울을 보내는 김치를 담근다. 담그는 양이 많기 때문에 온 가족이나 또는 이웃이 함께 모여 김치를 만들면서 서로 돕는다. 이런 문화는 이웃 간의 나눔의 정신을 잘 반영하고 있다. 또한 이것을 통하여 사람들의 유대감과 귀속감을 강화시키는 것이 민족 특색이 있다. 이 점이 높은 평가와 인정을 받아 (2013년에) 세계(인류)무형문화유산으로 지정되었다.

在韩国，有这样一句话:"有了过冬泡菜，这一冬都不用担心没菜吃!"

한국에는 이런 말이 있다. "겨울을 보낼 김치만 있으면 이번 겨울에는 반찬을 걱정할 필요가 없다"고 한다.

韩国泡菜的种类很多(或繁多)，各地方的泡菜各有特色。为了很好地推广韩国的泡菜文化，每年(在全罗道光州)举办"光州世界泡菜庆典"，光州泡菜堪称韩国泡菜之最(或堪称一绝)，因此慕名而来的人很多。

한국은 김치의 종류가 많고 (혹은 다양하다) 각 지방마다 각기 특색이 있다. 한국의 김치 문화를 널리 알리기 위해 매년 (전라도 광주에서) "광주세계김치축제"를 개최하고 있는데, 광주 김치는 한국 김치 중 최고(혹은 일품)라고 하여 소문을 듣고 찾아오는 사람들이 매우 많다.

◾ 新冠疫情(以)前，每年11月在首尔广场举办'首尔越冬泡菜文化节'，这是一个集好看、好玩、好吃于一体的文化活动，很受人们的喜爱。

코로나 전 매년 11월 서울광장에서 '서울김장축제'를 개최했다. 이는 볼거리, 놀거리, 먹거리 등 다양한 재미가 어우러진 문화 활동으로 사람들의 사랑을 많이 받고 있다.

◾ 我听说，在中国的北方和四川地区，冬天的时候腌制'酸菜'。

저는 중국의 북방과 사천지역에서는 '酸菜'를 담근다고 들었다.

1.腌制 yānzhì (음식물을 소금·설탕·간장·술 등에) 절이다. 담그다	9.增强 zēngqiáng 증강하다. 강화하다. 높이다
2.过冬 guòdōng 겨울을 넘기다. 겨울을 나다	10.纽带感 niǔdàigǎn 유대감
3.传承 chuánchéng 전승하다[전수하고 계승하다]	11.归属感 guīshǔgǎn 귀속감
4.邻居 línjū 이웃	12.推广 tuīguǎng 널리 보급하다. 널리 알리다
◾ 街坊 jiē·fang 이웃(사람). 한 동네	13.举办 jǔbàn 개최하다
◾ 左邻右舍 zuǒlín yòushè 이웃(집). 앞뒷집. 아래윗집	14.首尔广场 shǒu'ěr guǎngchǎng 서울광장
5.邻里(之)间 línlǐ(zhī)jiān 이웃사이. 이웃 간	15.帮助 bāngzhù 돕다. 도움
6.帮忙 bāngmáng 일(손)을 돕다. 일을 거들어 주다	16.困难 kùnnan 어렵다. 곤란하다. 어려움
7.反映 fǎnyìng 반영(하다, 시키다)	17.酸菜 suāncài 쏸차이
8.分享 fēnxiǎng (기쁨·행복·좋은 점 등을) 함께 나누다	18.新冠疫情 xīnguān yìqíng 코로나19 바이러스
	19.堪称 kānchēng …라고 할 만하다
	20.一绝 yī jué 일품

酸菜

⑩ 农乐 농악

农乐是韩国固有的传统农耕音乐，是在农村集体劳动或（者）节日的时候为增添欢快的气氛（而）演奏的音乐，也是韩国的传统民俗艺术。

농악은 한국 고유의 전통 농경 음악으로 농촌에서 집단노동이나 명절 때에 흥을 돋우기 위해서 연주되는 음악이다. 또한 한국의 전통 민속예술이기도 하다.

过去，农民们用欢快的音乐和舞蹈消除疲劳、庆祝丰收或者祈求风调雨顺、五谷丰登。

과거에, 농민들은 음악과 춤으로 피로를 덜고 풍년을 경축하거나 오곡의 풍작을 기원하였다.

农乐一般在户外进行，由十人以上组成，使用（打击乐器）大锣、小锣、圆鼓、长鼓、小鼓；（管乐器）唢呐、喇叭等传统乐器演奏。还有，跳欢快的舞蹈，比如说（跳）小鼓舞、长鼓舞、象帽舞等，跟观众互动，所以非常热闹、欢快。

농악은 보통 옥외에서 벌이며 10인 이상으로 구성되었다. (타악기인)징, 꽹과리, 둥근북, 장고, 소고; (관악기인) 태평소, 나팔 등 전통악기를 사용하여 연주한다. 그리고 흥겨운 춤을 추는데, 예를 들자면 소고춤, 장고춤, 상모돌리기 등 춤을 추며 관광객과 상호교감을 하는 것이 대단히 흥겹고 활기차다.

农乐充满活力、形态多样、具有独创性和民族特色，这一点受到高度评价与认可，（于2014年）被指定为世界（人类）无形文化遗产。

농악은 활력이 넘치고 형태도 다양하며 독창성과 민족적 특색을 갖고 있다. 이 점이 높은 평가와 인정을 받아 (2014년에) 세계(인류)무형문화유산으로 지정되었다.

现在举办庆典的时候，为增添庆典的欢快气氛进行农乐表演。
此外，在韩国民俗村可以看到农乐表演。

지금은 축제를 거행 시 축제의 즐겁고 신나는 분위기를 돋우기 위해 농악공연을 진행한다.
이 외 한국 민속촌에서 농악공연을 볼 수 있다.

1.农耕 nónggēng 농경. 논밭을 갈아 농사를 짓다. 농사일
2.欢快 huānkuài 활기차다
3.舞蹈 wǔdǎo 무도. 무용
4.风调雨顺 fēngtiáo yǔshùn 바람과 비가 알맞다
5.五谷丰登 wǔgǔ fēngdēng 오곡이 풍년이 들다
6.户外 hùwài 옥외
7.打击乐器 dǎjī yuèqì 타악기
8.管乐器 guǎnyuèqì 관악기
9.大锣 dàluó 징
10.小锣 xiǎoluó 꽹과리
11.圆鼓 yuángǔ 둥근 북
12.长鼓 chánggǔ 장고 ■ 长鼓舞 장고춤
13.小鼓 xiǎogǔ 소고 ■ 小鼓舞 소고춤
14.唢呐 suǒnà 쇄납. 태평소 ■ 吹 chuī 불다
15.喇叭 lǎba 나팔
16.演奏 yǎnzòu 연주하다
17.象帽舞 xiàngmàowǔ 상모 춤
18.观众 guānzhòng 관중. 구경꾼
19.互动 hùdòng 상호작용을 하다. 서로[상호] 교감하다. 케미
20.热闹 rènao (광경이나 분위기가)흥겹다. 북적북적 들끓다. 시끌벅적하다
21.充满活力 chōngmǎn huólì 활력이 넘치다
22.形态多样 xíngtài duōyàng 형태가 다양하다

▣ 世界记录遗产(或记忆遗产)

📖 目前，韩国共有18个世界记录遗产(或记忆遗产)，分别为

① 训民正音(解例本) xùnmín zhèngyīn(jiělìběn) 훈민정음(해례본) (1997年)
② 朝鲜王朝实录 cháoxiǎn wángcháo shílù 조선왕조실록 (1997年)
③ 直指心体要节 zhízhǐ xīntǐ yàojié 직지심체요절 (2001年)
④ 承政院日记 chéngzhèngyuàn rìjì 승정원일기 (2001年)
⑤ 朝鲜王朝仪轨 cháoxiǎn wángcháo yíguǐ 조선왕조 의궤 (2007年)
⑥ 海印寺大藏经板及诸经板 hǎiyìnsì dàzàngjīngbǎn jí zhūjīngbǎn (2007年)
　　해인사 대장경판 및 제경판
⑦ 东医宝鉴 dōngyī bǎojiàn 동의보감 (2009年)
⑧ 日省录 rìxǐnglù 일성록 (2011年)
⑨ 五一八民主化运动记录物 wǔ yī bā mínzhǔhuà yùndòng jìlùwù (2011年)
　　5.18민주화운동기록물
⑩ 乱中日记 luànzhōng rìjì 난중일기 (2013年)
⑪ 新村运动记录物 xīncūn yùndòng jìlùwù 새마을운동기록물 (2013年)
⑫ 韩国的儒教册板 hánguó de rújiào cèbǎn 한국의 유교책판 (2015年)
⑬ KBS电视台−离散家属特别节目档案 (2015年)
　　KBSdiànshìtái−xúnzhǎo lísàn jiāshǔ　tèbié jiémù dàng'àn
　　KBS 방송국 −'이산가족을 찾습니다'특별 생방송 기록물
⑭ 朝鲜王室御宝和御册 cháoxiǎn wángshì yùbǎo hé yùcè 조선왕실 어보와 어책 (2017年)
⑮ 国债偿还运动记录物 guózhài chánghuán yùndòng jìlùwù 국채보상운동 기록물 (2017年)
⑯ 朝鲜通信使记录物　cháoxiǎn tōngxìnshǐ　jìlùwù 조선 통신사 기록물 (2017年)
⑰ 四一九革命档案　sì yī jiǔ gémìng dàng'àn 4·19혁명 기록물 (2023年)
⑱ 东学农民革命档案 dōngxué nóngmín gémìng dàng'àn 동학농민혁명 기록물 (2023年)

① 训民正音(解例本) 훈민정음(해례본)

▣ 易学易用的文字标记体系 배우기 쉽고 사용하기 쉬운 문자표기 체계

1) 训民正音是朝鲜第4代国王'世宗大王'创制的文字。(顾名思义)训民正音的意思
   就是'教老百姓正确的字音',可以说训民正音是世宗大王为老百姓创制的文字,
   一国的国王为自己的老百姓创制文字,这在世界上独一无二。

2) 训民正音是表音文字,由17个子音、11个母音,共28个字母构成,能够(完美)准确
   地标记所有的字音,而且简单易学。

3) 训民正音是在不受其他文字的影响下创制出来的新文字,文字体系具有高度的
   合理性、独创性和科学性,而且在全国通用(或作为一国的通用文字使用),
   这在世界上独一无二。

4) 最有(历史)价值的是世宗大王把创制文字的目的、原理、过程、以及文字的使用
   方法详细、系统地记录在'训民正音解例本'上。这样的历史记录文献独一无二,
   受到(世界语言学家的)高度评价与认可,因此这本珍贵(无比)的古书籍(于1997年)
   第一个被指定为世界记录遗产。

1) 훈민정음은 조선 제4대 국왕[임금]인 '세종대왕'이 창제한 문자이다. (글자 그대로) 훈민정음은 '백성을 가르치는 바른 소리[글자의 독음]'라는 뜻이다. 훈민정음은 세종대왕이 백성을 위해 창제한 글자[문자]라고 할 수 있다. 일국의 임금이 자기의 백성들을 위해 글자를 창제한 것은 세계에서 유일무이하다.

2) 훈민정음은 표음문자로, 17개의 자음 11개의 모음 모두 28개의 문자로 구성되어 있는데, 모든 독음[글자의 발음]을 (완벽하고) 정확하게 표기할 수 있으며 또한 간단하여 배우기 쉽다.

3) 훈민정음은 다른 문자의 영향을 받지 않고 창제해 낸 새로운 문자로, 문자 체계는 고도의 합리성·독창성과 과학성을 가지고 있다. 또한 전국적으로 통용한 것이[일국의 통용 글자[문자]로 사용한 것이 세계에서 유일무이하다.

4) 가장 (역사적) 가치가 있는 것은 세종대왕이 문자를 창제한 목적과 원리, 과정, 그리고 글자의 사용법을 '훈민정음 해례본'에 상세하고 체계적으로 기록했다는 점이다. 이러한 역사기록문헌은 (세계 언어학자들의) 높은 평가와 인정을 받아 이 진귀한 고서는 (1997년에) 첫 번째로 세계기록유산으로 지정되었다.

📖 책 이름을 글자 이름인 훈민정음과 똑같이 '훈민정음'이라고도 하고, 해례가 붙어 있어서 '훈민정음 해례본' 또는 '훈민정음 원본'이라고도 한다. 집필자들은 집현전의 8학자이다.

1.创制 chuàngzhì 창제(하다)
2.顾名思义 gùmíngsīyì 이름 그대로. 글자 그대로
3.正确 zhèngquè 정확하다. 올바르다. 바르다
4.表音文字 biǎoyīn wénzì 표음문자 ▣ 表意文字 표의문자
5.准确 zhǔnquè 확실하다. 정확하다. 틀림없다
6.标记 biāojì 표기하다
7.简单 jiǎndān 간단하다
8.易学 yìxué 배우기 쉽다
9.通用 tōngyòng 보편적으로 사용하다. 통용되다. 유통되다. 두루 쓰이다
10.独一无二 dúyī wú'èr 유일무이(하다)
11.体系 tǐxì 체계. 체제
12.语言学家 yǔyán xuéjiā 언어학자
13.珍贵 zhēnguì 진귀하다. 보배롭고 귀중하다
14.能够 nénggòu …할 수 있다

📖相关问题

① '한글-Hangul'的含义

1) '한글'是韩国的固有词，'한'是'伟大'的意思，'글'是'文字'的意思，'한글'就是'伟大的文字'的意思，'한글'的中文译名是'韩文'，现在我们使用的韩文是在'训民正音'的基础上演变而来的，由14个子音、10个母音，共24个字母构成，能够(完美)准确地标记所有的字音，而且简单易学，所以在韩国几乎没有文盲，都会读和写。

2) 10月9日是韩文日，是为纪念世宗大王创制并颁布训民正音(而)设立的日子。韩文日是韩国的法定节假日，全国放假一天。

■ 训民正音于1443年完成，经过三年的实验，于1446年10月9日颁布。

1) 한글인 '韩文'은 한국의 고유 단어로, '한'은 '위대하다, 크다'의 뜻이고 '글'은 '문자'의 뜻으로, '한글'은 곧 '위대한 문자[큰 글]'라는 뜻이다. 한글의 중국어 역명은 '韩文'이다. 현재 우리가 사용하는 한글은 훈민정음의 기초에서 변화, 발전해서 온 것이다. 14개의 자음과 10개의 모음 총 24개의 문자로 구성되어 있고 모든 글자의 음을 (완벽하고) 정확하게 표기할 수 있으며 또한 간단하여 배우기 쉽다. 그래서 한국에는 문맹이 거의 없으며 모두 읽고 쓸 줄 안다.

2) 10월 9일은 한글날이다. 이는 세종대왕이 훈민정음을 창제 아울러 반포한 것을 기념하기[기리기] 위해 세운 날이다. 한글날은 한국의 법정 공휴일이고 전국적으로 1일 쉰다.

■ 훈민정음은 1443년에 완성하여 3년의 시험기간을 거쳐, 1446년 10월 9일에 반포됨.

1.固有词 gùyǒucí 고유의 단어	9.放假 fàngjià 방학하다. 휴가로 쉬다
2.伟大 wěidà 위대하다	10.完成 wánchéng 완성하다
3.基础 jīchǔ 기초	11.经过 jīngguò 거치다
4.演变而来 yǎnbiàn'érlái 변화,발전해서 오다	12.实验 shíyàn 실험(하다)
5.纪念 jìniàn 기념(하다)	13.几乎 jīhū 거의
6.颁布 bānbù 반포하다	14.文盲 wénmáng 문맹
7.设立 shèlì 설립하다. 세우다	■ 扫盲 sǎománg 문맹을 퇴치하다
8.法定节假日 fǎdìng jiéjiàrì 법정공휴일	15.译名 yìmíng 번역명

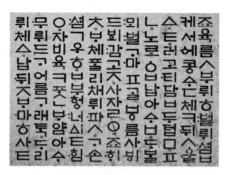

训民正音

② 韩文的创制原理 한글의 창제원리

韩文是表音文字，由14个子音、10个母音，共24个字母构成，现在我们使用的
韩文是在'训民正音'的基础上演变而来的。

한글은 표음문자로 14개의 자음과 10개의 모음 총 24개의 문자로 구성되어 있다.
현재 우리가 사용하는 한글은 '훈민정음'의 기초에서 변화, 발전되어 온 것이다.

韩文中的子音是模仿发音时的嘴型和人体的发音器官(而)造的，母音是按(照)
'天、地、人'的原理(而)造的。'天圆[ㆍ]，一个点；地平[ㅡ]，一个横；
人站直[ㅣ]，一个竖'，以这三个母音为主。子音和母音拼成一个字，代表一个音。

한글중의 자음은 발음할 때 입 모양과 인체의 발음기관을 모방해서 만든 것이고, 모음은 하늘·
땅·사람[천·지·인]의 원리에 따라 만든 것이다. '하늘은 둥글다, [ㆍ] 점 하나; 땅은 평평하다, "ㅡ"
가로획 하나; 사람이 곧게 서 있다, "ㅣ"세로획 하나'이다. 이 세 개의 모음이 위주가 된다. 자음과
모음이 합쳐 한 글자를 이루어 하나의 음을 대표한다.

韩文能够(完美)准确地标记所有的字音，而且简单易学，所以在韩国几乎没有文盲，
都会读和写。

한글은 모든 글자의 음을 (완벽하고) 정확하게 표기할 수 있으며 게다가 한글은 간단하고 배우기
쉬워, 그래서 한국에는 문맹이 거의 없으며 모두가 읽고 쓸 줄 안다.

这是我们国家的文字－韩文的优秀性，我感到非常骄傲。

이것이 우리나라의 문자 한글의 우수성이고 저는 자랑스럽게 생각한다.

1.模仿 mófǎng 모방하다. 흉내내다
2.器官 qìguān 기관
3.造 zào (글자, 문자를)만들다 例)造句 造字
4.横 héng 가로. 가로획
5.竖 shù 세로. 세로획
6.站直 zhànzhí 곧게 서다
7.拼 pīn (모아서)합치다. (하나로)잇다. 맞붙이다 例)拼读 拼车 拼桌
8.优秀性 yōuxiùxìng 우수성
9.骄傲 jiāo'ào 자랑. 자랑거리. 긍지. 자랑스럽다. 교만하다
10.自豪 zìháo 스스로 긍지를 느끼다. 자랑으로 여기다

훈민정음의 제자 원리

자음 17자

구 분	기본자	가획자	이체자	제 자 원 리
어금닛소리(아음)	ㄱ	ㅋ	ㆁ	혀뿌리가 목구멍을 막는 모양
혓 소 리(설음)	ㄴ	ㄷ, ㅌ		혀가 윗잇몸에 닿는 모양
입술소리(순음)	ㅁ	ㅂ, ㅍ		입술 모양
잇 소 리(치음)	ㅅ	ㅈ, ㅊ		이의 모양
목구멍소리(후음)	ㅇ	ㆆ, ㅎ		목구멍의 모양
반혓소리(반설음)			ㄹ	*현재 소실 문자 : ㆆ(여린
반잇소리(반치음)			ㅿ	ㅎ) ㆁ(옛이응), ㅿ(반치음)

모음 11자

기본글자	제 자 원 리	초출(初出)자	재출(再出)자
·(하늘)	하늘의 둥근 모양	ㅗ, ㅏ	ㅛ, ㅑ
―(땅)	땅의 평평한 모양	ㅜ, ㅓ	ㅠ, ㅕ
ㅣ(사람)	사람이 서 있는 모양	*현재 소실 문자 : ·(아래 아)	

③ 韩文的优秀性 한글의 우수성

现在我们使用的韩文是在'训民正音'的基础上演变而来的。

지금 우리가 사용하고 있는 한글은 '훈민정음'의 기초에서 변화, 발전해 온 것이다.

首先，训民正音是朝鲜第四代国王世宗大王为老百姓创制的文字。
一国的国王为自己的老百姓创制文字，这在世界上独一无二。

우선은 훈민정음은 조선 제4대 왕인 세종대왕이 백성을 위해 창제한 문자[글자]이다.
일국의 임금이 자기의 백성을 위해 문자[글자]를 창제한 것은 세계에서 유일무이하다.

第二，训民正音是在不受其他文字的影响下创制出来的新文字，文字体系具有
高度的合理性、独创性和科学性，而且在全国通用(或作为一国的通用文字使用)，
这在世界上独一无二，受到高度评价与认可。

둘째는 훈민정음은 다른 문자의 영향을 받지 않고 창제해 낸 새로운 문자[글자]로, 문자체계는
고도의 합리성, 독창성과 과학성을 갖고 있으며, 또한 일국의 통용글자로 사용되는데, 높은 평가와
인정을 받고 있다.

第三，现在使用的韩文由14个子音、10个母音，共24个字母构成，能够(完美)准确地
标记所有的字音，而且简单易学，所以在韩国几乎没有文盲，都会读和写。

셋째는 현재 사용하는 한글은 자음14개, 모음10개, 모두 24개 자모로 구성되었고 모든 발음을
(완벽하고) 정확하게 표기할 수 있고 또한 간단하고 배우기가 쉽다. 그래서 한국에는 거의 문맹이
없고 모두 읽고 쓸 줄 안다.

这就是我们国家的文字－韩文的优秀性，我感到非常骄傲。

이것이 바로 우리나라의 글자 '한글'의 우수성이다. 저는 매우 자랑스럽게 생각한다.

④ 世宗大王 세종대왕

世宗大王是朝鲜第4代国王，他（是朝鲜时代最杰出的国王，也）是韩国人最尊敬的人。

世宗大王（一生）勤政爱民、（爱惜人才），他在位期间，朝鲜在文化和科技方面都有很大的发展。

世宗大王创制了韩民族的文字'训民正音'，让我们有了本民族的文字。

一国的国王为自己的老百姓创制文字，这在世界上独一无二。

还有，研制出了太阳表[（仰釜）日晷]、（浑天仪、测雨器）等天文仪器。

因此，世宗大王最受韩国人的尊敬。为了纪念世宗大王，在光化门广场立了他的铜像，还有，在一万韩元（纸币）上印有世宗大王（的肖像）。

세종대왕은 조선의 4대 왕으로 (조선시대 가장 걸출한 왕이기도 하며) 한국인들이 가장 존경하는 인물이다.

세종대왕은 (평생) 국정을 게을리 하지 않고 백성들을 (아끼고 인재를) 아꼈다.

세종대왕이 재위기간 동안 한국은 문화와 과학기술적인 면에서 많은 발전을 했다.

세종대왕은 우리 민족 고유의 문자 훈민정음을 만들어 우리 민족의 문자를 갖게 하였다.

일국의 임금이 자신의 백성을 위해 문자를 만든 것은 세계에서 유일하다.

또한, 해시계[(앙부)일구], (혼천의, 측우기) 등의 천문학적 기구를 만들어 냈다.

때문에 한국인들은 세종대왕을 가장 존경한다. 세종대왕을 기리기 위해 광화문 광장에 그의 동상을 세웠고 1만원(지폐)에는 세종대왕(초상)이 찍혀 있다.

---

1. 杰出 jiéchū 걸출하다
2. 勤政爱民 qínzhèng àimín 근정애민. 국정을 게을리 하지 않고 백성을 아끼다
3. 爱惜 àixī (시간, 생명, 식량, 인재 등을)아끼다
4. 研制 yánzhì 연구제작하다
5. 太阳表 tàiyangbiǎo 해시계
6. (仰釜)日晷 (yǎngfǔ)rìguǐ (앙부)일구
7. 浑天仪 húntiānyí 혼천의
8. 测雨器 cèyǔqì 측우기
9. 天文仪器 tiānwén yíqì 천문학적 기구
10. 铜像 tóngxiàng 동상
11. 纸币 zhǐbì 지폐
12. 肖像 xiàoxiàng 초상
13. 受尊敬 shòu zūnjìng 존경 받다

② 朝鲜王朝实录 조선왕조실록

朝鲜王朝实录是一部把从朝鲜的'开国之君－太祖'到第25代国王'哲宗'，共472年的历史，按(照)年·月·日记录的'编年史'。

조선왕조실록은 조선의 '개국임금－태조'에서부터 25대 왕인 '철종'까지 472년의 역사를 년·월·일에 따라 기록된 '편년사'이다.

朝鲜王朝实录作为一个王朝的历史记录，是世界上最长、保存最完好的历史文献（或历史记录），具有很高的真实性和可信性，为研究朝鲜时代和东亚各国的历史提供着重要的历史资料。

조선왕조실록은 한 왕조의 역사 기록으로서 세계에서 가장 길고, 가장 잘 보존된 역사 문헌으로 (혹은 역사 기록물로) 높은 진실성과 신빈성[신뢰성]을 가지고 있으며, 조선시대와 동아시아 각국의 역사 연구에 중요한 역사적 자료를 제공하고 있다.

此外，朝鲜王朝实录里记录的内容丰富多样，堪称'百科全书'，这一点受到高度评价与认可，(于1997年)被指定为世界记录遗产。

이 외 조선왕조실록 안에 기록된 내용은 풍부하고 다양하여 '백과사전'이라고 할 수 있다. 이런 점이 높은 평가와 인정을 받아 (1997년에) 세계기록유산으로 지정되었다.

朝鲜王朝实录是我们国家的珍贵文化遗产。

조선왕조실록은 우리나라의 귀중한 문화유산이다.

---

1. 哲宗 zhézōng 철종
2. 编年史 biānniánshǐ 편년사
3. 记录 jìlù 기록물. 기록하다
4. 文献 wénxiàn 문헌
5. 真实性 zhēnshíxìng 진실성
6. 可信性 kěxìnxìng 신빈성. 신뢰성
7. 研究 yánjiū 연구(하다)
8. 东亚 dōngyà 동아시아
9. 资料 zīliào 자료
10. 内容 nèiróng 내용
11. 丰富多样 fēngfù duōyàng 풍부하고 다양하다
12. 堪称 kānchēng 감히 ~라고 할수 있다

③ 朝鮮王朝仪轨 조선왕조 의궤

'朝鮮王朝仪轨'是用大量的图画和文字详细地记录朝鲜王室和国家(所)进行的重要
活动的总记录。包括即位典礼(或登基典礼)大婚典礼、葬礼(或丧葬)、宴会、(立储)
册封典礼、接见外国使臣等重大的国家仪式。此外，还记录了建筑物和王陵的构造
及建造方式。

'조선왕조 의궤'는 많은 양의 그림과 문자로 조선 왕실과 나라에서 진행한[행사한] 중요한
활동을 상세하게 기록한 총 기록물로 즉위식, 가례식, 장례(혹은 상장), 연회, (왕세자)책봉식,
외국사신을 접견하기 등 국가의 중대한 국가의식을 포함하고 있으며, 또한 건축물과 왕릉의 구조
및 건축방식을 기록하였다.

'朝鮮王朝仪轨'为研究朝鲜王室的历史以及复原和再现消失的宫庭文化提供着
重要的参考资料。

'조선왕조의궤'는 조선왕실의 역사를 연구 및 소실된 궁정문화를 복원하고 재현하는데 중요한
참고자료를 제공하고 있다.

此外，把一个王室和国家(所)进行的重要活动一一地记录下来，可以说这在世界上
独一无二，这一点受到高度评价与认可，(于2007年)被指定为世界记录遗产。

이 외 한 왕실과 나라에서 진행한[행사한]중요한 활동을 일일이 기록으로 남긴 것은 세계에서
유일무이하다고 할 수 있다. 이 점이 높은 평가와 인정을 받아 (2007년에) 세계기록유산으로 지정
되었다.

'朝鮮王朝仪轨'是我们国家的珍贵文化遗产。
'조선왕조의궤'는 우리나라의 소중한 문화유산이다.

1.仪轨 yíguǐ 📖礼法规矩	7.接见 jiējiàn 접견하다
2.图画 túhuà 도화. 그림	8.宴会 yànhuì 연회
3.详细 xiángxì 상세하다	9.使臣 shǐchén 사신
4.葬礼 zànglǐ 장례식	10.构造 gòuzào 구조
5.丧葬 sāngzàng 상례와 장례(를 치르다)	11.消失 xiāoshī 소실하다
6.(立储)册封 lìchǔ cèfēng (왕세자) 책봉하다	12.宫庭 gōngtíng 궁정

④ 海印寺大藏经板及诸经板 해인사 대장경판 및 제경판

'海印寺大藏经板及诸经板'是世界现存唯一刻有汉字佛经的经板，被公认为是世界上最古老、内容最全面、最准确、做工最精美、保存最完好的佛经。

'해인사 대장경판 및 제경판'은 한자 불경을 새긴 세계에 현재 남아있는 유일한 경판으로 세계에서 가장 오래되고, 내용이 가장 포괄적이고, 가장 정확하고, 가장 정교하고, 가장 잘 보존된 불경으로 인정받고 있다.

它们保存在海印寺内的'藏经板殿'，因此海印寺又称为'法宝寺庙'，保存经板的'藏经板殿'被指定为世界文化遗产。

이들은 해인사내의 '장경판전'에 소장되어 있기에 해인사를 '법보사찰'이고도 부른다.
경판을 보관하고 있는 '장경판전'은 세계문화유산으로 지정되었다.

经板上的文字虽然经过了700多年(的时间)，但是依然清晰可见、依然可以印刷，它的价值得到认可，(于2007年)被指定为世界记录遗产。

경판의 글자[문자]는 비록 700여 년이 (넘는 시간이) 지났지만 여전히 또렷하게 잘 보이며 여전히 인쇄할 수 있다. 이러한 가치가 인정받아 (2007년에) 세계기록유산으로 지정되었다.

'海印寺大藏经板及诸经板'是我们国家的珍贵文化遗产。

'해인사 대장경판 및 제경판'은 우리나라의 소중한 문화유산이다.

1.经板 jīngbǎn 경판[간행하기 위해 나무나 금속에 불경을 새긴 판]
2.被公认为 bèi gōngrènwéi ~으로 모두에게 인정받다. 평가받다
3.做工　zuògōng 가공 기술·질
4.依然=仍然 yīrán=réngrán 여전히. 변함없이
5.清晰可见 qīngxī kějiàn 또렷이[분명히] 볼 수 있다
6.经过 jīngguò (시간이)걸리다. 경과하다
7.印刷 yìnshuā 인쇄(하다)

✔ 더 알고 가기

▣ 海印寺大藏经的其他称呼 해인사 대장경의 다른 호칭

海印寺大藏经又称为'高丽大藏经'或者'八万大藏经'，这跟制作(或刻制)的时代和数量有关系。因在高丽时代制作，所以称为'高丽大藏经'，因数量(多)达八万多张，所以称为'八万大藏经'。

해인사대장경은 '고려대장경' 또는 '팔만대장경'이라고도 하는데, 이는 제작(또는 조각)의 시대와 양과 관련이 있다. 고려시대에 만들어졌다고 해서 '고려대장경'이라고 불렀고, 그 수가 8만여 장에 (다)달한다고 해서 '팔만대장경'이라고 불렀다.

Part 5

세시풍속 및 음식

① 韩国的岁时风俗 한국의 세시풍속

1) '岁时风俗'是指随着24节气和季节的变化，人们反复行使的风俗习惯(或习俗)，包括传统节日、节日食品、民俗游戏等，它们世代传承下来。

2) 韩国的四大传统节日分别为春节、寒食日、端午、中秋节。其中，春节和中秋节是全家团聚的日子，所以是韩国人最重视的节日，全国放假三天。
此外，还有正月十五、释迦(牟尼)诞辰日(或佛诞节、浴佛节)、冬至等传统节日。

3) 在不同的节日吃不同的节日食品，比如说春节吃'年糕汤'、中秋节吃'松饼'、正月十五吃'五谷饭、干菜、坚果'、端午节吃'艾(蒿)糕'(或者'牛蒡糕')、冬至吃'红豆粥'等。

4) 在不同的节日进行不同的民俗游戏，种类繁多(或很多)，比如说摔跤、拔河、农乐、羌羌水越来、投壶、荡秋千、跳跳板、翻板子、放风筝、射箭、摇鼠火等。
其中，摔跤、拔河、农乐、羌羌水越来被指定为世界(人类)无形文化遗产。

1. '세시풍속'이란 24절기와 계절의 변화에 따라서 사람들이 반복적으로 행(사)하는 풍속습관(혹은 관습)을 말하며, 전통명절, 명절음식, 민속놀이 등이 포함하고 이들은 대대로 전승해왔다.

2. 한국의 4대 전통명절은 각각 설날, 한식일, 단오, 추석이다. 그중 설날과 추석은 온 집안이 한자리에 모이는 날인데, 이 때문에 한국 사람이 가장 중시하는 명절로, 전국이 사흘간 휴가에 들어간다. 이 외 정월대보름, 부처님오신날[석가(모니) 탄신일], 동지 등 전통명절이 있다.

3. 각기 다른 명절날에는 각기 다른 음식을 먹는다. 이를 테면 설에는 '떡국', 추석에는 '송편', 정월 대보름에는 '오곡밥, 나물, 부럼'을 먹고 단오절에는 '쑥떡'(이나 '수리취떡'), 동지는 '팥죽' 등을 먹는다.

4. 각기 다른 명절날에 각기 다른 민속놀이를 진행하는데 종류가 아주 다양하다(혹은 많다).
이를테면 씨름, 줄다리기, 농악, 강강술래, 투호, 그네타기, 널뛰기, 윷놀이, 연날리기, 활쏘기, 쥐불놀이 등이다. 그 중 씨름, 줄다리기, 농악, 강강술래는 세계(인류)무형문화유산으로 지정되었다.

1.随着 suízhe …따라서

2.季节 jìjié 계절

3.行使 xíngshǐ 행(사)하다

4.包括 bāokuò 포괄하다. 포함하다

5.传承 chuánchéng 전승하다[전수하고 계승하다]

6.团聚 tuánjù 한 자리에 모이다[대개 육친이 헤어졌다 다시 만날 때]

7.重视 zhòngshì 중시하다. 중요시하다

8.放假 fàngjià 방학하다. 휴가로 쉬다

9.正月 zhēngyuè 정월

10.释迦(牟尼)诞辰日=佛诞节=浴佛节 shìjiā(móuní) dànchénrì=fódànjié=yùfójié
　　　　　　　　 부처님 오신 날=석가(모니) 탄신일

11.冬至 dōngzhì 동지

12.年糕汤 niángāotāng 떡국

13.坚果 jiānguǒ 견과류. 부럼 ◙ 带壳↔去壳 dàiké↔qùké 껍질 채로↔껍질을 까다

14.五谷饭 wǔgǔfàn 오곡밥

15.干菜 gāncài (묵은)나물. 말린 야채나 산나물

16.松饼 sōngbǐng 송편

17.艾(蒿)糕 ài(hāo)gāo 쑥떡 ◙艾叶饼 àiyèbǐng 애엽병

18.牛蒡糕 niúbànggāo 수리취떡

19.红豆 hóngdòu 팥 ◙ 绿豆 lǜdòu 녹두

20.粥 zhōu 죽 ◙ 煮粥 zhǔzhōu 죽을 끓이다

21.种类 zhǒnglèi 종류

22.摔跤 shuāijiāo 씨름

23.荡秋千 dàng qiūqiān 그네 타기

24.投壶 tóuhú 투호

25.拔河 báhé 줄다리기

26.羌羌水越来 qiāngqiāng shuǐyuèlái 강강술래

27.翻板子=掷尤茨 fān bǎnzi=zhì yóucí 윷놀이

28.跳跳板 tiào tiàobǎn 널뛰기 ◙ 跷跷板 qiāoqiāobǎn 시소

29.放风筝 fàng fēngzhēng 연 날리기

30.射箭 shèjiàn 활쏘기

31.摇鼠火 yáo shǔhuǒ 쥐불놀이

32.繁多 fánduō 다양하다. 번다하다 📖种类多而数量大

② 韩国的春节 한국의 설날

春节是正月初一，韩国的四大传统节日之一，它是全家团聚的日子，所以是韩国人最重视的节日，全国放假三天。在春节的时候，家家都祭祖，还有去扫墓(或省墓)。在春节的早上进行祭祖，仪式结束(以)后晚辈给长辈拜年，长辈给压岁钱，然后全家人坐在一起享用供品(或美食)，还有一定吃年糕汤。年糕汤是韩国的春节节日食品。

在韩国，有这样一句话：'春节的时候吃一碗(儿)年糕汤，才能长一岁'。

此外，在春节的时候，全家人坐在一起玩'翻板子'，共享欢乐(或天伦之乐)。

설날은 정월 초하루이고 한국의 4대 전통명절의 하나인데, 그것은 온 집안이 모두 모이는 날이다. 그러므로 한국 사람들이 가장 중요시하는 명절로서 전국이 사흘간 휴가에 들어간다.

설날 때 집집마다 차례를 지내고 성묘를 하러 간다. 설날 아침에는 차례를 지내는데, 의식이 끝난 다음에 손아랫사람들이 윗사람께 세배를 드리면 윗사람은 세뱃돈을 준다.

그런 다음 온 가족이 함께 앉아 차례음식을 먹고 반드시 떡국을 먹는다.

떡국은 한국의 설날 음식이다. 한국에서는 이러한 말, 즉 "설날 떡국 한 그릇을 먹어야 비로소 한 살 더 먹게 된다."는 말이 있다. 이 밖에 설날에는 온 가족이 함께 앉아서 '윷놀이'를 하며 즐거움을 함께 한다.

1. 祭祖 jìzǔ 조상에게 제사 지내다. 차례지내다
2. 扫墓=省墓 sǎomù=xǐngmù 성묘하다
3. 晚辈 wǎnbèi 손아랫사람 ▣ 长辈 zhǎngbèi 손윗사람. 연장자
4. 拜年 bàinián 세배하다
5. 压岁钱 yāsuìqián 세뱃돈
6. 享用 xiǎngyòng 만끽하다. 누리다
7. 供品=祭品 gòngpǐn=jìpǐn 차례음식. 공물. 제사음식
8. 碗(儿) wǎn(r) 그릇. 공기
9. 共享 gòngxiǎng 함께 누리다
10. 欢乐 huānlè 환락. 기쁨
11. 天伦之乐 tiānlúnzhīlè 가정 혹은 가족의 즐거움[단란함]

③ 韩国的春节节日食品 한국의 설날음식

在春节的时候(或在春节的早上)，韩国人一定吃年糕汤，年糕汤是韩国的春节节日食品。在韩国，有这样一句话：'春节的时候吃一碗(儿)年糕汤，才能长一岁'。
年糕汤的做法是把年糕片放在水里泡一会儿(或者把年糕片泡软)，这样熟得快，然后放到牛肉高汤里(或牛骨高汤里)煮熟(以)后，配上牛肉丝、鸡蛋丝、海苔碎等一起吃。
▣ 把煮好的牛肉撕开(或撕成丝)，摊好的鸡蛋饼切成丝。

설날에(혹은 설날 아침에) 한국 사람들은 꼭 떡국을 먹는데, 떡국은 한국의 설날 명절음식이다. 한국에서는 이런 말, 즉 "설날 떡국 한 그릇을 먹어야만 한 살 더 먹게 된다."는 말이 있다.
떡국을 만드는 법은 떡국의 떡을 물에 잠시 동안 담가둔다(혹은 가래떡을 물에 담가 말랑해지게 하다). 이렇게 하면 빨리 익게 된다. 그런 다음 쇠고기 육수에 (혹은 사골육수에) 넣고 끓인 다음 잘게 찢은 쇠고기, 지단채, 김가루 등 고명을 얹어서 (혹은 곁들여서) 같이 먹는다.
▣ 삶은 쇠고기는 (잘게) 찢고 계란지단은 채 썬다.

1.年糕片 niángāopiàn 납작하게 썰어놓은 가래떡
2.泡 pào (물 또는 기타 액체에) 담가 두다
3.泡软 pàoruǎn 물에 담가 말랑해지다
4.牛肉高汤 niúròu gāotāng 쇠고기 육수 ▣ 牛骨 niúgǔ 소뼈
5.配上 pèishàng ~을 곁들이다
6.鸡蛋 jīdàn 계란. 달걀
7.紫菜 zǐcài 김 ▣ 海苔 hǎitái 구운 김 ▣海苔碎 hǎitáisuì 김가루
8.丝 sī 채 쓴 음식의 모양
9.撕 sī (손으로)찢다. 째다. 뜯다
10.摊 tān (전, 계란 등을) 넓게 부치다
11.切 qiē (칼로) 자르다. 썰다

---

④ 韩国的正月十五 한국의 정월 대보름

正月十五是一年中第一个月圆的日子，是韩国的传统节日之一。

在这一天，韩国人吃五谷饭、(素拌素炒的)干菜、坚果。

五谷饭是用糯米、小米、高粱米、红豆、黑豆等5种谷物做成的饭。

吃五谷饭是希望这一年都'丰裕'和'安康'(或平安和健康)。

吃五谷饭的时候，一般就着各种(素拌素炒的)干菜吃，比如说蕨菜、桔梗、

西葫芦干、茄子干、干萝卜缨、马蹄菜等干菜。

还有，吃各种(带壳的)坚果，比如说花生、(生)栗子、核桃、银杏(果)、松子等。

吃坚果是希望这一年都不得皮肤病(或不长疖疮)，牙齿结实(或健康)。

过去，在正月十五的时候，进行摇鼠火、放风筝、跳跳板等民俗游戏。

정월 대보름은 일 년 중에서 첫 번째 보름날로 한국의 전통명절 중의 하나이다.

이 날 한국 사람은 오곡밥, 나물 반찬, 부럼을 먹는다. 오곡밥은 찹쌀, 조, 수수, 팥, 검은콩 등 다섯 종의 곡물로 지은 밥이다. 오곡밥을 먹는 것은 한 해 내내 풍족하고 평안과 건강을 바라는 마음이다. 오곡밥을 먹을 때 각종의 나물 반찬을 곁들여 먹는데, 예를 들면 고사리, 도라지, 애호박 고지, 가지말랭이, 시래기, 취나물 등 나물이다. 그리고 각종의 (껍질이 있는) 견과류[부럼]을 먹는데, 예를 들면 땅콩, (날)밤, 호두, 은행(열매), 잣 등이다. 부럼을 먹는 것은 한 해 내내 피부병에 걸리지 않고 (혹은 부스럼이 나지 않고) 치아가 튼튼하기를(혹은 건강하기를) 바라는 마음이다. 옛날에 정월대보름에 쥐불놀이, 연날리기, 널뛰기 등 민속놀이를 진행했다.

1.月圆 yuèyuán 달이 둥글다. 달이 차다	14.栗子 lìzi 밤
2.谷物 gǔwù 곡물	▣带壳↔去壳 dàiké↔qùké 껍질채로↔껍질을 까다
3.糯米=江米 nuòmǐ=jiāngmǐ 찹쌀	15.核桃 hé·tao 호두 ▣ 核桃仁 hétaorén 호두알
4.高粱米 gāoliángmǐ 수수	16.银杏(果) yínxìng(guǒ) 은행(열매)
5.西葫芦=角瓜 xīhúlu=jiǎoguā 애호박	17.松子 sōngzǐ 잣 ▣ 松仁 sōngrén 잣알
6.茄子 qiézi 가지	18.皮肤病 pífūbìng 피부병
7.萝卜缨=萝卜叶 luóboyīng=luóboyè 무청	19.疖疮=疖子 jiēchuāng=jiēzi 부스럼. 종기
8.马蹄菜 mǎtícài 취나물	20.牙齿 yáchǐ 치아. 이빨
9.蕨菜 juécài 고사리	21.结实 jiēshi 튼튼하다. 단단하다
10.桔梗 jiégěng 도라지	22.素拌素炒 sùbàn sùchǎo
11.丰裕 fēngyù 풍요롭다. 풍족하다	나물이나 야채에 고기를 넣지 않고
12.安康 ānkāng 평안하고 건강하다	무치거나 볶다
13.花生 huāshēng 땅콩 ▣ 花生米 땅콩알	

⑤ 韩国的中秋节 한국의 추석

中秋节是阴历(或农历)八月十五，韩国的四大传统节日之一。

它是全家团聚的日子，所以是韩国人最重视的节日，全国放假三天。

在中秋节的时候，家家都祭祖，还有去扫墓(或省墓)。

在中秋节的早上进行祭祖，仪式结束(以)后全家人坐在一起享用供品(或美食)。

在韩国，中秋节的时候，一定吃松饼。松饼是韩国的中秋节节日食品，全家人坐在
一起包松饼。在韩国，有这样一句话："松饼包得漂亮，就能生一个漂亮的女儿(或
孩子、宝宝)"。此外，中秋节的时候，进行摔跤、荡秋千、拔河、羌羌水越来、射箭
等民俗游戏。特别是直播摔跤比赛，冠军奖品是一头黄牛，并授予'天下第一壮士'(或
'大力士')的荣誉。

추석은 음력 8월 15일인데, 그것은 한국의 4대 전통명절의 하나이다.

추석은 온 가족이 함께 모이는 날이다. 그러므로 한국인들이 가장 중시하는 명절로서 전국이
사흘 동안 휴가에 들어간다. 추석날엔 집집마다 차례를 지내고 성묘하러 간다.

추석날 아침에는 조상께 차례를 지내는데, 의식이 끝난 후에는 온 가족이 함께 앉아 차례 음식을
먹는다. 한국에서는 추석날 꼭 송편을 먹는다. 송편은 한국의 추석명절 음식으로 온 가족이 한자리
에 앉아 송편을 빚는다. 한국에는 "송편을 예쁘게 빚으면 예쁜 딸(혹은 아이, 애기)을 낳을 수 있
다."는 이러한 말이 있다. 이 외 추석에 씨름, 그네타기, 줄다리기, 강강술래, 활쏘기 등 민속놀이를
진행한다. 특히는 씨름시합을 생방송하는데 우승 상품은 황소 한 마리이고 동시에 '천하제일장사'
라는 명예를 수여한다.

1.射箭 shèjiàn 활을 쏘다
2.直播 zhíbō 생방송(하다)
3.冠军 guànjūn 우승자. 챔피언[champion]
4.奖品 jiǎngpǐn 상품. 장려품. 시상품
5.授予 shòuyú 수여하다
6.荣誉 róngyù 영예. 명예
7.女儿↔儿子 nǚ'ér↔érzi 딸↔아들
8.孩子 hái·zi 아이. 자녀. 자식
9.宝宝 bǎo·bao 애기. 아가. 베이비. 귀염둥이[어린애에 대한 애칭]

⑥ 韩国的中秋节节日食品 한국의 추석 명절음식

松饼是韩国的中秋节节日食品。在中秋节的时候，全家人坐在一起包松饼。

在韩国，有这样一句话："松饼包得漂亮，能生一个漂亮的女儿(或孩子、宝宝)"。

松饼的做法是在(和好的)米粉团里放上馅儿以后包起来捏成'半月形'(或半圆形)。

每家放的馅儿都不一样，一般放芝麻砂糖、豆蓉、栗蓉、蜂蜜等。

松饼黏黏、香香、甜甜的，男女老少都喜欢吃(或男女老少皆宜)。

■ 蒸松饼的时候，在蒸屉上铺一层松叶，蒸的时候松叶的香气渗入到米糕里，
所以吃的时候有一股淡淡的松叶的香气，因此得名为'松饼'。

송편은 한국의 추석 명절 음식이다. 추석날엔 온 가족이 함께 앉아서 송편을 빚는다.

한국에는 이러한 말이 있다. "송편을 예쁘게 빚으면 예쁜 딸(혹은 아이, 애기)을 낳을 수 있다."

송편을 만드는 법은 (반죽이 된) 쌀가루 반죽 속에 소를 넣은 다음 싸서 '반달모양'(혹은 반원형)
으로 빚는다. 집집마다 넣는 소가 다르다, 일반적으로 참깨설탕, 콩소, 으깬 밤, 꿀 등이다.

송편은 찰지고 향기롭고 달콤하며, 남녀노소 모두가 즐겨 먹는다(혹은 남녀노소 모두에게 적합하다).

■ 송편을 찔 때에는 시루에 솔잎을 한 층 까는데, 찔 때에 솔잎 향기가 떡 속으로 스며든다.
그래서 먹을 때에 은은한 솔잎의 향기가 난다 하여 '송병'이라는 이름을 얻게 되었다.

---

1. 女儿↔儿子 nǚ'ér↔érzi 딸↔아들
2. 米粉团(儿) mǐfěn tuán(r) 쌀가루반죽
3. 馅(儿) xiàn(r) 소
4. 芝麻 zhīma 참깨
5. 砂糖 shātáng 설탕
6. 栗蓉 lìróng 으깬 밤 ■ 豆蓉 dòuróng 콩소
7. 蜂蜜 fēngmì 꿀 ■ 蜜蜂 mìfēng 꿀벌
8. 捏 niē 손가락을 집다. (손으로)빚다
9. 蒸 zhēng 찌다
10. 蒸屉=蒸笼 zhēngtì=zhēnglóng 시루. 찜통

11. 松叶=松针 sōngyè=sōngzhēn 솔잎
12. 香气 xiāngqì 향기
13. 渗入 shènrù 스며들다
14. 米糕 mǐgāo 쌀떡
15. 股 gǔ 냄새, 힘 등에 쓰는 양사
16. 淡淡 dàndàn 은은하다
17. 黏 nián 찰지다 ■ 黏香 찰지고 고소하다
18. 男女老少皆宜 nánnǚ lǎoshào jiēyí
　　　　　　　　남녀노소에 모두 적합하다
19. 和 huó 반죽하다 例)和面 和馅(儿)

✔더 알고 가기

송편은 멥쌀가루[粳米粉]를 뜨거운 물에 반죽을 해서 콩, 깨, 밤 등의 소를 넣고 찐 떡
이다. 시루에 솔잎을 켜켜이 깔고 쪄내, 은근히 솔 냄새가 나서 소나무 '송'에 떡 '병'자
를 써서 '송병'이라고 불리다가 조선 후기 '송편'으로 바꾸어 부르게 되었다고 한다.

📖 相关问题

1) 中国的春节 중국의 설날

春节是中国的四大传统节日之一，它是全家团聚的日子，所以是中国人最重视的节日，全国放假7天，所以叫'春节长假'。春节的时候，人们(燃)放烟花爆竹，是为驱鬼辟邪，但是现在禁止(或严禁)(燃)放烟花爆竹。还有，挂灯笼、在门和墙上贴春联(儿)、年画(儿)、'福'字。贴'福'字的时候，要倒贴。那是因为倒贴的'倒'字跟到来的'到'字是谐音，含有'福到'的寓意。除夕(或年三十儿)的晚上，全家人聚在一起吃'年夜饭'、看'春晚'，一起守岁，辞旧迎新，晚上12点吃饺子，共享欢乐(或天伦之乐)。

在春节的早上，互相拜年祝福和送红包。

■ 中国的四大传统节日分别为春节、清明节、端午节、中秋节。

■ 中国的三大长假分别为春节(长假)、五一(劳动节)长假、十一(国庆节)长假。

설날은 중국의 4대 전통명절의 하나인데, 그것은 온 집안이 모두 모이는 날이다. 그러므로 중국인들이 가장 중시하는 날로서 전국이 7일 동안 휴가에 들어간다 해서 '설날연휴'라고 부른다. 설날에 사람들은 불꽃놀이, 폭죽을 터뜨리는데 이것은 귀신을 쫓고 액막이를 하기 위해서이다.

하지만 지금은 폭죽놀이를 금지(혹은 엄금)하고 있다. 그리고 초롱을 달고 대문과 벽에 춘련, 세화, '福'자를 붙인다. '福'자를 붙일 때는 거꾸로 붙여야 하는데, '倒贴'의 '倒(거꾸로)'와 到來(도래하다)의 '到'가 '해음자'여서 '복이 찾아온다'는 뜻이 담겨 있다. 섣달 그믐날 저녁에는 온 가족이 함께 모여앉아 '제야음식'을 먹고, '설날특집방송'을 보고 함께 밤을 새우며 새해를 맞이하며 밤12시에는 교자[만두]를 먹으며 가족 간의 즐거움을 나눈다.

설날 아침에는 서로 세배하고 덕담하며 홍빠오를 준다.

■ 중국의 4대 명절은 각각 설날, 청명절, 단오절, 추석이다.

■ 중국의 3대 연휴는 설날(연휴), 5.1(근로자의 날)연휴, 10.1(국경절)연휴이다.

(燃)放烟花爆竹

吃年夜饭

吃饺子

1.(燃)放 (rán)fàng 불을 붙여 터뜨리다
2.爆竹 bàozhú 폭죽 ▣ 鞭炮 biānpào 연발폭죽
3.烟花 yānhuā 불꽃놀이 ▣ 烟花节 불꽃놀이 축제
4.驱鬼辟邪 qūguǐ bìxié 귀신을 쫓고 사악한 기운을 없애다[벽사]
5.灯笼 dēnglong 초롱
6.贴 tiē 붙이다
7.春联(儿) chūnlián(r) 대련[對聯] [설날에 문이나 기둥 양쪽에 붙인다]
8.年画(儿) niánhuà(r) 세화[岁画] [설날에 붙이는 그림]
9.倒 dào 거꾸로. (술, 물 등을)따르다
10.到来 dàolái 도래하다
11.谐音 xiéyīn 독음[讀音]이 같거나 비슷하다
📖谐音双关[해음쌍관]같은 음의 글자로 두 가지 뜻을 나타냄
12.除夕 chúxī 제석. 섣달 그믐날
13.年夜饭 niányèfàn 제야음식[섣달그믐날 밤에 온 식구가 모여서 함께 먹는 음식]
14.春晚 chūnwǎn 설날특집방송 ▣ [全称]春节联欢晚会 Chūnjié Liánhuān wǎnhuì
16.守岁 shǒusuì 해 지킴이[밤을 새우며 새해를 맞이하다]
17.辞旧迎新 cíjiù yíngxīn 송구영신[묵은해를 보내고 새해를 맞이하다]
18.饺子 jiǎozi 만두[교자]
19.红包 hóngbāo 홍빠오. 빨간 봉투
20.互相 hùxiāng 서로
21.祝福 zhùfú 축복(하다)
22.寓意 yùyì 좋은 의미. 우의(하다)

2) 中国的正月十五 중국의 정월대보름

在中国，正月十五的时候吃'元宵'、(看花灯)，所以又称为'元宵节'(或者灯节)。
吃元宵象征合家团圆，新的一年全家幸福、万事如意。

중국에서는 정월대보름에 '원소'를 먹고 (연등을 본다), 그래서 '원소절'(혹은 등제)이라고 한다. 원소를 먹는 것은 온 가족이 한자리에 모이고 새로운 한해에 온 가족이 행복하며 만사여의를 상징한다.

---

1. 元宵 yuánxiāo 원소(정월대보름에 먹는 찹쌀가루로 만든 소가 들어 있는 새알심 모양의 떡)
2. 合家团圆 héjiā tuányuán 온 가족이 단란히 모이다
3. 幸福 xìngfú 행복하다
4. 万事如意 wànshì rúyì 만사여의[모든 일이 뜻대로 이루어지다]
5. 芝麻 zhīma 참깨　■ 黑芝麻 hēi zhīma 검은깨. 흑임자
6. 花灯 huādēng 연등
📖供观赏的用花彩装饰的灯。在春节和元宵节等节日时悬挂，为佳节喜日增光添彩，祈求平安

黑芝麻元宵 흑임자 원소

3) 中国的中秋节 중국의 추석

中秋节是中国的四大传统节日之一。在这一天，人们吃'月饼'、('赏月')。
吃月饼象征合家团圆、和和睦睦。

추석은 중국의 4대 전통명절중의 하나로 이 날에 사람들은 월병을 먹고 (달구경한다).
월병을 먹는 것은 온 가족이 단란히 한자리에 모이고 화목을 상징한다.

1. 月饼 yuèbǐng 월병
2. 赏月 shǎngyuè 달을 감상하다. 달구경하다. 달맞이하다
3. 和睦 hémù 화목(하다)
4. 杏仁(儿) xìngrén(r) 살구씨
5. 瓜子 guāzǐ 해라기씨
6. 核桃 hétao 호두
7. 花生 huāshēng 땅콩
8. 芝麻 zhīma 참깨

五仁(儿)月饼

✔더 알고 가기

五仁(儿) : 다섯 가지 소를 이르는 말로, 살구씨, 해바라기씨, 참깨, 호두, 땅콩이 있다.

⑦ 韩餐(或韩食)的特点 한식의 특징

韩餐以米饭为主、菜为辅，菜主要以时令蔬菜和野菜为主。

此外，韩餐以'药食同源'为基本，多使用药性强的材料，有利于健康。

韩餐最大的特点是发酵食品发达，泡菜、大酱、酱油、辣椒酱、海鲜酱，是韩国的
'五大发酵'食品。其中，泡菜是韩国人餐桌上不可缺少的传统发酵食品，可以说韩国人
一日三餐都离不开泡菜，因此韩国被誉为'泡菜王国'。

目前，韩餐走向世界，深受各国人的喜爱，其中，泡菜、烤肉、韩定食、拌饭、
参鸡汤是韩国的代表饮食。据我所知，外国人最喜欢的韩餐是韩定食、拌饭、参鸡汤。

한국 음식은 쌀밥을 위주로 하고 나물[반찬]을 보조로 삼는데 나물[반찬]은 주로 제철 채소와 산나물을 위주로 한다. 한국음식은 '약식동원'을 기본으로 하여, 약성이 강한 재료를 많이 사용하여 건강에 이롭다. 한국음식의 가장 큰 특징은 발효식품이 발달하였다는 것이다. 김치, 된장, 간장, 고추장, 젓갈은 한국의 '5대 발효'식품이다. 그 중 김치는 한국 사람들의 식탁에 빠질 수 없는 전통 발효식품으로 한국인은 하루세끼 식사에 모두 김치를 빼놓을 수 없다. 때문에 한국을 '김치 왕국'이라 불린다.

현재 한식이 세계로 뻗어나가면서 세계 각국 사람들의 깊은 사랑을 받고 있는 가운데 김치, 고기구이, 한정식, 비빔밥, 삼계탕은 한국의 대표 음식이다. 제가 알기로는 외국 사람이 가장 좋아하는 한식은 한정식, 비빔밥과 삼계탕이다.

1.以~为辅 yǐ~wéifǔ …을 보조로 삼다	10.辣椒酱 làjiāojiàng 고추장
2.时令蔬菜 shílìng shūcài 제철 채소	11.海鲜酱 hǎixiānjiàng 젓갈
3.野菜 yěcài 산나물	12.发酵 fājiào 발효하다
4.药食同源 yàoshítóngyuán 약식동원	13.餐桌 cānzhuō 식탁
5.以~为基本 yǐ~wéi jīběn …을 기본으로 하다	14.被誉为 bèiyùwéi …으로 칭송받다
6.药性 yàoxìng 약성	15.不可缺少 bùkěquēshǎo 없어서는 안된다
7.有利于 yǒulìyú …에 이롭다	꼭 있어야 한다
▣ 有害于 yǒuhàiyú …에 해롭다	16.离不开 líbukāi 떨어 질수 없다. 떨어지지 못하다
8.大酱 dàjiàng 된장	뗄 수가 없다. 몸을 뺄 수가 없다
9.酱油 jiàngyóu 간장	17.参鸡汤 shēnjītāng 삼계탕

⑧ 拌饭和它的做法 비빔밥과 만드는 법

拌饭是韩国的传统料理，也是韩国的名菜之一。其中，最有名的是全州拌饭、晋州拌饭、统营拌饭，称为'三大拌饭'。拌饭荤素搭配合理，营养价值高。拌饭里的蔬菜大部分是各种时令蔬菜和野菜，健康指数高，因此很受人们的喜爱。

비빔밥은 한국의 전통요리이며 한국의 유명요리 중 하나이다. 그 중 가장 유명한 것은 전주비빔밥, 진주비빔밥, 통영비빔밥이고 '3대 비빔밥'으로 불린다. 비빔밥은 육류와 채식을 알맞게 배합하여 영양가치가 높다. 비빔밥의 채소는 대부분은 각종 제철 채소와 나물이라서 건강지수가 높아 사람들의 많은 사랑을 받고 있다.

拌饭的做法是在米饭上面放上备好的材料，分别为炒熟的牛肉末、黄豆芽、蕨菜、桔梗、菠菜、生菜、胡箩卜(丝)、西葫芦(丝)、(煎鸡蛋·荷包蛋·煎溏心蛋)、以及辣椒酱和香油等材料(以)后，用勺子(或筷子)拌匀就可以。

비빔밥은 밥 위에 준비된 재료를 얹는다. 각각 다진 쇠고기볶음, 콩나물, 고사리, 도라지, 시금치, 상추, 당근(채), 애호박(채), (달걀 후라이, 반숙 달걀 후라이), 그리고 고추장과 참기름 등 재료를 넣은 후, 숟가락(혹은 젓가락)으로 잘 섞으면[비비면] 된다.

有的餐厅使用石锅，叫'石锅拌饭'。石锅保温效果好，(更喷香诱人)，而且听着石锅里发出的'滋滋'的声音更引起食欲，(别有一番风味儿)。

어떤 음식점에서 돌솥을 사용하는데 이를 '돌솥비빔밥'이라고 한다. 돌솥은 보온 효과가 좋고 (더욱 향기롭고 감칠맛이 난다). 게다가 돌솥에서 나는 '지직지직' 소리를 들으면 더욱 입맛을 돋운다(색다른 맛이다, 별미이다).

目前，韩餐走向世界，深受各国人的喜爱，其中，拌饭是韩国的代表饮食之一。

현재 한식이 세계로 뻗어나가면서 세계 각국 사람들의 깊은 사랑을 받고 있는 가운데 비빔밥은 한국을 대표하는 음식 중 하나이다.

1.晋州 jìnzhōu 진주
2.统营 tǒngyíng 통영
3.荤素搭配合理 hūnsù dāpèi hélǐ 육류와 채식의 배합이 합리적이다
4.时令蔬菜 shílìng shūcài 제철 채소
5.野菜 yěcài 산나물
6.蕨菜 juécài 고사리
7.桔梗 jiégěng 도라지
8.菠菜 bōcài 시금치
9.胡箩卜 húluóbo 당근
10.西葫芦 xīhúlu 애호박
11.煎鸡蛋=荷包蛋 jiānjīdàn=hébāodàn 계란 후라이
13.溏心蛋 tángxīndàn 반숙달걀
14.勺子↔筷子 sháozi↔kuàizi 숟가락↔젓가락
15.拌匀 bànyǔn 골고루 비비다[섞다]
16.石锅 shíguō 돌솥 ▣ 铜盆 tóngpén 양푼
17.滋滋 zīzī 지직지직
18.喷香诱人 pēnxiāng yòurén 향기롭고[향기가 코를 찌르다] 사람을 유혹하다[감칠맛이 난다]
19.食欲 shíyù 식욕
20.别有一番风味(儿) biéyǒu yìfān fēngwèi(r) 또 다른 특색이[풍미가] 있다. 색다른 맛이다. 별미이다

⑨ 韓定食 한정식

韩定食是指（高级）韩式套餐，（'定食'是全席的意思），是韩国的名菜之一。
韩定食一般由五到十几道菜组成，有鱼、肉、各种时令蔬菜和野菜以及各种泡菜，
色香味俱全、荤素搭配合理、健康指数高、营养价值高。

한정식은 （고급） 한식을 말하는데 （'정식'은 전석을 의미） 한국의 유명요리 중 하나다.
한정식은 보통 5에서 10여 가지의 요리로 이루어져 있으며 생선, 고기, 각종 제철 채소와 나물,
그리고 각종 김치가 있다. 음식의 색, 향, 맛을 모두 갖추고 육류와 채소를 적절히 배합되어 있어
건강지수가 높고 영양가가 높다.

正宗的韩定食是所有的菜一次上齐，摆满一桌，吃完（以）后，还有餐后甜点，一般是
韩国的传统饮料，比如说甜米露、水正果、五味子茶等，这些传统饮料具有助消化
的功效。

정통 한정식은 모든 요리가 한 상 가득 차려져 있고, 다 먹은 후에 식후 디저트도 있다.
예를 들면 식혜, 수정과, 오미자차 등 한국의 전통음료이다.
이 전통 음료들은 소화를 돕는 효능이 있다.

有的韩定食餐厅按（照）前菜（或开胃菜）、配菜、主打菜、主食、餐后甜点的顺序上菜，
非常讲究。

전채[에피타이저], 반찬[사이드 메뉴, 부식], 메인 요리, 주식, 디저트 순으로 음식을 내놓는 한정
식당도 있는데, 매우 격식을 따진다[갖추고 있다].

在不同地区有不同风格的韩定食，各有特色。其中，全北地区的最有名，所有的菜
一次上齐。在首尔，有很多韩定食餐厅，其中，最有名的是'韩国之家'，在'南山谷
韩屋村'附近。

지역마다 한정식의 형식이 다르고 각기 특색이 있다. 그 중 전북지역이 가장 유명하고 모든 음식이
한꺼번에 나온다. 서울에는 한정식 식당이 많은데 그중 가장 유명한 곳이 '한국의 집'이고 '남산골
한옥마을' 근처에 있다.

目前，韩餐走向世界，深受各国人的喜爱，其中，韩定食是韩国的饮食料理之一。
单是看着摆满一桌的菜，不但可以大饱眼福，幸福感爆棚，而且可选择性强，
可以满足所有人的口味，因此是外国人首选的传统料理。

현재 한식이 세계적으로 인기를 끌고 있는 가운데 한국을 대표하는 음식 중 하나로 한정식이
꼽힌다. 보기만 해도 푸짐하고 한 상에 담긴 음식은 눈요기, 행복감이 가득할 뿐만 아니라 선택의
폭이 넓어 모든 사람의 입맛을 만족시킬 수 있기 때문에 외국인들이 일순위로 선택하는 전통요리
이다.

1. 套餐 tàocān 세트메뉴. 풀코스
2. 全席 quánxí 온갖 요리가 다 나오는 연회석[전석]
3. 色香味俱全 sèxiāngwèi jùquán 음식의 색깔, 향, 맛이 모두 갖추다
4. 荤素搭配合理 hūnsù dāpèi hélǐ 육류와 채식의 배합이 합리적이다
5. 正宗 zhèngzōng 정통
6. 摆满一桌 bǎimǎnyìzhuō 가득 한상 차리다. 상다리가 부러지게 차리다
7. 餐后甜点 cānhòu tiándiǎn 후식. 디저트
8. 甜米露 tiánmǐlù 식혜
9. 水正果 shuǐzhèngguǒ 수정과
10. 助消化 zhù xiāohuà 소화를 돕다
11. 按(照) àn(zhào) …에 따라서
12. 开胃菜=前菜 kāiwèicài 에피타이저=전채
13. 配菜 pèicài 곁들여 먹는 반찬. 사이드 메뉴. 부식
14. 主打菜 zhǔdǎcài 메인 요리
15. 顺序 shùnxù 순서
16. 上菜 shàngcài 요리가 나오다. 요리를 올리다
17. 讲究 jiǎngjiu 격식을 따지다
18. 风格 fēnggé 분위기. 풍격. 형식
19. 大饱眼福 dàbǎoyǎnfú (진기하고 아름다운 경관이나 사물을)실컷 눈요기 하다. 실컷 보고 즐기다
20. 爆棚 bàopéng 가득 차다. 꽉 차다
21. 可选择性 kě xuǎnzéxìng 선택의 폭
22. 首选 shǒuxuǎn 우선 선택하다. 일순위로 선택하다

⑩ 泡菜

■ **2021年韩国把韩国泡菜的中文译名(正式)定为'辛奇'**

2021년 한국은 김치의 중국어 역명을 '辛奇'로 공식화하였다.

1) 泡菜及泡菜的起源 김치 및 김치의 기원

泡菜是把蔬菜经过腌制发酵而成的食品，它是韩国人餐桌上不可缺少的传统发酵食品，可以说韩国人一日三餐都离不开泡菜，因此韩国被誉为'泡菜王国'。

김치는 채소를 절여 발효시켜 만든 식품이고 한국인 식탁에서 빼놓을 수 없는 전통발효식품이다. 한국 사람들은 하루 세끼 식사에 모두 김치를 빼놓을 수 없다. 때문에 한국을 '김치왕국'이라 불린다.

关于泡菜的起源有几个说法，其中一个是这样。过去，冬天没什么蔬菜，而且不容易保管，所以人们为了可以长时间储藏蔬菜并摄取基本的营养素，比如说维生素、无机物什么的，把蔬菜经过腌制发酵(以)后储藏(食用)。这样就不用担心冬天没菜吃了。

김치의 기원에 대해서는 몇 가지 설이 있는데 그중 하나가 이렇다. 과거에는 겨울에 채소가 별로 없었다. 게다가 채소를 보관하기가 쉽지 않았다. 그래서 사람들은 채소를 오래 동안 저장하고 동시에 기본적인 영양소, 예를 들면 무기질[미네랄], 비타민 같은 것을[따위를] 섭취하기 위해 채소를 절여 발효시킨 후 저장해 두었(다가 먹었)다. 이렇게 겨울에 반찬 걱정을 하지 않아도 된다.

每年11月末到12月初(之间)，韩国人腌制'过冬泡菜'，这是韩民族世代传承下来的传统饮食文化，(于2013年)被指定为世界(人类)无形文化遗产。为了很好地推广韩国的泡菜文化，每年(在全罗道光州)举办'光州世界泡菜庆典'，光州泡菜堪称韩国泡菜之最(或堪称一绝)，因此慕名而来的人很多。

매년 11월말부터 12월초(사이) 한국인은 '김장'을 담근다. 이는 한민족이 대대로 전승해온 전통 음식문화이고 (2013년에) 세계(인류)무형문화유산으로 지정되었다. 한국의 '김치문화'를 널리 알리기 위해 매년 (전라도 광주에서) '광주세계 김치축제'를 개최하고 있는데, 광주김치는 한국 김치 중 최고라고(혹은 일품이라)하여 소문을 듣고 찾아오는 사람들이 매우 많다.

1.腌制 yānzhì 소금에 절이다
2.发酵 fājiào 발효(하다)
3.不可缺少 bùkě quēshǎo 없어서는[빠져서는] 안 되다
4.储藏 chǔcáng 저장하다 ▣ 储备 (물자를)비축하다. 비축한 물건. 예비품
5.起源 qǐyuán 기원
6.摄取 shèqǔ 섭취하다
7.营养素 yíngyǎngsù 영양소 ▣ 营养成分 yíngyǎng chéngfèn 영양성분
8.维生素=维他命 wéishēngsù=wéitāmìng 비타민
9.无机物=矿物质 wújīwù=kuàngwùzhì 무기질=광물질[미네랄] ▣ 钙·铁·钾 gài·tiě·jiǎ 칼슘·철분·칼륨
10.举办 jǔbàn 개최하다
11.堪称一绝 kānchēng yìjué 감히 일품이라 할 수 있다

2) 泡菜的功效 김치의 효능

泡菜富含(或含有大量)对人体有益的乳酸菌、维生素C[维C]、膳食纤维、无机物
氨基酸等营养素，具有抗癌、增强(或提高)免疫力、预防各种成人病，
比如说高血压、心脏病、动脉硬化等疾病，还有，助消化、减肥等
功效，因此泡菜被选为'世界五大健康食品'之一。
目前，韩餐走向世界，深受各国人的喜爱，其中，泡菜是韩国的代表饮食之一。

김치는 인체에 유익한 유산균, 비타민C, 식이섬유, 미네랄, 아미노산 등 영양소가 대량으로 함유하고 있어 항암, 면역력을 증강(혹은 향상)시키고 각종 성인병 예방, 예를 들자면 고혈압, 심장병, 동맥경화 등 질병이다. 그리고 소화를 돕고, 다이어트 등 효능을 갖고 있기 때문에 김치는 '세계5대건강식품'중의 하나로 선정되었다. 현재 한식이 세계로 뻗어나가면서 세계 각국 사람들의 깊은 사랑을 받고 있는 가운데 김치는 한국을 대표하는 음식 중 하나이다.

---

1. 富含 fùhán 대량으로 함유하다
2. 乳酸菌 rǔsuānjūn 유산균
3. 维生素=维他命 wéishēngsù=wéitāmìng 비타민
4. 膳食纤维 shànshí xiānwéi 식이섬유
5. 矿物质 kuàngwùzhì 광물질. 미네랄
   ▣ 无机物 wújīwù 무기질. 미네랄
6. 钙·铁·钾 gài·tiě·jiǎ 칼슘·철분·칼륨
7. 氨基酸 ānjīsuān 아미노산
8. 营养素 yíngyǎngsù 영양소
9. 增强 zēngqiáng 증강하다

10. 免疫力 miǎnyìlì 면역력
11. 高血压 gāoxuèyā 고혈압
12. 心脏病 xīnzàngbìng 심장병
13. 动脉硬化 dòngmài yìnghuà 동맥경화
14. 疾病 jíbìng 질병
15. 抗癌 kàng'ái 항암 ▣ 防癌 fáng'ái 암예방
16. 减肥 jiǎnféi 살을 빼다. 다이어트하다
17. 功效 gōngxiào 효능
18. 被选为 bèixuánwéi …으로 선정되다

✔더 알고 가기

【세계 5대 건강식품】

1. 한국의 김치[Kimchi] 韩国泡菜 hánguó pàocài
2. 그리스의 그릭요거트[Greek Yogurt] 希腊酸奶 xīlà suānnǎi
3. 스페인의 올리브유[Olive Oil] 西班牙橄榄油 xībānyá gǎnlǎnyóu
4. 인도의 렌틸콩[Lentil] 印度小扁豆 yìndù xiǎo biǎndòu
5. 일본의 낫또[Natto] 日本纳豆 rìběn nàdòu

3) 泡菜(或辣白菜)的做法 김치(혹은 배추김치)를 만드는 법

泡菜(或辣白菜)的做法是先把白菜切成两半(或四半)，用粗盐腌一段时间，(等)白菜腌好(以)后，洗净控干(或沥干)。然后把搅拌好的酱料(层层)涂抹在白菜上(以)后，进行自然发酵。

먼저 배추를 반[2등분](혹은 4등분)으로 자르고 굵은 소금으로 일정한 시간을 절인다.
배추가 잘 절어진 후 깨끗이 씻어 물기를 뺀다.
그런 다음 잘 버무려 놓은 양념을 (켜켜이) 배추에 바른 후에 자연발효를 진행시킨다.

酱料的做法是把备好的(小)葱(段)、姜(蓉)、蒜(蓉)、萝卜丝、水芹菜、
雪里红、鱼露、虾酱、辣椒粉、粗盐、糯米糊等材料(或辅料)放在一起搅拌就可以。

양념장을 만드는 법은 준비한 (쪽)파(토막), (다진)생강, (다진)마늘, 무채, 미나리, 갓, 액젓, 새우젓, 고춧가루, 굵은 소금, 찹쌀풀 등 재료(혹은 보조재)를 한데 넣고 잘 버무리면 된다.

现在韩国每家(或家家)都有一个'泡菜冰箱'，它是专门用于储藏泡菜的冰箱。
泡菜是韩国人餐桌上不可缺少的传统发酵食品，可以说韩国人一日三餐都离不开
泡菜，所以泡菜的种类繁多(或很多)，而且各地方的泡菜各有特色。

현재 한국은 가정마다 모두 '김치냉장고'가 하나씩 있는데 이는 전문적으로 김치를 저장하는데 사용하는 냉장고이다. 김치는 한국인의 밥상에서 없어서는 안 되는 전통 발효식품으로 한국인은 하루 세 끼 식사에 모두 김치를 빼놓을 수 없다고 할 수 있다. 그래서 김치의 종류가 많고 게다가 각 지역의 김치는 각자의 특색이 있다.

1.切 qiē (칼이나 기계 따위로)자르다. 썰다. 끊다
2.粗盐 cūyán 굵은 소금 ▣ 精盐 jīngyán 맛소금
3.腌 yān 절이다 ▣ 腌制 yānzhì 절여서 만들다
4.洗净 xǐjìng 깨끗이 씻다
5.控干=沥干 kònggān=lìgān 물기를 빼다
6.搅拌 jiǎobàn 버무리다
7.酱料 jiàngliào 양념장
8.层层 céngcéng 한층한층. 겹겹이. 켜켜이
9.涂抹 túmǒ 바르다. 칠하다
10.发酵 fājiào 발효(하다)
11.葱(段) cōng(duàn) 파(토막)
12.蒜(蓉) suàn(róng) (다진)마늘

13.姜(蓉) jiāng(róng) (다진) 생강

14.萝卜丝 luóbosī 무채

15.水芹菜 shuǐqíncài 미나리

16.雪里红[蕻] xuělǐhóng 갓

17.鱼露 yúlù 액젓

18.虾酱 xiājiàng 새우젓

19.辣椒粉 làjiāofěn 고춧가루

20.糯米糊=糯米浆 nuòmǐhú=nuòmǐjiāng 찹쌀 풀

21.辅料 fǔliào 보조재

22.冰箱 bīngxiāng 냉장고

23.储藏 chǔcáng 저장하다

24.不可缺少 bùkěquēshǎo 없어서는 안 된다. 빠지면 안 된다

25.繁多 fánduō (종류가) 다양하다 📖种类多而数量大

📖泡菜的种类 김치의 종류

1. 箩卜块儿泡菜 luóbokuàir pàocài 깍두기

2. 小箩卜泡菜 xiǎoluóbo pàocài 총각김치 ▣ 서울

3. 夹心黄瓜泡菜 jiāxīn huángguā pàocài 오이소박이 ▣ 서울

4. 小葱泡菜 xiǎocōng pàocài 파김치

5. 芥菜泡菜 jiècài pàocài 돌산갓 김치 ▣ 전남여수

6. 开胃水萝卜 kāiwèi shuǐluóbo 동치미 ▣ 강원도

7. 白泡菜 bái pàocài 백김치 ▣ 경기도

8. 水泡菜 shuǐ pàocài 나박김치[물김치] ▣ 충청도

9. 嫩箩卜缨泡菜 nèn luóboyīng pàocài 열무김치 ▣ 충청도

10. 南瓜泡菜 nánguā pàocài 호박김치 ▣ 충청도

11. 小白菜泡菜 xiǎobáicài pàocài 얼갈이김치

12. 韭菜泡菜 jiǔcài pàocài 부추김치 ▣ 경상도

13. 鲍鱼泡菜 bàoyú pàocài 전복김치 ▣ 제주도

⑪ 韩国的传统酒 한국의 전통술

韩国的传统酒按(照)酿制方法(或酿造方法)分为米酒[马格利酒](或浊酒、农酒)、清酒、
烧酒、果实酒。其中，米酒的历史最悠久。韩国人喜欢就着各种'煎饼'喝米酒，
比如说泡菜煎饼、海鲜煎饼、小葱煎饼、生蚝煎饼、绿豆煎饼、韭菜煎饼、土豆煎饼、
冻明太鱼煎饼什么的。目前，米酒出口到世界各国，很受人们的喜爱。
(在)'传统烧酒'中，最具代表性的是安东烧酒、全州梨姜酒、首尔闻(香)梨酒。
(在)'清酒'中是庆州校洞法酒、(唐津的)沔川杜鹃酒；
(在)'果实酒'中是五味子酒、青梅酒、覆盆子酒、桑葚酒等。
首尔闻(香)梨酒、庆州校洞法酒、沔川杜鹃酒被指定为国家无形文化财民俗酒。
这些传统酒包装漂亮、精致，很适合送人(或送礼)。

한국의 전통술은 양조법 따라 막걸리(혹은 탁주, 농주), 청주, 소주, 과실주로 나눈다.
그중 막걸리는 역사가 가장 오래되었다. 한국 사람은 각종 '전'과 곁들여서 막걸리를 마시는 것을
좋아한다. 예를 들면 김치전, 해물전, 파전, 굴전, 녹두전[빈대떡], 부추전, 감자전, 동태전 등이다.
현재 막걸리는 세계 각국으로 수출되어 있고 사람들의 사랑을 많이 받고 있다.
'전통 소주' 중 가장 대표적인 것은 안동소주, 전주이강주, 서울문배주등이다.
'청주' 중에는 경주교동법주, (당진의) 면천두견주가 대표이다;
'과실주' 중에는 오미자술, 매실주, 복분자술, 오디술 등이 있다.
서울 문배주, 경주 교동 법주, 면천 두견주가 국가무형문화재 민속주로 지정되었다.
이 전통술들은 포장이 예쁘고 정교하여 선물하기에 적합하다.

1.酿制=酿造 niàngzhì=niàngzào (술·간장·식초 따위를)양조하다. 담그다. 빚다
2.浊酒 zhuójiǔ 탁주
3.马格利 mǎgélì 막걸리의 중국어음역
4.煎饼 jiānbing 전
5.蚝=牡蛎=海蛎子 háo=mǔlì=hǎilìzi 굴
6.韭菜 jiǔcài 부추
7.五味子 wǔwèizǐ 오미자
8.梅实=青梅 méishí=qīngméi 매실
9.覆盆子 fùpénzǐ 복분자
10.桑葚 sāngshèn 오디(뽕나무의 열매)
11.唐津 tángjīn 당진

12.沔川 miǎnchuān 면천
13.杜鹃酒 dùjuānjiǔ 두견주. 진달래술
14.庆州校洞法酒 qìngzhōu xiàodòng fǎjiǔ 경주 교동 법주
15.精致 jīngzhì 정교하다
16.冻 dòng 얼다. 시리다 ▣ 冻明太鱼 동태

✔더 알고 가기

'闻(香)梨酒'酒名的由来 '문배주' 술 이름의 유래

'闻(香)梨树'是韩国土生土长的野生山梨树，它的果实叫'闻香梨'。

这种山梨和一般的梨相比，清香爽口并散发一股独特的香气。

'闻(香)梨酒'是纯粹只用谷物酿制而成的酒，但是散发一股淡淡的闻(香)梨树的果香，因此得名为'闻(香)梨酒'。

'문배나무'는 한국에서 자생하는 토종[토박이] 돌배나무이고, 열매를 '문향리'라고 한다.

이런 돌배는 일반 배와 비교했을 때 상큼한 맛과 함께 독특한 향기가 난다.

문배주는 순수하게 곡물로만 빚은 술이지만 문배나무의 과일향이 은은히 풍겨 '문배주'라고 불리게 되었다.

1.闻 wén (냄새를) 맡다
2.野生山梨 yěshēng shānlí 야생 돌배
3.果实 guǒshí 과실[열매]
4.清香爽口 qīngxiāng shuǎngkǒu 맛이 상큼하고 깨끗[깔끔]하다
5.散发 sànfā 발산하다. 풍기다
6.股 gǔ 냄새, 힘 등을 세는데 쓰는 양사 例)一股力量 一股酒香 一股味儿
7.纯粹 chúncuì 순전히. 완전히. 순수하다
8.酿制 niàngzhì 양조하다. 빚다. 담그다
9.淡淡 dàndàn 은은하다
10.得名为 démíngwéi ~이란 이름을 얻게 되다

⑫ 韩国的传统饮料 한국의 전통음료

韩国传统饮料的种类很多，比如说甜米露、水正果、姜茶、参茶、五味子茶、青梅茶、桂皮茶、枣茶等。这些传统饮料具有助消化、暖身、解酒等功效，因此经常在餐后或酒后饮用。

한국 전통음료의 종류는 많다. 예를 들어 말하자면 식혜, 수정과, 생강차, 인삼차, 오미자차, 매실차, 계피차, 대추차 등이다. 이 전통음료들은 소화를 돕고, 몸을 따뜻하게 하고, 숙취를 해소하는 효능이 있기 때문에 자주 식후 또는 음주 후에 음용[사용]한다.

1) 甜米露 식혜

甜米露是韩国最具代表性的传统饮料之一，也是韩国人最喜欢的传统饮料（或传统冷饮）。韩国人在蒸桑拿（或汗蒸幕）的时候，喜欢喝冰冰、甜甜的甜米露。
此外，甜米露具有助消化的功效，因此经常作为餐后甜点饮用。
据我所知，通过韩剧的热播，中国人也知道甜米露，也喜欢喝甜米露。
▣ 在韩国，'甜米露'称为'食醯'，是韩国固有的名称。食醯是祭祀的祭品之一。

식혜는 한국의 가장 대표적인 전통음료중의 하나이고 또한 한국 사람이 가장 좋아하는 전통음료(혹은 전통 청량음료)이다. 한국 사람은 사우나 할 때(혹은 한증막을 찔 때) 차갑고 달달한 식혜를 마시기를 좋아한다. 이 외 식혜는 소화를 돕는 효능을 가지고 있다. 때문에 자주 후식으로 음용[사용]한다. 제가 알기로는 한국드라마의 인기로 인해 중국인도 식혜를 알고 또한 마시기를 좋아한다.
▣ 한국에서는 '甜米露'를 '食醯'라고 부른다. 이는 한국의 고유의 명칭이다.
　식혜는 제사를 지내는 제사 음식중의 하나이다.

1.甜米露 tiánmǐlù 식혜 ▣ 食醯 shíxī

2.水正果 shuǐzhèngguǒ 수정과

3.五味子 wǔwèizǐ 오미자

4.梅实=青梅 méishí=qīngméi 매실

5.桂皮 guìpí 계피

6.枣 zǎo 대추

7.助消化 zhù xiāohuà 소화를 돕다

8.暖身 nuǎnshēn 몸을 따뜻하게 하다

9.功效 gōngxiào 효능

10.冷饮↔热饮 lěngyǐn↔rèyǐn 청량한 음료↔따뜻한 음료

11.桑拿 sāngná 사우나[sauna] ▣ 三温暖[台湾]

12.汗蒸幕 hànzhēngmù 한증막

13.餐后甜点 cānhòu tiándiǎn 후식. 디저트[dessert]

14.热播 rèbō 인기리에 방영. 절찬리에 방영

15.蒸 zhēng 찌다. (증기로) 데우다

16.(生)姜 (shēng)jiāng 생강

17.祭祀 jìsì 제사(지내다)

2) 水正果 수정과

'水正果'是韩国最具代表性的传统饮料之一，也是韩国人最喜欢的传统饮料（或传统冷饮）。水正果是用(生)姜、桂皮、（大)枣（或红枣)、黑糖等煮成的汤水。水正果味道甜而辣，具有助消化、暖身、解酒等功效，因此经常作为餐后甜点饮用。喝的时候，在水正果上放上几粒松仁或者一小块柿饼，别有一番风味(儿)。

수정과는 한국의 가장 대표적인 전통음료중의 하나이고 또한 한국 사람이 가장 좋아하는 전통음료(혹은 전통 청량음료)이다. 수정과는 생강, 계피, 대추, 흑설탕 등으로 끓인 물이다. 수정과는 맛이 달면서도 맵고 소화를 돕고, 몸을 따뜻하게 하고 숙취 등 효능이 있어 자주 후식으로 음용[사용]한다. 마실 때 수정과에 몇 알의 잣, 혹은 곶감 한 덩어리를 넣고 마시는 것이 별미이다.

1.(生)姜 (shēng)jiāng 생강 ▣辣丝死 là sīsī 맵싸하다. (박하처럼) 싸하다. 칼칼하다
2.枣 zǎo 대추
3.汤水 tāngshuǐ 국물. 건더기를 넣고 끓인 물
4.黑糖 hēitáng 흑설탕
5.松仁(儿) sōngrén(r) (껍데기를 깐) 잣알
6.柿饼 shìbǐng 곶감
7.粒 lì [양사]알
8.别有一番风味(儿) biéyǒu yīfān fēngwèi(r) 또 다른 특색이[풍미가] 있다. 색다른 맛이다. 별미이다

✔더 알고 가기

'正果'的意思是蜜饯或者果脯。蜜饯古称'蜜煎'，过去人们把新鲜果品放在蜂蜜中煎煮浓缩，以去除果品中的大量水分，增进风味，以利于久存而得其名。

'정과'는 전과[설탕에 절인 과일] 또는 과포라는 뜻이다. 옛날에는 '꿀전'이라고 불렀는데, 과거에는 신선한 과일을 꿀에 넣고 달여 농축하여 과일의 수분을 많이 제거하고 풍미를 좋게 하여 오래 보관할 수 있도록 하였다.

Part 6

비교문제

① 韩中两国菜的不同之处 한중 양국의 음식의 다른 점

中国地大物博，饮食文化更是博大精深，根据每个地方不同的饮食习惯素来就有 "南甜·北咸·东辣·西酸"的说法。

중국은 땅이 넓고 자원이 풍부하며 따라서 음식문화 또한 넓고 심오하여 각 지방의 식습관에 따라 (예)전부터 '남쪽은 달게, 북쪽은 짜게, 동쪽은 맵게 서쪽은 시게 먹는다'는 설이 있다.

要说两国菜的不同之处(的话)，中国菜比较油腻，因为中国菜一般以'煎、炒、炸'为主，油用得多。此外，香料味儿很浓。相反，韩国菜比较清淡，因为韩国菜一般以'蒸、煮、拌、炖'为主。此外，韩国菜比较辣，因为辣椒粉用得多。

양국 요리의 다른 점을 말하자면 중국음식은 비교적 기름지고 느끼하다. 중국음식은 보통 '지지고, 볶고, 튀김'의 조리방법을 위주로 하고 기름을 많이 사용하기 때문이다. 이 외에 (향신료)향이 강하다. 반대로 한국 음식은 비교적 담백하다. 한국 음식은 보통 '찌기, 삶기와 끓이기, 무침, 조림'의 조리방법을 위주로 하기 때문이다. 이 외에 한국 음식은 비교적 맵다. 고춧가루를 많이 사용하기 때문이다.

---

1. 地大物博 dìdà wùbó 땅이 넓고 자원 또는 물산이 풍부하다
2. 博大精深 bódà jīngshēn (사상이나 문화가) 넓고 심오하다
3. 素来 sùlái (예)전부터
4. 油腻 yóunì 기름지고 느끼하다
5. 清淡 qīngdàn 담백하다
6. 香料 xiāngliào 향신료
7. 味儿 냄새 혹은 향 例)菜味儿 香味儿 臭味儿
8. 浓 nóng 짙다. 진하다. 농후하다 ▣ 淡 dàn 연하다. 엷다. 묽다. 싱겁다
9. 辣椒粉 làjiāofěn 고춧가루
10. 煎 jiān (기름에)지지다. (전을)부치다. (약, 차등을)달이다 例)煎药
11. 炒 chǎo 볶다
12. 炸 zhá (기름에)튀기다
13. 蒸 zhēng 찌다. (증기로)데우다
14. 煮 zhǔ 삶다. 끓이다 ▣ 焯 chāo 데치다
15. 拌 bàn 무치다. 비비다
16. 炖 dùn 졸이다. 고다. 조림. 찜

② 韩中饮食文化的差异 한중음식문화의 차이

(韩国以冷食和生食为主，而中国以热食和熟食为主)。韩国人喜欢吃生冷的东西，比如说生鱼片(或刺身)、生拌牛肉(或牛肉刺身)、生蚝、活八爪鱼什么的，冬天也喝凉水(或冰镇水)。相反，中国人不太喜欢吃生冷的东西，夏天也喝热水、温水、热茶。

(한국은 냉식과 생식을 위주로 한다. 그러나 중국은 뜨거운 음식과 익힌 음식을 위주로 한다.) 한국 사람은 차고 생으로 된 음식을 먹는 것을 좋아한다. 예를 들면 생선회(혹은 사시미), 육회, 산낙지 등을 먹는 것을 좋아하고 겨울에도 찬물 (혹은 냉수)를 마신다. 반대로 중국 사람은 차고 생으로 된 음식을 먹는 것을 그다지 좋아하지 않고 여름에도 더운 물, 따뜻한 혹은 미지근한 물, 뜨거운 차를 마신다.

▣ 据我所知，活八爪鱼和生蚝有助于恢复和增强体力。吃活八爪鱼时，一般蘸'香油盐酱'吃，吃生蚝时，一般蘸'酸辣酱'吃。

제가 알기로는 산낙지와 생굴은 체력을 회복하고 증강하는데 도움이 된다. 산낙지를 먹을 때 보통 '참기름소금장'에 찍어 먹고, 생굴을 먹을 때는 보통 '초고추장'에 찍어 먹는다.

1.差异 chāyì 차이 ▣不相同的地方;差别	7.冰镇水 bīngzhènshuǐ 냉수. 쿨 워터
2.生冷 shēnglěng 날고 차갑다	8.温水 wēnshuǐ 온수. 따뜻한 물. 미지근한 물
3.生鱼片=刺身 shēngyúpiàn=cìshēn 생선회=사시미	9.有助于 yǒuzhùyú ~에 도움이 되다
▣ 拼盘 pīnpán 모둠	10.恢复 huīfù 회복하다
4.生拌牛肉 shēngbàn niúròu 육회	11.增强 zēngqiáng 증강하다
5.蚝=牧蛎 háo=mǔlì 굴	12.蘸 zhàn (액체, 가루, 양념장 따위에)찍다 (물에)적시다. (붓 따위에 먹을)묻히다
6.(活)八爪鱼 (huó)bāzhuǎyú (산)낙지	13.香油盐酱 xiāngyóu yánjiàng 참기름 소금장
▣ 章鱼 zhāngyú 문어 ▣ 小章鱼 쭈구미	14.酸辣酱 suānlàjiàng 초고추장
▣ 鱿鱼 yóuyú 오징어	15.据我所知 jùwǒsuǒzhī 제가 아는바에 의하면

韩国人(在)用餐时，勺子和筷子分别使用，吃饭时用勺子，吃菜(或夹菜)时用筷子。相反，中国人一般只用筷子，喝汤的时候用勺子。此外，中国人一般饭和汤分开吃，而韩国人喜欢把饭泡在汤里吃。

한국인은 식사 시 숟가락과 젓가락은 따로 사용한다. 밥을 먹을 때 숟가락을 사용하고 반찬을 먹을 때(혹은 반찬을 집을 때) 젓가락을 사용한다. 반면, 중국인은 대개 젓가락만을 사용하고 국을 먹을 때 숟가락을 사용한다. 그리고 중국인은 보통 밥과 국을 따로 먹는다. 그러나 한국인은 밥을 국에 말아 먹는 것을 좋아한다.

在韩国，点餐后，菜一次上齐。相反，在中国，菜一道一道(地)上。
还有，在韩国，餐厅的小菜是免费的，而且(大部分)可以续，不限次数、不限量。

한국에서는 주문한 후 요리를 한 번에 올린다. 반대로 중국에서는 하나씩 올린다.
그리고 한국에서는 식당의 기본 반찬은 무료로 제공되고 게다가 (대부분은) 리필이 가능하며, 횟수의 제한, 양의 제한이 없다[무제한. 무한 리필이다].

1.点餐 diǎncān 음식을 주문하다
2.上齐 shàngqí (음식을)다 올리다
3.免费↔收费 miǎnfèi↔shōufèi 무료↔유료
4.而且 érqiě 게다가
5.续 xù 더하다. 보태다. 리필하다
6.不限次数 bùxiàncìshù 횟수를 제한하지 않다
7.用餐 yòngcān 식사하다
8.分别 fēnbié 각각. 따로따로
9.勺子 sháozi 숟가락 ▣ 汤勺[국자] 饭铲[밥주걱]
10.筷子 kuàizi 젓가락
11.夹(菜) jiā(cài) (반찬을)집다
12.泡 pào (액체에)담그다. (물이나 국에)말다. (커피 등을)타다
13.大部分 dàbù·fen 대부분. 거의 다

韩国人每顿饭都要有小菜，所以一般把常吃的小菜先做好，（然后）每次吃的时候，拨出一点儿吃。此外，做一个（热）汤，比如说泡菜汤、大酱汤、黄豆芽汤、海带汤什么的。相反，中国人一般现吃现做。

한국인은 매 끼니마다 밑반찬이 있어야 하기 때문에 보통 자주 먹는 밑반찬을 미리 만들어놓고 (그런 다음) 매번 먹을 때마다 조금씩 덜어 먹는다.

이 외에 (따끈한) 국[찌개] 하나 만든다. 예를 들면 김치찌개, 된장찌개, 콩나물국, 미역국 등등이다. 반대로 중국인은 즉석요리로 만들어 먹는다.

1.小菜 xiǎocài 밑반찬　■ 小菜店 반찬가게
2.配菜 pèicài 곁들어 먹는 반찬
3.拨出 bōchū 덜어 내다
4.汤 tāng 찌개. 국
5.泡菜 pàocài 김치　■ 老泡菜　묵은 지
6.大酱 dàjiàng 된장
7.海(裙)带 hǎi(qún)dài 미역　■ 昆布 kūnbù 다시마
8.黄豆芽 huángdòuyá 콩나물　■ 绿豆芽 lǜdòuyá 숙주
9.现吃现做 xiànchī xiànzuò 즉석요리로 만들어 먹다

③ 韩中两国饮酒文化的差异 한중양국음주문화의 차이

韩国一般酒杯里的酒喝光了，才可以倒酒(或满上、续杯)。
中国一般没喝光，也可以倒酒(或满上、续杯)。

한국은 대게 술잔의 술을 비우고서야 술을 따라야 한다(혹은 가득 채우다. 리필하다).
중국은 대게 다 마시지 않아도 술을 따를 수 (혹은 가득 채울 수. 리필 할 수)있다.

韩国人喜欢换场喝，一般一个晚上换两三个地方喝，最后大部分去练歌房或(者)
大排档。中国人一般只在一个地方喝，但是受到韩剧的影响，也开始换场喝了。

한국 사람은 장소를 바꿔서 술을 마시는 것을 좋아한다. 보통 하룻밤에 2 , 3차 가고 마지막은
대부분 노래방 혹은 포장마차에 간다. 중국인들은 보통 한곳에서만 마신다. 하지만 한국 드라마의
영향을 받아서 지금은 장소를 바꿔서 술을 마시기 시작했다.

韩国是非常讲究(或重视)礼仪的国家，因此称为(东方的)'礼仪之邦'。在韩国，晚辈跟
长辈喝酒的时候，要转过身(或脸)去喝。在中国，没有这样的讲究，可以脸对脸地喝。
还有，给长辈倒酒的时候，要用双手倒，长辈给倒酒的时候，也要用双手接。

한국은 매우 예의를 중요시하는 나라이다. 때문에 (동방의) '예의지국[예의의 나라]'이라고 불린
다. 한국에서는 아랫사람이 윗사람과 술을 마실 때는 '몸(혹은 얼굴)'을 돌려서 마셔야 한다. 중국
은 대게 저러한 격식을 차리는 관습은 없고 얼굴을 맞대고 마실 수 있다. 그리고 윗사람에게 술을
따라 드릴 때 두 손으로 따라야 하고 윗사람이 술을 따라 줄 때도 또한 두 손으로 받아야 한다.

1.酒杯 jiǔbēi 술잔
2.喝光 hēguāng 잔을 비우다. 남기지 않고 다 마시다
3.倒 dào (술, 물 등을)따르다
4.满上 mǎnshàng 가득 채우다
5.续杯 xùbēi 잔을 리필하다
6.换场 huànchǎng 장소를 바꾸다
7.练歌房 liàngēfáng 노래방. KTV
8.大排档 dàpáidàng 포장마차

9.讲究 jiǎngjiu 중요시하다. 격식. 습관
　📖①讲求注重 ②精美 ③值得注意或推敲的内容
10.重视 zhòngshì 중요하게 생각하다. 중시하다
11.礼仪 lǐyí 예의 ■ 礼仪之邦 예의지국
12.晚辈 wǎnbèi 아랫사람
13.长辈 zhǎngbèi 손윗사람. 연장자
14.转过去 zhuǎnguòqu 방향을 돌리다
15.脸对脸 liǎnduìliǎn 서로 얼굴을 맞대다

韩国人要是喝酒喝多了(或韩国人醉酒后)，第二天(或次日)喝解酒汤，一般喝黄豆芽汤、干明太鱼汤、血豆腐汤什么的，所以在韩国有很多解酒汤店，这些餐厅一般24小时营业。据我所知，中国人酒后一般喝茶或(者)喝蜂蜜水。

◙ 此外，有的人(为了醒酒)，喝枳椇茶。枳椇具有解酒毒和护肝的功效。

한국 사람은 과음을 하게 되면(혹은 한국 사람은 과음 후)이튿날 해장을 한다. 보통 콩나물국, 북엇국, 선지국 등을 먹는다. 그래서 한국에는 해장국집이 많이 있고 이런 식당들은 보통 24시간 영업 한다. 제가 아는 바에 의하면 중국 사람은 음주 후 보통 차를 마시거나 혹은 꿀물을 마신다.

◙ 이 외에 어떤 사람은 (술을 깨기 위해서) 헛개차를 마신다.

　헛개는 해독하고 간을 보호하는 효능이 있다.

1.醉酒 zuìjiǔ 과음하다. 술에 취하다	8.枳椇[学名] zhǐjǔ 헛개 📖[俗称]拐枣 guǎizǎo
◙ 断片儿 duànpiānr 필름이 끊기다	9.具有 jùyǒu (효능, 특성, 의미 등을)가지다.
2.解酒汤 jiějiǔtāng 해장국	(대표성을)지니다
3.黄豆芽 huángdòuyá 콩나물	10.酒毒 jiǔdú 술독
4.干明太鱼 gānmíngtàiyú 북어	11.护肝 hùgān 간을 보호하다
5.血豆腐 xiě dòufu 선지	12.功效 gōngxiào 효능
6.营业 yíngyè 영업하다	13.蜂蜜 fēngmì 꿀　◙ 蜜蜂 mìfēng 꿀벌
7.醒酒 xǐngjiǔ 술을 깨다	14.据我所知 jùwǒ suǒzhī 제가 아는 바에 의하면

韩国人一般不自己倒酒，要别人给倒酒，就是要互相给倒酒，有时，互相交换酒杯喝。
通过互相给倒酒和交换酒杯喝表示友谊和尊重。

한국 사람은 보통 자기가 직접 술을 따르지 않고 다른 사람이 술을 따라 주어야 한다.
곧 서로 술을 따라 주는 것이다. 때로는 서로 술잔을 교환해서 마시기도 한다.
서로 술을 따라 주는 것과 술잔을 교환해서 마시는 것을 통해 우정과 존중을 나타낸다.

1.自己 zìjǐ 자기. 스스로. 직접	4.表示 biǎoshì 표시하다. 의미하다
2.互相 hùxiāng 서로	5.友谊 yǒuyì 우정. 우의
3.交换 jiāohuàn 교환하다	6.尊重 zūnzhòng 존중(하다)

④ 中国白酒和韩国烧酒的不同之处 중국 바이주와 한국소주의 다른 점

中国白酒酒度(或度数)高，听说，低度酒是28~33度，中度酒是39~48度，高度酒是
50~72度。白酒喝起来有点儿辣，但是不太上头。

중국 바이주는 알코올도수가 높다. 도수가 낮은 술은 28~33도, 중간 것은 39~48도, 높은 것은
50~72도라고 들었다. 바이주는 마실 때 얼얼하지만 뒤끝이 깔끔하다.

韩国的烧酒有两种。一个是'传统烧酒'，另一个是(绿瓶装的)'一般烧酒'。传统烧酒
跟中国的白酒差不多，是经过发酵、蒸馏酿制而成的，而'一般烧酒'是稀释酒。
韩国人经常喝的是'一般烧酒'。'一般烧酒'酒度低，大概16度左右，喝起来不辣，
但是它的后劲儿大，容易上头。

한국의 소주는 2종이 있다. 하나는 '전통소주'이고 다른 하나는 (녹색병의) '일반소주'이다.
전통 소주는 중국의 백주와 비슷하다. 발효, 증류하여 양조해서 만든 술이고 반면 '일반 소주'는
희석주이다. 한국 사람이 자주 마시는 것은 '일반소주'이다. '일반소주'는 알코올도수가 낮고 대략
16도 정도이다. 마실 때 얼얼하진 않지만 뒤끝이 있어 머리가 아프다.

1.烧酒 shāojiǔ 소주[곡류를 발효시켜 증류한 술]	6.发酵 fājiào 발효하다
2.度数 dùshu 도수	7.蒸馏 zhēngliú 증류(하다)
3.辣 là 맵다. 아리다. 얼얼하다	8.酿制 niàngzhì 양조하다. 담그다. 빚다
4.上头 shàngtóu (알코올로 인해)두통	9.稀释 xīshì 희석하다
5.绿瓶装 lùpíngzhuāng 녹색 병에 담다	10.后劲儿 hòujìnr 뒤끝

✔더 알고 가기

'白酒'是中国特有的一种蒸馏酒，也称为烧酒、高粱酒、白干酒等。称'白酒'是
因为其酒无色，新中国成立(以)后，统一用'白酒'这一名称代替了以前所使用的
烧酒或(者)高粱酒等名称。

'백주'는 중국 특유의 증류주로 소주, 고량주, 백건주 등으로도 부른다. '백주'라고 하는 것
은 술이 무색이기 때문이다. 신 중국 건국 이후 소주나 고량주 등의 명칭 대신 백주라는
명칭이 통일됐다.

⑤ 韩国炸酱面与中国炸酱面的不同之处
한국 자장면과 중국 자장면의 다른 점

炸酱面不是韩国固有的传统料理，但是它是韩国人最喜爱的料理之一，男女老少都喜欢吃。

자장면은 한국의 고유의 전통 요리가 아니지만 한국인이 가장 사랑[애호]하는 요리중의 하나이며 남녀노소가 모두 즐겨 먹는다.

炸酱面是从中国传入韩国的，但是改良成了(符)合韩国人口味的味道，就是'韩式炸酱面'。

자장면은 중국에서 들어왔지만 한국인의 입맛에 맞는 맛으로 개량했다. 곧 '한국식 자장면이다'.

韩中两国炸酱面的面酱不一样，因此味道也不一样。韩国用'春酱'做，吃起来甜一些，而中国用'黄酱'做，吃起来咸一些。此外，韩国炸酱面的面条比中国的更顺滑、筋道。

한중양국 자장면의 (면의) 소스가 다르기 때문에 맛 또한 다르다. 한국은 '춘장'으로 만들어 져서 먹기에 맛이 좀 달다. 그러나 중국은 황장[중국식 된장]으로 만들어 져서 먹기에 맛이 좀 짜다. 이 외 한국 자장면의 면발은 중국의 것보다 더 매끄럽고 쫄깃쫄깃하다.

韩国人吃炸酱面的时候，一般就着'甜萝卜'或者'生洋葱'吃，特别是喜欢生洋葱蘸春酱吃。据我所知，中国人一般就着'大葱'或者'生蒜'吃。

한국인은 자장면을 먹을 때 보통 '단무지'나 '생양파'와 곁들여서 먹는다. 특히는 생양파를 춘장에 찍어서 먹는 것을 좋아한다. 제가 알기로는 중국인은 '대파'나 '생마늘'과 곁들여서 먹는다.

1.炸酱面 zhájiàngmiàn 자장면[짜장면]

2.固有 gùyǒu 고유의

3.传入 chuánrù (전해) 들어오다. 유입되다

4.符合 fúhé 부합하다.(마음이나 입맛에)맞다. (조건에)들어맞다

5.味道 wèidao 음식의 맛

6.黄酱 huángjiàng 황쟝(중국식된장)

7.咸↔淡 xián↔dàn 짜다↔싱겁다

8.面条(儿) miàntiáo(r) 국수. 면발 例)喜面 寿面 冷面 拌面 面馆

9.顺滑 shùnhuá 매끄럽다. (촉감이)부들부들하고 부드럽다. (머리결이)찰랑거리다

10.筋道 jīndao 쫄깃쫄깃하다. (음식이) 씹는 맛이 있다

11.就着 jiùzhe …와 곁들이다

12.萝卜 luóbo 무

13.葱 cōng 파

14.蘸 zhàn (액체, 가루 따위에)찍다

15.蒜 suàn 마늘

⑥ 韩国的'暖炕'与中国的东北'火炕'的不同之处
한국의 '온돌'과 중국의 동북 '훠캉'의 다른 점

韩国的暖炕和中国的东北火炕都是传统的取暖设施。韩国的暖炕是'全铺式'地热
(或地暖)，整个地面都是热的，可以暖和整个屋子(或房间)，而且冬暖夏凉。
在韩国，屋里铺暖炕，所以进屋的时候，要脱鞋，这样可以保持室内的清洁。
还有，习惯'席地而坐'，男人们一般盘腿而坐，女人们叠腿(或并拢双腿)向一方
倾斜而坐。东北火炕是在屋子里(或房间里)砌起来的'台子(或长方台)'，只暖和
屋子(或房间)的一部分。中国人一般穿鞋进屋，上炕的时候脱鞋。

한국의 온돌과 중국 동북 지역의 훠캉은 모두 전통적인 난방 시설[장치]이다. 한국의 온돌은
방 전체에 까는방식으로 가열하여 바닥 전체가 뜨거워, 혹은 집(혹은 방) 전체를 따뜻하게 할 수
있다. 게다가 겨울은 따뜻하고 여름은 시원하다. 한국에서는 집안에 온돌을 깐다. 그래서 집안으로
들어갈 때 신발을 벗어야 한다. 이렇게 함으로 실내의 청결을 유지 할 수 있다. 그리고 '바닥에
앉는 것[좌식]'에 습관이 되어 있다. 남자들은 보통 양반다리를 하고, 여자들은 다리를 겹쳐서(혹
은 두 다리를 모아서) 한쪽으로 비스듬히 놓고 앉는다. 동북지역의 훠캉은 집안(혹은 방안)에 벽
돌 등을 쌓아 올린 '단(혹은 장방형 단)'이다. 단지 집(혹은 방)의 일부분만 따뜻하게 할 뿐이다.
중국인은 보통 신발을 신고 집안으로 들어가고 구들에 오를 때 신발을 벗는다.

동북 훠캉

1. 炕 kàng 구들
2. 取暖 qǔnuǎn 온기를 취하다
3. 设施 shèshī 시설. 장치
4. 全铺式 quánpūshì 전체를 모두 까는 양식
5. 整个 zhěnggè 전체. 전반적인
6. 暖和 nuǎnhuo 따뜻하다. 따뜻하게 하다
7. 冬暖夏凉 dōngnuǎn xiàliáng 겨울은 따뜻하고 여름은 시원하다
8. 鞋 xié 신발
9. 脱↔穿 tuō↔chuān 벗다↔신다. 입다
10. 保持 bǎochí 유지(하다)
11. 清洁 qīngjié 청결(하다)
12. 习惯 xíguàn 습관. 습관이 되다. 몸에 배다
13. 席地而坐 xídì'érzuò 좌식. (자리가 깔려 있는)바닥에 앉다
14. 盘腿 pántuǐ 양반다리 혹은 책상다리를 하다
15. 叠腿 diétuǐ 다리를 겹치다
16. 并拢 bìnglǒng (다리나 발을)한데 모으다
17. 倾斜 qīngxié 경사. 기울다. 치우치다
18. 砌 qì (벽돌이나 돌 등을)쌓다

📖相关问题 'Ondol'的简介 온돌의 간단한 소개

'Ondol'是韩国的固有词，意思是'暖炕'（或地暖、地热）。

暖炕是韩国的传统取暖设施，设计科学，能够有效、持久地保暖。

在炉灶内（或灶膛）烧火，热气（通过进烟口）进入到炕下的烟道（或炕洞）里，用这些热气把炕烧热。为了防止热气的流失，在炕头和炕尾的下边分别挖两个深坑，热气进入到里边，这样可以锁住热气，持久地保温，之后通过'烟囱'排烟（或把烟排出去）。

'온돌'은 한국의 고유단어로 뜻은 '따뜻한 구들'이다. 온돌은 한국의 전통적인 난방 시설[장치]로, 과학적으로 만들어져 효과적이면서 오랫동안 온기를 지속하게 한다. 아궁이에 불을 때고 열기가 (부넘기를 넘어) 고래로 들어간다. 이 열기들로 구들이 따뜻하게 데워진다（혹은 구들을 달군다）. 열기의 유실을 방지하기 위해서 고래의 앞뒤에 개자리를 파면 열기는 이 안으로 들어간다. 이렇게 함으로 열기를 잡아둘 수 있어 오랫동안 온기를 유지할 수 있다. 그 뒤로는 굴뚝을 통해서 연기를 배출한다.

韩国的暖炕是'全铺式'地热（或地暖），整个地面都是热的，可以暖和整个房间（或屋子），而且冬暖夏凉。在韩国，屋里铺暖炕，所以进屋的时候，要脱鞋，这样可以保持室内的清洁。还有，习惯'席地而坐'，男人们一般盘腿而坐，女人们叠腿（或并拢双腿）向一方倾斜而坐。

한국의 온돌은 방 전체에 까는 방식으로 가열하여 바닥전체가 뜨거워, 방（혹은 집） 전체를 따뜻하게 할 수 있다. 게다가 겨울은 따뜻하고 여름은 시원하다. 한국에서는 집안에 온돌을 깐다. 그래서 집안으로 들어갈 때 신발을 벗어야 한다. 이렇게 함으로 실내의 청결을 유지 할 수 있다. 그리고 '바닥에 앉는 것[좌식]'에 습관이 되어 있다. 남자들을 보통 양반다리하고. 여자들은 다리를 겹쳐서 （혹은 두 다리를 모아서） 한쪽으로 비스듬히 놓고 앉는다.

1.固有词 gùyǒucí 고유의 단어

2.设计 shèjì 설계(하다). 디자인(하다)

3.有效 yǒuxiào 효율적이다. 효과적이다. 유효하다

4.持久 chíjiǔ 오래 지속되다

5.能够 nénggòu 어떤 효과를 얻을 수 있다

6.灶口 zàokǒu 아궁이입구　◙ 灶台 zàotái 부뚜막

7.灶膛 zàotáng　아궁이　📖灶内烧火的地方

8.炉灶 lúzào 화덕. 아궁이　📖炉子和灶的统称

9.烧火 shāohuǒ 불을 때다 또는 지피다

10.防止 fángzhǐ 방지(하다)

11.洞 dòng 동굴. 구멍

12.尾 wěi 꼬리. 끝 例)炕尾 床尾 从头到尾 收尾

13.锁住 suǒzhù 수분이나 열기를 잡아두다

14.挖 wā 파다　例)挖洞　挖坑　挖土　挖地

15.坑 kēng 구덩이. 움푹하게 패인 곳. 사람을 함정[곤경]에 빠뜨리다 例)坑人

16.排烟 páiyān 연기를 배출하다[배연]

17.烟囱＝烟筒 yāncōng＝yāntǒng 굴뚝＝연통

⑦ 南山谷韩屋村与北村韩屋村的不同之处
남산골 한옥마을과 북촌한옥마을의 다른 점

'南山谷韩屋村'是人工建造的韩屋村，主要是为供游客参观和体验而建的'旅游景点'，免费向公众开放(或面向公众开放)。这里有5座(古色古香的)韩屋，它们是把人们实际居住过的房屋(或'故居')照搬而来的。

'남산골 한옥마을'은 인위적으로 만든 한옥마을이고 주로 관광객이 참관과 체험을 하게 위해 만들어 진 '관광지'로 무료로 대중들에게 개방한다(혹은 대중들 상대로 개방한다). 여기에는 다섯 채의 (고풍스러운) 한옥이 있다. 이 들은 사람들이 실제로 거주했던 가옥을(혹은 '생가'를) 그대로 옮겨 온 것이다.

相反，'北村韩屋村'是有着600多年的历史，人们实际居住的住宅区，所以在游览北村的时候，要保持安静，不能大声喧哗，太吵，会影响到当地居民的生活。

반대로 '북촌 한옥마을'은 600여년의 역사를 가지고 있고 사람들이 실제로 거주하는 '주택가' 이다. 그래서 북촌을 유람할 때 조용함을 유지해야 하고 큰소리로 떠들지 말아야 한다. 너무 시끄러우면 현지 주민의 생활에 영향을 미칠 수 있다.

据我所知，从2018年开始，'北村'限制游览的时间，可以游览的时间是从上午10点到下午5点，星期天禁止(或不可以)游览。

제가 아는 바에 의하면 2018년부터 '북촌'은 유람시간을 제한한다. 유람할 수 있는 시간은 오전 10시에서 오전 5시까지이고 일요일은 유람을 금지한다.

1.供 gōng 공급하다(供给). 제공하다(提供). …하는데 사용하다

2.参观 cānguān 참관하다. 관람하다. 구경하다

3.体验 tǐyàn 체험하다

4.公众 gōngzhòng 공중. 대중 例)公众人物 공인

5.面向 miànxiàng …쪽으로 향하다. 마주하다

6.实际 shíjì 실제적이다

7.古色古香 gǔsè gǔxiāng 고색창연하다. 고풍스럽다

8.故居 gùjū 생가

9.照搬而来 zhàobān'érlái 그대로 옮겨오다

10.住宅区 zhùzháiqū 주택가

11.大声喧哗 dàshēng xuānhuá 큰소리로 떠들다

12.吵 chǎo 시끄럽다. 말다툼하다. 떠들썩하다

13.限制 xiànzhì 제한하다 ▣ 有限 유한하다. 한계가 있다

14.游览 yóulǎn 유람하다. 관람하다

15.禁止 jìnzhǐ 금지하다

⑧ 正宫、离宫、行宫的区别 정궁, 이궁, 행궁의 구별

■ '宫'(大体上)分为正宫、离宫、行宫。

'궁'은 (대체적으로, 크게) 정궁, 이궁, 행궁으로 나눈다.

'正宫'是指在国都(或都城内)修建的国王处理朝政和日常生活(起居)的宫殿，又称为'法宫'。在这里举行即位典礼(或登基典礼)、大婚典礼、(立储)册封典礼、文武百官朝贺、接见外国使臣等重大的国家仪式(或国家大典)。朝鲜时代的正宫是'景福宫'。

'정궁'은 도성 내에 지은 왕이 국정을 처리하고 일상 생활하는 궁전이고, '법궁'이라고도 한다. 여기에서 즉위식, 가례식, (왕세자) 책봉식, 문무백관이 조하하고 외국사신을 접견하는 등 중대한 국가의식(혹은 국가성전)을 거행한다. 조선시대의 정궁은 '경복궁'이다.

'离宫'是指正宫的'辅助宫殿'。它是为正宫发生意外，国王不能在正宫居住的时候，可以临时居住而建的。离宫中，最具代表性的是'昌德宫'，而且在五大宫中，只(有)昌德宫(于1997年)被(联合国教科文组织)指定为世界文化遗产。

'이궁'은 정궁의 '보조궁전'이다. 이는 정궁이 뜻하지 않은 사고가 발생하여 왕이 정궁에서 거주하지 못할 때 임시로 거주[기거]할 수 있기를 대비해서 지은 궁전이다. 이궁 중 가장 대표적인 것은 '창덕궁'이고, 또한 5대궁에서 창덕궁만 (1997년에) (유네스코) 문화유산으로 지정되었다.

'行宫'是指国王'出京'(或离开都城)后临时居住的'别宫'或者处所。它是为国王出京(或离开都城)出巡、避难、休养时可以临时居住而建的。行宫中，最具代表性的是'水源华城'内的'华城行宫'、'南汉山城'内的'山城行宫'、'温阳行宫'等。在韩国的行宫中，'华城行宫'规模最大，'山城行宫'是唯一建有宗庙和社稷坛的行宫，'温阳行宫'是朝鲜的(历代)国王们最喜欢的'温泉休养地'。这里的温泉对治疗皮肤病功效非常显著。

'행궁'은 왕이 궁궐 밖으로 행차 시[도성을 떠난 후] 임시로 거처하는 '별궁' 혹은 처서 이다. 이는 왕이 궁을 떠나 [도성을 떠나] 순행, 피난, 휴양 시 임시로 거처하는 처서이다.
가장 대표적인 행궁은 '수원화성'내의 '화성행궁', '남한산성'내의 '산성행궁', '온양행궁'등이다. 한국의 행궁 중에서 '화성행궁'은 규모가 가장 크다. '산성행궁'은 종묘와 사직단을 갖춘 유일한 행궁이다. '온양행궁'은 조선의 (역대) 왕들이 가장 좋아하는 '온천휴양지'로 이곳의 온천은 피부병 치료에 효과가 매우 탁월하다.

1.都城 dūchéng 도성 　▣ 京城 jīngchéng 경성

2.修建 xiūjiàn 축조하다. 건조하다. 건설하다. 건축하다. 세우다. 만들다

3.朝政 cháozhèng 국정

4.举行 jǔxíng 거행하다

5.即位典礼＝登基典礼 jíwèi diǎnlǐ＝dēngjī diǎnlǐ 즉위식

6.立储册封 lìchǔ cèfēng 왕세자책봉

7.文武百官 wénwǔ bǎiguān 문무백관

8.朝贺 cháohè 조하하다　📖朝见庆贺

9.接见 jiējiàn 접견하다　▣ 谨见 jǐnjiàn 알현하다

10.使臣 shǐchén 사신

11.重大 zhòngdà 중대하다

12.辅助 fǔzhù 보조하다

13.意外 yìwài 뜻하지 않은 일[유사]

14.临时 línshí 임시적이다

15.居住 jūzhù 거주하다

▣ 寄居 jìjū 기거하다　📖住在他乡或别人家里

▣ 寓居 yùjū 우거하다　📖原指寄居他国的官僚贵族, 后泛指失势寄居他乡的地主绅士等, 现指寄居或侨居

16.最具代表性 zuì jù dàibiǎoxìng 가장 대표적이다

17.出巡 chūxún 순행하다. 순시하다

18.避难 bìnàn 피난하다

19.休养 xiūyǎng 휴양하다

20.处所 chùsuǒ 처서

21.水原华城 shuǐyuán huáchéng 수원화성

22.规模 guīmó 규모

23.社稷坛 shèjìtán 사직단

24.温泉 wēnquán 온천

25.治疗 zhìliáo 치료하다

26.皮肤病 pífūbìng 피부질병

27.功效 gōngxiào 효능

28.显著 xiǎnzhù 현저하다

29.联合国教科文组织 Liánhéguó Jiàokēwén Zǔzhī 유네스코[UNESCO]
📖[全称]联合国教育科学及文化组织, 总部设在法国

⑨ 兴仁之门与其他城门的不同之处 흥인지문과 기타 성문의 다른

朝鲜时期，为了加强都城－汉阳的防御，防止敌人入侵，以景福宫为中心，在都城的周围修筑了坚固的城墙，并在东·西·南·北建造了四座城门，称为四大门。

조선시대 도성인 '한양'의 방어를 강화하고 적의 침입을 막기 위해 경복궁을 중심으로 도성 주변에 견고한 성벽을 쌓고 동·서·남·북에 4개의 성문을 만들고 사대문이라고 불렀다.

'兴仁之门'建在东边，因此俗称为'东大门'，是韩国的宝物。在四大门中，只(有)
'兴仁之门'城门名由4个字组成(或城门名是四个字)，还有，在城门外修建了'瓮城'。

'흥인지문'은 동쪽에 세워졌기 때문에 속칭 '동대문'으로 불리며 한국의 보물이다.
4대문 중 오직 '흥인지문'만 성문의 이름은 네 글자로 구성되었다(혹은 성문의 이름은 네 글자이다.) 그리고 성문 밖에 '옹성'을 만들었다.

兴仁之门最初叫'兴仁门'，后来改为'兴仁之门'。据说，那是因为从'风水'上看，
东边的地气最弱，为了平衡各方的地气，在城门名中加了一个象征'气'的'之'字。
此外，从'地势'上看东边的地势最低、最容易被攻破，所以为了加强防御，
在城门外修建了'瓮城'。

흥인지문은 처음에 '흥인문'으로 불렀다가 나중에 '흥인지문'으로 바꾸었다.
전하는 말에 의하면 '풍수'적으로 볼 때 동쪽의 땅기운이 가장 약해서 각 측의 땅기운의 균형을 잡기 위해서 성문의 이름 속에 '기'를 뜻하는 '지'자를 덧붙였다. 이 외에 '지세'로 볼 때는 동쪽의 지세가 가장 낮아 가장 공격을 당하기 쉽다. 그래서 방어를 강화하기 위해서 성문밖에 옹성을 만들었다.

1.城门 chéngmén 성문
2.象征 xiàngzhēng 상징(하다)
3.由~组成 yóu~zǔchéng …으로 이루어지다. …으로 조성하다
4.修建 xiūjiàn 축조하다. 만들다. 건설하다. 세우다
5.瓮城 wèngchéng 옹성
6.最初 zuìchū 최초
7.后来 hòulái (그)후. 나중에[과거형에 쓰임]
8.改为=改成 gǎiwéi=gǎichéng …으로 바꾸다
9.据说 jùshuō 설에 의하면. 말하는 바에 의하면
10.地气 dìqì 땅의 기운
11.弱 ruò 약하다
12.平衡 pínghéng 균형을 잡다
13.地势 dìshì 지세
14.低 dī 낮다
15.攻破 gōngpò 돌파하다. 수비를 뚫다. 무너뜨리다
16.加强 jiāqiáng 강화하다. 보강하다
17.防御 fángyù 방어(하다)

⑩ 宗庙与社稷坛 종묘와 사직단

宗庙和社稷坛是王权的象征。正宫－景福宫坐北朝南，以(正宫)景福宫为中心，
宗庙建在景福宫的东边，社稷坛建在景福宫的西边。

종묘와 사직단은 왕권의 상징이다. 정궁인 경복궁은 북쪽에 자리 잡고 남쪽으로 향하여 있다.
(정궁인) 경복궁을 중심으로 종묘는 경복궁의 동쪽에 지어져 있고 사직단은 경복궁의 서쪽에 지어
져 있다.

◼ 这是遵照(或依照)周礼'左祖右社'的布局而建的。

이것은 주례 '좌측은 종묘, 우측은 사직단'의 배치에 따라 만든 것이다.

'宗庙'是供奉朝鲜历代国王和王妃的神位并举行祭祀的'王家祠堂'(或儒家祠堂)，
(于1995年)被(联合国教科文组织)指定为世界文化遗产。
每年5月的第一个星期天在宗庙举行(王室)祭祀(仪式)，这就是'宗庙祭礼'，
(于2001年)被指定为世界(人类)无形文化遗产。

'종묘'는 조선 역대 왕과 왕비의 신주를 모시고 아울러 제사를 거행하는 '왕실사당'
(혹은 '유교사당')이다. (1995년에) (유네스코) 세계문화유산으로 지정되었다.
매년 5월의 첫 주 일요일에 종묘에서 (왕실)제사(의식)을 거행한다. 이것이 바로 '종료제례'이고,
(2001년에) 세계(인류)무형유산에 지정되었다.

'社稷坛'是为祈求风调雨顺、五谷丰登(而)祭土(地)神和(五)谷神的祭坛。
'社'是土(地)神，'稷'是(五)谷神，它们是农业社会最重要的根基。

'사직단'은 비바람이 순조롭고 오곡이 풍년이 들기를 기원하기 위하여 토지신과 오곡 신에게
제사를 지내는 제단이다. '사'는 토지신이고 '직'은 오곡신으로 이들은 농업사회의 가장 중요한
기반이다.

1.宗庙 zōngmiào 종묘

2.社稷坛 shèjìtán 사직단

3.象征 xiàngzhēng 상징(하다)

4.坐北朝南 zuòběi cháonán 북쪽에 자리 잡고. 남쪽으로 향하여 있다

5.遵照 zūnzhào …에 따르다

6.依照 yīzhào ~에 비추다. ~에 의하다. ~을 좇다(따르다)

7.布局 bùjú 배치(하다)

8.供奉 gòngfèng 봉안하다. 공양하다. (위패 등을)모시다

9.神位=灵位=灵牌=牌位 shénwèi=língwèi=língpái=páiwèi 신위. 신주=위패

10.祭祀 jìsì 제사(하다)

11.祠堂 cítáng 사당

12.儒家 rújiā 유교. 유가

13.祈求 qíqiú 기구하다. 기원하다 📖祈祷、请求，恳切地希望得到

14.风调雨顺 fēngtiáo yǔshùn 비바람이 순조롭다
📖风雨均匀适度，及时适合农作物的需要，也可以比喻天下安宁

15.五谷丰登 wǔgǔ fēngdēng 오곡이 풍년이 들다

16.祭坛 jìtán 제단

17.土(地)神 tǔ(dì)shén 토지 신

18.(五)谷神 (wǔ)gǔshén 오곡 신. 곡신

19.根基 gēnjī 토대. 기반

⑪ 中国和韩国端午的不同之处 중국과 한국의 단오의 다른 점

韩中两国的端午都是阴历(或农历)五月初五。韩国的端午是各地方'祭乡神'的日子，所以称为'端午祭'。祭乡神是为祈求风调雨顺、五谷丰登。其中，最具代表性的是'江陵端午祭'，是韩国历史最悠久的端午祭，有着1000多年的历史，(于2005年)被指定为世界(人类)无形文化遗产。

한중 두 나라의 단오는 모두 음력 5월5일이다. 한국의 단오는 각 지방에서 '향토신'에게 제사(혹은 제례)를 올리'는 날이다. 그래서 '단오제'라고 부른다. 향토신에게 제례를 올리는 것은 비바람이 순조롭고 오곡이 풍년이 들기를 기원하기 위해서이다. 그중 가장 대표적인 것은 '강릉단오제'이다. 한국의 가장 오래된 단오제로 1000여년의 역사를 가지고 있고 (2005년에) 세계(인류)무형문화유산으로 지정되었다.

在韩国，端午的时候，吃艾(蒿)糕(或艾叶饼)、牛蒡糕、用菖蒲汤洗头发，还有，进行一些民俗游戏，比如说男人摔跤、女人荡秋千、投壶、射箭等。

한국에서는 단오 때에는 쑥떡(혹은 애엽병), 수리취떡을 먹고 창포탕으로 머리를 감는다. 그리고 여러 가지 민속놀이를 진행한다, 예를 들자면 남자는 씨름하고 여자는 그네뛰기, 투호, 활쏘기 등이다.

中国的端午节原来是'祛瘟防疫'的日子，后来(战国时期楚国的爱国诗人-)'屈原'在这一天投(汨罗)江自尽，所以现在(就)成为了纪念屈原的日子。

중국의 단오절은 원래 역병을 퇴치하고 예방하는 날이다. 그 후 (전국시대 초나라의 애국시인) '굴원'이 이날 (멱라)강에 투신하여 자결하였기 때문에 지금은 굴원을 기리는 날이 되었다.

在中国，端午节的时候，吃粽子、喝雄黄酒、挂菖蒲或者艾叶、戴荷包、在手腕和脚腕上系五彩绳，还有进行'赛龙舟'。

중국에서는 단오절 때에는 쫑즈를 먹고 , 웅황주를 마시며 , 창포나 쑥 잎을 걸어두고, 괴불주머니를 (몸에) 걸고 손목과 발목에 오색 끈을 매고 용선경기를 진행한다.

■ 通过吃粽子来纪念屈原，戴荷包、把五彩绳系在手腕和脚腕，是为驱邪避瘟和防五毒。

쫑즈를 먹음으로써 굴원을 기념하고 괴불주머니를 걸고 오색 끈을 손목, 발목에 매는 것은 액막이를 하고 오독을 방지하기 위함이다.

■ 中国的端午节入选世界(人类)无形文化遗产。
这是中国首个入选'世界非遗'的传统节日。

중국의 단오절은 세계(인류)무형유산에 등재되었다.
이는 중국의 최초로 세계(인류)무형유산에 등재된 전통명절이다.

1.乡神 xiāngshén 향토신	16.汨罗江 mìluójiāng 멱라강
2.江陵端午祭 jiānglíng duānwǔjì 강릉 단오제	17.自尽 zìjìn 자결하다. 스스로 목숨을 끊다
3.艾(蒿)糕 ài(hāo)gāo 쑥떡	18.纪念 jìniàn 기념(하다). 기리다
▣ 艾叶饼 àiyèbǐng 애엽병	19.粽子 zòngzi 쫑즈
▣ 车轮饼 chēlúnbǐng 차륜병	▣ 찹쌀[糯米或江米]을 갈대잎[芦苇叶] 혹은 대나무잎[竹叶]에 싸서 삼각형으로 묶은 후 찐 음식
4.牛蒡糕 niúbànggāo 수리취떡	20.雄黄酒 xiónghuángjiǔ 웅황주
▣ 牛蒡(根) niúbàng(gēn) 우엉	▣ 웅황가루를 넣어 빚은 술로 중국에서 단오에 액막이를 위해 마시거나 몸에 바른다.
5.菖蒲 chāngpú 창포	21.手腕 shǒuwàn 팔목. 손목[수완]
6.头发 tóufa 머리카락[두발]	22.脚腕 jiǎowàn 발목
7.摔跤 shuāi jiāo 씨름하다	23.荷包=香包 hébāo=xiāngbāo 괴불주머니
8.跳跳板 tiào tiàobǎn 널뛰기	24.系 jì 매다. 묶다 例)系安全带 系鞋带
9.荡秋千 dàng qiūqiān 그네를 타다	25.五彩绳 wǔcǎishéng 오색 끈
10.投壶 tóuhú 투호	26.赛龙舟 sài lóngzhōu 용선경기
11.射箭 shèjiàn 활을 쏘다	27.驱邪避瘟 qūxié bìwēn
12.祛瘟防疫 qūwēn fángyì 역병[돌림병]을 퇴치하고 방역하다	사악한 기운을 좇아내고 역병[돌림병]을 피하다
13.诗人 shīrén 시인	
14.屈原 qūyuán 굴원	
15.投江 tóujiāng 강에 몸을 던지다	28.入选 rùxuǎn 입선하다. 뽑히다. 당선되다

粽子

赛龙舟

⑫ 宝物与国宝的区别 보물과 국보의 구별

'宝物'是指在韩国的有形文化材(或有形文化遗产)中，具有重要价值的历史文物
(或历史遗物)。'国宝'是指在宝物中选出的国家重点保护的文物，是国之瑰宝。

'보물'은 한국의 유형문화재(혹은 유형문화유산) 중에서 중요한 가치를 갖춘 역사유물을
가리킨다. '국보'는 보물 중에서 선별한 나라에서 중점적으로 보호하는 문화재로 나라의 진귀한
보물을 말한다.

(被选为)国宝的条件是这些。要具有很高的历史、学术、艺术等价值;制作年代悠久、
制作技术高超; 要跟著名的人物有关等。

국보(로 선정되는)조건은 이것들이다. 아주 높은 역사적, 학술적, 예술적 등의 가치를 갖추고
제작연대가 유구하고 제작기술이 빼어나며 저명한 인물과 관련이 있어야 하는 등이다.

第一个指定的宝物和国宝是兴仁之门和崇礼门。

첫 번째로 지정된 보물과 국보는 흥인지문과 숭례문이다.

▣ 宝物和国宝由文化材厅指定。

　　보물과 국보는 문화재청에서 지정한다.

▣ 韩国的文化材厅相当于中国的'国家文物局'

　　한국의 문화재청은 중국의 '국가 문물국'에 해당하다

1.遗物 yíwù 유물. 유품 🔲遗留下来的具有历史、艺术、科学等价值的遗物和遗迹
2.瑰宝 guībǎo 진귀한 보물 🔲贵重而美丽的宝物;稀世珍宝
3.具有 jùyǒu 가지다. 갖추다
4.技术 jìshù 기술
5.高超 gāochāo (기술이)뛰어나다. 빼어나다
6.著名 zhùmíng 저명하다

⑬ 护照与签证的区别 여권과 비자의 구별

简单地说，护照相当于'国际身份证'，由本国签发。签证相当于'入境许可证'，由入境国签发。护照和签证是出入境时必备的两样东西。

간단히 말하자면 여권은 '국제신분증'에 해당하고 자기 나라에서 발급한다. 비자는 '입국허가증'에 해당하고 입국 나라에서 발급한다. 여권과 비자는 출입국 시 필요한 두 가지 물건이다.

护照的种类有3种，分别为普通护照、外交护照、公务护照。

여권의 종류는 3가지 있고 각각 보통여권, 외교관여권, 관용여권이다.

签证的种类很多，根据持照人的身份、护照的种类，一般分为外交签证、礼遇签证、公务(官员)签证、普通签证这四种。也根据申请人入境的目的，签发不同的签证，比如说工作签证、留学签证、旅游签证、移民签证、医疗签证、探亲签证等。
还有，根据签证的有效期限，分为单次往返签证，多次往返签证。

비자의 종류는 많다. 여권 소지자의 신분, 여권종류에 따라 외교비자, 예우비자, 공무(관원)비자, 보통비자 이 4종으로 나눈다. 또한 신청자의 입국목적에 따라 각기 다른 비자를 발급한다.
예를 들자면 워크비자, 유학비자, 관광비자, 이민비자, 의료비자, 친척방문비자 등이다.
그리고 비자의 유효기간에 근거하여 단수비자와 복수비자로 나눌 수 있다.

■ 随着科技的进步，有些国家已经开始签发电子签证和生物签证，大大增强了签证的防伪功能。

과학 기술의 발전으로 일부 국가에서는 전자 비자와 생물학적 비자를 발급하기 시작하였고, 비자의 위조 방지 기능을 크게 강화되었다.

✔ 더 알고 가기

中国护照申请地点通常是户口所在地的公安局出入境管理部门，韩国是区政府。

중국은 여권 신청 장소는 보통 호적 소재지의 공안국 출입국관리부서이고, 한국은 구청이다.

签证通常在外国驻本国大使馆或者领事馆申请（办理）。

비자는 보통 본국 주재 외국대사관이나 영사관에서 신청한다.

1. 护照 hùzhào 여권. 패스포트[passport]
2. 签证 qiānzhèng 비자[visa]. 사증[查证]
3. 国际身份证 guójì shēnfènzhèng 국제신분증
4. 签发 qiānfā 발급하다 📖主管人审核同意后签字发出
5. 入境许可证 rùjìng xǔkězhèng 입국 허가증
6. 根据 gēnjù 근거(하다). 따르다. 의거하다. ~에 의하면
7. 持照人 chízhàorén 여권소지자
8. 礼遇 lǐyù 예우(하다) 例)受到隆重的礼遇
9. 探亲 tànqīn 가족이나 친척을 방문
10. 往返 wǎngfǎn 왕복하다. 오가다
11. 领事馆 lǐngshìguǎn 영사관
12. 驻 zhù [주]멈추다. 정지하다. 주재하다 例)青春永驻 驻足观看 驻足停留
13. 必备 bìbèi 반드시 구비하다. 필히 갖추다

⑭ 旅行与观光旅游的区别 여행과 관광의 구별

简单地说，'旅行'和'观光旅游'都是指到一个地方(去)游玩(儿)。

간단히 말하자면 여행과 관광은 모두 한곳에 가서 유람하고 노는 것을 말한다.

它们的区别是'旅行'没有特定的目的，就是随便走走、看看、欣赏当地的风景、
感受当地的文化和风俗(或风土人情)，滞留的时间长一些(或比较长)。

그들의 다른 점은 '여행'은 특정적인 목적이 없고 그냥 자유로이 돌아다니고 구경하며
그곳의 풍경을 감상하고 그곳의 문화와 풍속을 느끼는 것이다. 체류하는 시간이 좀 긴 편이다
(혹은 비교적 길다).

相反，'观光旅游'有特定的目的，以'消费和娱乐'为主，滞留的时间短一些(或
比较短)。根据不同的目的有不同的观光旅游。比如说医疗观光、安保观光、
奖励旅游、卡西诺观光等。

반대로 '관광'은 특정적인 목적이 있고 '소비와 오락'을 위주로 하고 체류하는 시간이 좀 짧은 편
이다(혹은 비교적 짧다). 목적에 따라 각기 다른 관광이 있다. 예를 들자면 의료관광, 안보관광,
포상관광, 카지노 관광 등이다.

1.游玩(儿) yóuwán(r) 유람하고 놀다. 돌아다니며 놀다
2.随便 suíbiàn 마음대로. 편히. 함부로 하다. 제멋대로 하다
3.欣赏 xīnshǎng 감상하다
4.感受 gǎnshòu (몸으로 직접)느끼다. 감수하다. 느낌. 소감
5.风土人情 fēngtǔ rénqíng 풍토와 인심. 지방의 특색과 풍습
📖一个地方特有的自然环境、物产、风俗、礼节、习惯的总称
6.滞留 zhìliú 체류하다
7.娱乐 yúlè 오락. 유흥. 즐거움. 엔터테인먼트
8.医疗观光 yīliáo guānguāng 의료관광
9.安保观光 ānbǎo guānguāng 안보관광
10.奖励旅游 jiǎnglì lǚyóu 포상관광. 인센티브 투어
11.卡西诺观光 kǎxīnuò guānguāng 카지노관광　■ 赌场 dǔchǎng 카지노. 도박장

⑮ DUTY FREE 与 TAX FREE或者TAX REFUND的区别
듀티 프리와 택스프리 혹은 택스 리펀드의 차이점

'Duty free'是指'免税', 'Tax free或Tax refund'是指'退税'。

'Duty free'는 '면세'를 가리키고, 'Tax free 혹은 Tax refund'는 '세금 환급'을 가리킨다.

'免税'是商品的价格里已经免去了各种税(金), 比如说关税、增值税、个别消费税、酒税、烟草消费税等附加税。本国人和外国人出境的时候(都可以享受免税的优惠), 都可以购买免税的商品。

'면세'는 상품의 가격 안에 각종 세금을 이미 면제한 것이다. 예를 들자면 관세, 부가 가치세, 개별 소비세, 주세, 담배소비세 등(부가세)이다. 내국인과 외국인이 출국 시 모두 (면세 혜택을 누릴 수[받을 수] 있다) 세금을 면제한 상품을 구매할 수 있다.

'退税'是'先购买, 后退税', 只对(或面向)外国人(或外国顾客、国外顾客)实施, 他们在贴有'Tax free'标志商店'单次(或单笔)消费(或买满)3万韩元以上的时候 给退税(或退[还]税金), (给退[还]的税是增值税和个别消费税)。

'세금환급'은 '선구매, 후 세금환급'이다. 이는 외국인에게만(혹은 외국인 고객 상대로) 실시한다. 그들이 'Tax free' 로고가 (붙어)있는 (세금환급)상점에서 한번에 3만 원 이상 소비할 때 세금을 환급해 주는 것이다. (환급해 주는 세금은 부가 가치세와 개별소비세이다.)

此外, 从2016开始实施'即刻退税', 就是当场免去(或扣除)税金(以)后结算。据我所知, 目前, 在退税商店单次(或单笔)消费(或买满)3万韩元以上的时候, 当场免去(或扣除)税金, 但是单次(或单笔)限额是50万, 一人累计总额是200万以下, 而且需要出示护照。

이 외 2016년부터는 '즉시 세금 환급제도'를 실시하고 있다. 즉 바로 즉석에서 세금을 면제(또는 공제)하고 계산하는 것이다. 제가 아는 바에 의하면 현재 세금환급 상점에서 한번에 3만 원 이상 소비 시 즉석에서 세금을 면제(혹은 차감)한다. 하지만 회당 한도는 50만 원, 1인 누계 총액은 200만 원 이하이다. 그리고 여권을 제시해야 한다.

■ 当场免去(或扣除)的税是增值税和个别消费税。

즉석에서 면제(혹은 차감)해주는 세금은 부가가치세와 개별 소비세이다

1.退税 tuìshuì 세금을 돌려주다. 환급하다
2.免去 miǎnqù 면제하다
3.税金 shuìjīn 세금
4.关税 guānshuì 관세
5.增值税 zēngzhíshuì 부가 가치세
6.消费税 xiāofèishuì 소비세
7.烟草 yāncǎo 연초[담배]
8.附加 fùjiā 부가(하다).추가(하다) 例)附加条件
9.享受 xiǎngshòu 누리다. 향유하다
10.优惠 yōuhuì 혜택
11.标志 biāozhì 로고. 마크. 표지

12.标识 biāoshí 표기(하다) ■ 中文标识
13.实施 shíshī 실시하다
14.即刻=即时 jíkè 즉각=즉시
15.当场 dāngchǎng 즉석. 그 자리에서
例)当场领取 当场免去 当场死亡
16.扣除 kòuchú 차감하다. 빼다. 공제하다
17.出示 chūshì (증명서 등을)제시하다. 내보이다
例)出示证件 出示身份证 出示驾照
18.限额 xiàn'é 한도액
19.累计 lěijì 누적하다

✔더 알고 가기

구분	사전면세점(Duty Free)	사후면세점(Tax Free)
관세	X	O
개별소비세	X	X
부가가치세	X	X
환급수수료	X	O
지급방법	세금 제하고 계산	3만원 이상 구입 후, 3개월 내에 출국한 경우, 개별소비세와 부가가치세를 출국 시 환급 가능
대상	해외 출국 외국인, 해외 출국 내국인	해외 출국 외국인
물품	수입물품, 모피, 보석류, 인삼, 보세가공물품등	도자기, 홍삼, 악기, 의류 등
자격구분	허가제	등록제

📖 相关问题

① 请介绍一下儿'TAX FREE'制度

'TAX FREE'制度是只对(面向)外国人(或外国顾客、国外顾客)实施的'退税制度'。
就是说他们在贴有'TAX FREE'标志的商店单次(或单笔)消费(或买满)三万韩元
以上的时候给退税，退税金额大概是所购物品价格的百分之三到八(之间)。

'텍스 프리'제도는 외국인에게만 (혹은 외국인 고객 상대로)실시하는 '세금환급' 제도를 가리킨다.
곧 그들이 'TAX FREE' 로고가 붙어 있는 상점에서 한 번에 3만 원화이상 소비 시 세금을 환급
해 주는 것이다. 세금환급금액은 구매상품가격의 3%~8%(사이)이다.

退税方式有三种，分别为支付宝退税、现金退税、退税到卡。
目前，可以在市区的'退税所'办理退税，也可以在机场办理退税。

세금환급방식은 3종류가 있는데 각각 알리페이환급, 현금환급, 카드환급이다.
현재 도시내의 '세금환급소'에서 세금환급수속을 할 수 있고 또한 공항에서 세금환급수속을
할 수 있다.

此外，从2016开始实施'即刻退税'，就是当场免去(或扣除)税金(以)后结算。
据我所知，目前，在退税商店单次(或单笔)消费(或买满)3万韩元以上的时候，
当场免去(或扣除)税金，但是单次(或单笔)限额是50万，一人累计总额是200万
以下，而且需要出示护照。

이 외 2016년부터는 '즉시 세금 환급제도'를 실시하고 있다. 즉 바로 즉석에서 세금을 면제(또는
공제)하고 계산하는 것이다. 제가 아는 바에 의하면 현재 세금환급 상점에서 한 번에 3만 원이상
소비 시 즉석에서 세금을 면제(혹은 차감)한다. 하지만 회당 한도는 50만 원, 1인 누계 총액은
200만 원 이하이다. 그리고 여권을 제시해야 한다.

1.制度 zhìdù 제도
2.金额 jīn'é 금액 ▣ 限额 (금액)한도
3.所购物品 suǒgòu wùpǐn 구매상품
4.百分之 bǎifēnzhī 퍼센트
5.支付宝 zhīfùbǎo 알리페이[중국모바일 전자 결제앱]
6.退税到卡 tuìshuì dàokǎ 카드환급

② 在机场如何办理退税? 공항에서 어떻게 세금환급을 하나요?

在退税商店消费(以)后，要一张'退税单'。

세금환급상점에서 소비한 후 '세금환급신청서' 한 장을 받는다.

出境的时候，在海关出示填写好的退税单、护照、购物小票、未开封的所购物品。

출국 시 세관에 기입한 세금환급신청서, 여권, 구매 영수증, 미 개봉한 구매상품을 제시한다.

■ 所购物品的退税金额不到七万五千韩元时，不用出示。

구매상품의 세금환불금액이 7.5만원화 미만 시 제시하지 않아도 된다.

海关盖章(以)后，拿着(盖有海关印章的)退税单去退税处。

세관이 도장을 찍은 후 (세관 인장이 찍혀 있는) 세금환급신청서를 가지고 세금환급소로 간다.

可以选择当场领取(或拿)现金或者退税到卡。

즉석에서 현금을 수령하거나 카드 환급을 선택할 수 있다.

此外，退税金额是小额，不到七万五千韩元的时候，可以使用机场内的'自助退税机'，
这样可以节约时间。

이 외 세금환불금액이 소액 7만5천 원화 미만 시 공항내의 '자동세금환급기'를 사용할 수 있다.
이렇게 하면 시간을 절약 할 수 있다.

1.退税单 tuìshuìdān 세금환급작성표	8.印章 yìnzhāng 인장. 도장
2.填写 tiánxiě 기입하다. 작성하다	9.选择 xuǎnzé 선택(하다)
3.购物小票 gòuwù xiǎopiào 구매 영수증	10.领取 lǐngqǔ 수령하다
4.(未)开封 (wèi) kāifēng (미)개봉	11.自助退税机 zìzhù tuìshuìjī 자동 세금 환급기
5.出境 chūjìng 출국[국경을 나가다]	12.小额 xiǎo'é 소액
6.出示 chūshì (증명서 등을)제시하다. 내보이다	13.节约 jiéyuē 절약하다
7.盖章 gàizhāng 도장을 찍다	

⑯ 景福宮与昌德宮的不同之处 경복궁과 창덕궁의 다른 점

景福宮是正宮，昌德宮是离宮，但是昌德宮作为正宮使用的时间比正宫景福宫更长，大概是260年(或258年)。两个宮殿的建筑格局不同，景福宮呈'对称'格局，而昌德宮呈'不对称'格局。那是因为景福宮建在平地上，呈长方形，宫内的中心建筑建在一条中轴线(或直线)上，其他建筑左右对称。相反，昌德宮没有建在平地上，而是建在山脚下，地势不平，整个宮殿以顺应自然地势、不破坏自然环境下建造，所以建筑进进出出(的)，但是建筑和自然和谐地融为一体，在五大宫中最具自然风貌。
此外，景福宮遭到大(面积的)破坏，而昌德宮保存完好，在五大宫中，只(有)昌德宫(于1997年)被(联合国教科文组织)指定为世界文化遗产。

경복궁은 정궁이고 창덕궁은 이궁이다. 하지만 창덕궁은 정궁으로 사용한 시간이 정궁인 경복궁보다 더 길다. 대략 260년(혹은 258년)이다. 두 궁궐의 건축 구도는 다르다. 경복궁은 '대칭'이고 반면 창덕궁은 '비대칭' 구도를 이루고 있다. 경복궁은 평지에 지어져 있고 장방형모양을 이루고 있다. 궁내의 중심건물은 하나의 중심축(혹은 일직선)에 지어져 있고 기타건물은 좌우대칭을 이루고 있다. 반대로 창덕궁은 평지에 짓지 않았고 산자락에 지어져 있어 지세가 평평하지 않다. 궁궐 전체가 자연지세에 맞추어 자연환경을 파괴하지 않고 지어져서 건축물들이 들쑥날쑥하지만 건물과 자연이 조화롭게 일체를 이루고 있어 오대 궁에서 가장 자연적인 풍모를 가지고 있다. 이 외 경복궁은 큰 파괴를 입었고 그러나 창덕궁은 보존이 잘 되었다. 오대 궁에서 오직 창덕궁만(1997년) (유네스코) 세계문화유산에 지정되었다.

---

1. 格局 géjú 구도. 격식. (건물의) 구조
2. 呈 chéng (어떤 형태를) 갖추다. (빛깔을) 띠다. 나타내다. 드러내다
3. 对称 duìchèn 대칭(적이다)
4. 中轴线 zhōngzhóuxiàn 중심축
5. 山脚 shānjiǎo 산자락
6. 进进出出 jìnjin chūchū 들락날락하다. 들쑥날쑥하다
7. 自然风貌 zìránfēngmào 자연적인 풍모

⑰ 名胜与史迹的区别　명승과 사적의 구별

"名胜"是指自然环境优美、具有艺术性和观赏性的游览胜地。比如说首尔的白岳山
一带，全南的顺天湾等地方。其中，顺天湾是'拉姆萨尔湿地'，也是韩国最具代表性
的生态旅游地区。

"명승"은 자연환경이 아름답고 예술성과 관상적인 면을 구비한 명승지[경승지]를 말한다.
예를 든다면 서울의 백악산 일원[일대], 전남의 순천만 등 곳이다. 그중 순천만은 람사르습지이고,
한국의 가장 대표적인 생태관광지이기도 한다.

"史迹"是指古代遗留下来的建筑物和历史遗址，具有历史、学术、观赏、艺术等价值。
比如说宗庙、昌德宫、水原华城、南汉山城、庆州的佛国寺等地方，它们都被指定
为世界文化遗产。

"사적"은 역사상으로 남아 있는 건축물과 유적을 가리키는데 역사·학술·관상·예술 등의 가치가
있다. 예를 들면 종묘, 창덕궁, 수원화성, 남한 산성, 경주의 불국사 등 곳이다.
이들은 세계문화유산으로도 지정되어 있다.

名胜和史迹都根据文化材保护法指定，我们习惯说'名胜古迹'。

명승과 사적은 모두 문화재보호법에 따라 지정하고 우리는 흔히 '명승고적'이라고 말한다.

1.优美 yōuměi　（풍경. 음악, 춤동작 등이) 아름답다. 멋지다
2.白岳山 báiyuèshān　백악산
3.顺天湾 shùntiānwān 순천만
4.拉姆萨尔湿地 lāmǔsà'ěr shīdì 람사르습지
5.遗留 yíliú （과거나 또는 이전의 형상이나 물건이) 남아 있다
6.遗址 yízhǐ 유지. 유적. 옛터
7.价值 jiàzhí 가치
8.根据 gēnjù 근거(하다). 의거하다. ~에 의하면

⑱ 农乐和四物游戏的区别 농악과 사물놀이의 다른 점

'农乐'是韩国固有的传统农耕音乐，是在农村集体劳动或(者)节日的时候为增添欢快的气氛(而)演奏的音乐。农乐形态多样、充满活力，具有独创性和民族特色，(于2014年)被指定为世界(人类)无形文化遗产。

'농악'은 한국 고유의 전통농경음악으로 농촌에서 집단노동이나 명절 때 흥을 돋우기 위해 연주하는 음악이다. 농악은 형태가 다양하고 활기차며 독창성과 민족특색을 가지고 있고 (2014년에) 세계(인류)무형문화유산으로 지정되었다.

农乐一般在户外进行，由十人以上组成，使用传统乐器演奏(或合奏)，分别为打击乐器－大锣、小锣、圆鼓、长鼓、小鼓以及管乐器－唢呐、喇叭等。

농악은 보통 옥외에서 진행하고 10인 이상으로 구성되었고 전통악기를 사용하여 연주[혹은 합주]한다. 이들은 각각 타기악인 징, 꽹과리, 둥근 북, 장고, 소고, 그리고 관악기인 쇄납[태평소], 나팔 등이다.

'四物游戏'源于农乐，一般在室内进行，由四人组成，他们只使用四个打击乐器演奏(或合奏)，分别为大锣、小锣、圆鼓、长鼓。

'사물놀이'는 농악에서 기원되었고 보통 실내에서 진행하며 4인으로 구성 되었다.
그들은 4개의 타기악만 사용하여 연주[혹은 합주]한다. 각각 징, 꽹과리, 둥근 북, 장고이다.

1.农耕 nónggēng 농경(논밭을 갈아 농사를 지음)	10.管乐器 guǎnyuèqì 관악기
2.农村 nóngcūn 농촌 ▣ 乡下 xiāngxià 시골	11.大锣 dàluó 징
3.增添 zēngtiān 돋우다. 더하다	12.小锣 xiǎoluó 꽹과리
4.欢快 huānkuài 경쾌하다. 흥겹다.신나다	13.圆鼓 yuángǔ 둥근 북
5.气氛 qìfēn 분위기	14.长鼓 chánggǔ 장구
6.充满 chōngmǎn 충만하다. 넘치다	15.小鼓 xiǎogǔ 소고
7.独创性 dúchuàngxìng 독창성	16.唢呐 suǒnà 쇄납. 태평소
8.演奏 yǎnzòu 연주하다	17.喇叭 lǎbā 나팔
9.打击乐器 dǎjī yuèqì 타기악기	

四物游戏(是韩国传统打击乐中的一个流派)，源于农乐。四物游戏一般在室内进行，由四人组成，他们只使用四个打击乐器演奏(或合奏)，分别为大锣、小锣、圆鼓、长鼓。

사물놀이는 (한국의 전통 타기악 중 한 갈래인데) 농악에서 기원했다.
사물놀이는 보통은 실내에서 진행하고 4인으로 구성되었다.
그들은 4개의 타악기만 사용하여 연주[혹은 합주]하는데 각각 징, 꽹과리, 북, 장구이다.

这四个乐器分别代表'风、雷、云、雨'，这四个自然现象。
此外，用金属制作的大锣和小锣(所)发出的声音代表'上天之声'，用牛皮制作的圆鼓和长鼓(所)发出的声音代表'大地之声'，体现着'天地合一'、'阴阳和谐'。

이 4개의 악기는 각각 '바람, 구름, 천둥, 비'이 4개의 자연현상을 뜻한다.
이 외 금속으로 만든 징과 꽹과리가 내는 소리는 '하늘의 소리'를 뜻한다.
소가죽으로 만든 둥근 북과 장구가 내는 소리는 '땅의 소리'를 뜻한다.
하늘과 땅의 합일, 음양의 조화를 구현하고 있다.

目前，主要在剧场进行四物游戏演出，动感、欢快的节奏，使全程20多分钟的演出，绝无冷场。这个演出很受人们的喜爱，成为了赴韩旅游的必体验项目。

현재는 주로 극장에서 사물놀이공연을 진행한다.
역동적이고 활기찬 리듬에 20여 분 동안 펼쳐진 공연은 한 치의 지루함도 없다.
이 공연은 사람들의 사랑을 많이 받고 있고 한국 여행의 필수 체험 프로그램이 됐다.

1.流派 liúpài 유파	8.欢快 huānkuài 경쾌하다. 흥겹다. 신나다
2.源于 yuányú …에서 기원하다. 비롯되다	9.演出 yǎnchū 공연(하다). 상연(하다)
3.由~组成 yóu~zǔchéng …으로 이루어지다	例)首次演出 첫 공연
4.雷 léi 천둥 例)打雷 dǎléi 천둥치다	10.绝无 juéwú 절대로 없다
5.自然现象 zìrán xiànxiàng 자연현상	11.冷场 lěngchǎng (연극이나 공연, 농담 등이)지루
6.动感 dònggǎn 역동적이다	하다. 썰렁하다
7.节奏 jiézòu 박자. 절주. 템포	

⑲ 韩国的'韩屋'与中国的'四合院'的不同之处
한국의 '한옥'과 중국의 '사합원'의 다른 점

韩屋一般遵照'背山临水(或背山面水)、依山傍水'的风水原则而建(造)，而且以顺应
自然地势、不破坏自然环境下建造，因此建筑和自然和谐地融为一体。
中国的四合院呈四方形(或'口'字形)，房屋一般左右对称。

한옥은 보통 '배산임수(혹은 배산면수), 산을 끼고 물 가까이 하다'의 풍수원칙에 의하여 만든다.
한옥은 일반적으로 자연지세에 맞추어 자연환경을 파괴하지 않고 지어진다. 이 때문에 건축물과
자연이 조화롭게 일체를 이루고 있다.
중국의 사합원은 사각형모양(혹은 '口'자형)을 띠고 있고, 집들은 보통 좌우 대칭이다.

▣ 据我所知，四合院体现着'天圆地方'的阴阳学说。"四"是四方，象征'地方'；
　 "合"是闭合，象征'天圆'。

　 제가 알기로는 사합원은 '천원지방'의 음양(오행)설을 구현하고[구체적으로 나타내고] 있다.
　 '사'는 네모 곧 '땅은 네모';'합'은 폐합, '하늘은 둥글다'를 상징한다.

韩屋的围墙低于房屋(或围墙比房屋低围墙)，不遮挡房屋。
而四合院的围墙高于房屋(或围墙比房屋高)，遮挡房屋。

한옥의 담장은 집보다 낮아서 집을 가리지 못한다.
그러나 사합원의 담장은 집보다 높아서 집을 가린다.

韩屋最大的特点是屋里铺'暖炕'。在韩国，屋里铺暖炕，所以进屋的时候，要脱鞋，
这样保持室内的清洁，还有，习惯席地而坐，男人们一般盘腿坐。

한옥의 가장 큰 특징은 방안에 '온돌'을 까는 것이다. 한국에서는 방 안에 온돌을 깐다. 그래서
방에 들어갈 때 신발을 벗어야 한다. 이렇게 함으로 실내의 청결을 유지할 수 있다. 그리고 바닥에
앉는 것에 습관이 되어 있으며 남자들은 보통 양반다리로 앉는다.

1.四合院 sìhéyuàn 사합원[베이징의 전통 주택양식]

2.背山临水 bèishān línshuǐ 배산임수 📖背靠着山，面临[或对]着水

3.依山傍水 yīshān bàngshuǐ (지리적 위치가) 산과 강에 인접해 있다. 산을 끼고 물 가까이에 있다

4.顺应 shùnyìng 순응하다. 맞추다. 따르다

5.破坏 pòhuài 파괴(하다). (명예나 위신을)훼손하다

6.和谐 héxié 잘 어울리다. 조화롭다. 화합

7.融为一体 róngwéi yìtǐ 일체가 되다. 하나로 어우러지다

8.呈 chéng (어떤 색깔이나 상태를)나타내다. 드러내다

9.左右对称 zuǒyòu duìchèn 좌우가 대칭이다

10.围墙 wéiqiáng (집, 정원등을)빙 둘러싼 담

11.遮挡 zhēdǎng 차단하다. 가리다. 막다

12.盘腿 pántuǐ 책상[양반]다리를 하다

📖相关问题 介绍韩屋 한옥을 소개하기

韩屋是韩国固有的传统住宅，大体上分为瓦房、土房、草房，一般是指瓦房。
韩屋一般遵照"背山临水、依山傍水"的风水原则而建，而且以顺应自然地势、不破环自然环境下建造，因此建筑和自然和谐地融为一体。韩屋的围墙低于房屋，不遮挡房屋，还有微微上翘（或飞翘）的屋檐是韩屋的特点之一。

한옥은 한국 고유의 전통 주택으로 대체적으로 기와집(혹은 와가), 토담집(혹은 토옥), 초가집(혹은 초가)로 나누는데 보통 기와집을 말한다. 한옥은 "배산임수"의 풍수원칙에 따라 짓고 자연지세와 자연환경을 파괴하지 않는 하에서 지어져 있어 건축과 자연이 조화를 잘 이루고 있다. 한옥의 담장은 집보다 담장이 낮아 집을 가리지 않고 그리고 약간 올라간 (혹은 하늘로 날아갈듯한) 처마도 한옥의 특징 중의 하나이다.

韩屋最大的特点是屋里铺暖炕，暖炕可以暖和整个屋子(或房间)，而且冬暖夏凉。此外，进屋的时候要脱鞋，这样可以保持室内的清洁。

한옥의 가장 큰 특징은 방 안에 온돌을 까는 것이다. 온돌은 집 전체를 따뜻하게 하고 여름은 시원하고 겨울은 따뜻하다. 그리고 방에 들어갈 때 신발을 벗어야 함으로 실내의 청결을 유지 할 수 있다.

在韩国，最具代表性的韩屋村是首尔的北村韩屋村、全北的全州韩屋村、庆北的安东河回村、庆州良洞民俗村，这些地方的韩屋保存完好，可以好好地感受(或领略)韩屋的魅力(或想要来一次韩屋探访，感受[或领略]一下韩屋的魅力，它们是不二之选或最好的选择)。

한국에서 대표적인 한옥마을은 서울의 북촌 한옥마을, 전라북도의 전주 한옥마을, 경상북도의 안동하회 마을, 경주 양동 마을로 한옥이 잘 보존되어 있어 한옥의 매력을 잘 느낄 수 있다. (혹은 한옥을 탐방하고 싶고, 한옥의 멋을 좀 느껴보고 싶다면 이들은 둘도 없는 혹은 최상의 선택이다.)

1.瓦房 wǎfáng 기와집. 와가

2.草房 cǎofáng 초가집. 초가

3.屋檐 wūyán 처마

4.微微 wēiwēi 조금. 약간. 살짝. 미미하게

5.上翘 shàngqiào 치켜 올라가다

6.遮挡 zhēdǎng 막다. 가리다. 차단하다

7.魅力 mèilì 매력

8.领略 lǐnglüè (체험·관찰·시험 등을 통해 감성적으로)이해하다. 깨닫다. 감지하다. 음미하다
📖理解事物的情况并认识它的意义或对它进行辨别、欣赏

9.感受 gǎnshòu 느끼다. 체험하다. 느낌. 감명. 소감

10.探访 tànfǎng 탐방(하다)

11.不二之选 bù'èrzhīxuǎn 둘도 없는 선택

12.遵照 zūnzhào 따르다. …대로 하다

13.背山临水 bèishān línshuǐ 배산임수[뒤로는 산을 등지고 앞으로는 물에 면하여 있다]
◼依山傍水 yīshān bàngshuǐ 산을 끼고 물 가까이에 있다

⑳ 全包价旅游(或跟团游)与个别旅游(或散客旅游)的不同之处
패키지투어와 개별관광의 다른 점

'全包价旅游'(或跟团游)是要一次性支付全部费用，由旅行社安排所有行程和旅游项目，而'个别旅游'(或散客旅游)是(零星)现付(各项)旅游费用，由游客自己安排行程和路线。此外，全包价旅游要10人以上，而个别旅游是10人以下。

个别旅游的游客可以是单个游客、一个家庭、几个人结伴。

目前的旅游趋势是全包价旅游(减)少了，而个别旅游越来越多了。

'패키지여행'은 한꺼번에 모든 비용을 지불해야 하는 것이다. 여행사가 모든 여행스케줄과 관광항목을 배정한다. 그러나 '개별관광'은 (각 항목별) 관광비용을 (조금씩) 즉석에서 지불하고 관광객 스스로가 여행스케줄과 노선을 배정한다. 이 밖에 패키지여행은 10명 이상이어야 하고 그러나 개별관광은 10명 이하이다. 개별관광객은 한 사람, 한 가족, 여러 명이 동반할 수 있다.

현재의 관광추세는 패키지투어가 감소되었고[적어졌고] 개별관광이 갈수록 많아지고 있다.

---

1. 散客旅游 sǎnkè lǚyóu 개별관광
2. 安排 ānpái 안배(하다), 배치(하다), 배정(하다), 마련하다, 스케줄
3. 现付 xiànfù 바로 지불하다, 즉석에서 지불하다
4. 零星 língxīng 소량이다, 소액, 자잘하다
5. 趋势 qūshì 추세, 경향, 흐름, 트렌드
6. 结伴 jiébàn 짝을 이루다, 동행이 되다
7. 减少 jiǎnshǎo 적게 하다, 적어지다, 감소(하다), 덜다, 줄(이)다

㉑ 翻译导游与翻译工作者的区别 관광통역안내사와 통번역사의 구별

'翻译导游'是带领(外国)游客游览、为(外国)游客提供讲解服务，同时解决在旅行中(或游览中)发生的突发情况(或突发事件)的工作人员。'翻译工作者'是从事口译服务的工作人员。他们主要在展览馆、会议场等地方工作。

'관광통역안내사'는 (외국인)관광객들을 데리고 유람하고 (외국인)관광객들에게 해설 서비스를 제공해주며 또한 여행 중(혹은 유람 중에) 발생한 돌발 상황을(혹은 돌발문제를) 해결하는 실무자이다. '통번역사'는 통역서비스에 종사하는 종사자이다. 그들은 주로 전람회장, 회의장 등의 장소에서 일한다.

1. 带领 dàilǐng 인솔하다. 이끌다
2. 突发情况 tūfā qíngkuàng 비상상황. 돌발 상황
3. 工作人员 gōngzuò rényuán 종사자. 실무자. 현장 스텝
4. 口译 kǒuyì 통역(하다)
5. 展览馆 zhǎnlǎnguǎn 전람관. 전시관
6. 会议场 huìyìchǎng 회의장

㉒ 人参与红参的区别 인삼과 홍삼의 구별

据我所知，人参是参的统称，因它的根如人形，因此而得名。

一般来说，人工栽培的称为'园参'，野生的称为'（野）山参'。

'红参'是把六年根水参带皮蒸熟（以）后烘干或（者）晒干而成的熟制品。

人们（所）说的'高丽参'一般是指红参。

◾ 水参是指收获的新鲜人参。

제가 아는 바에 의하면 인삼은 삼을 통틀어 이르는 칭호인데 뿌리가 사람 모양과 같다고 해서 붙여진 이름이다.

일반적으로 인공적으로 재배한 것을 원삼, 야생은 산삼이라고 한다.

'홍삼'은 6년근 수삼을 껍질을 벗기지 않은 채로 쪄서 익힌 후에 건조시켜 만든 제품이다.

사람들이 말하는 '고려삼'은 보통 홍삼을 가리키는 것이다.

◾ 수삼은 수확한 신선한 인삼을 가리킨다.

1.统称 tǒngchēng 총칭. 통틀어 이르는 말
2.根 gēn 뿌리
3.蒸熟 zhēngshú 쪄서 익히다
4.烘干 hōnggān 건조시키다. 수분을 없애다 📖使用热空气把物体中的水分蒸发并带走的过程
5.晾干 liànggān 그늘진 곳에서 말리다
6.带皮 dàipí 껍질을 벗기지 않는 채[껍질을 지니다]
◾ 去皮 껍질을 제거하다. 벗기다
◾ 削皮 xiāopí 껍질을 (칼로) 깍다
7.熟制品 shúzhìpǐn 익혀 만든 제품
8.高丽参 gāolíshēn 고려삼
9.收获 shōuhuò (농작물을) 거두어들이다. 수확하다. 수확. 성과. 소득. 전과
10.新鲜 xīnxiān 신선하다. 싱싱하다. (사물이) 새롭다. 신기하다. 보기 드물다
11.栽培 zāipéi 재배하다. 인재를 기르다. 양성하다. 발탁하다. 등용하다

📖相关问题 红参的功效 홍삼의 효능

红参是韩国最具代表性的保健品，是游客们的必买之物。红参富含(或含有大量)对人体有益的'人参皂苷'、无机物、维生素、氨基酸等成分，具有增强(或提高)免疫力、清血管、降血压、降低胆固醇，预防高血压、糖尿病、骨质疏松等各种疾病，还有抗癌、抗衰老、抗疲劳以及安神益智等功效，因此男女老少皆宜(或男女老少都可以吃)。

홍삼은 한국의 가장 대표적인 건강식품으로 관광객의 필수 구매상품이다. 홍삼에는 사람 인체에 유익한 '진세노사이드', 미네랄, 비타민, 아미노산 등 성분이 대량으로 함유하고 있어 면역력 증강 (혹은 향상), 혈관을 맑게 하고, 혈압을 내리고, 콜레스테롤을 낮추고, 고혈압, 당뇨병, 골다공증 등 각종 질병 예방, 그리고 항암, 노화방지, 피로억제 및 정신을 안정시키고 머리를 맑게 하는 등 효능을 가지고 있기에 남녀노소 모두에게 적합하다.

---

1. 皂苷 zàogān 사포닌 ▣ 人参皂苷 진세노사이드
2. 维生素 wéishēngsù 비타민
3. 氨基酸 ānjīsuān 아미노산
4. 增强 zēngqiáng 증강하다
5. 免疫力 miǎnyìlì 면역력
6. 抗癌 kàng'ái 항암. 암세포의 증식을 억제하다 ▣ 防癌 fáng'ái 암을 예방하다
7. 抗衰老 kàng shuāilǎo 안티에이징. 노화방지. 노화억제
8. 抗疲劳 kàng píláo 피로억제
9. 男女老少皆宜 nánnǚ lǎoshào jiēyí 남녀노소 모두에게 적합하다
10. 降血压 jiàng xuèyā 혈압을 내리다
11. 降低 jiàngdī 낮추다. 인하하다. 저하하다
12. 胆固醇 dǎngùchún 콜레스테롤
13. 清血管 qīng xuèguǎn 혈관 속 노폐물을 씻어주어 혈액을 깨끗하게 하다
14. 骨质疏松 gǔzhì shūsōng 골다공증
15. 糖尿病 tángniàobìng 당뇨병
16. 成分 chéngfèn 성분. 요소
17. 安神益智 ānshén yìzhì 정신을 안정시키고 머리를 맑게 하다

㉓ Go show与No show的区别

简单地说，'Go show'是指没(有)预订航班的座位，当天来办理值机手续的情况。
这样的顾客叫'Go show'顾客，就是'候补顾客'。相反，'No show'是指预订了
航班的座位，但是没(有)取消预订或者当天没(有)来办理值机手续的情况。
航空公司为了避免发生'No show'这种情况，减少损失，收取一定的退票费。

간단히 말해서 'Go show'는 비행기 자리를 예약하지 않고서 당일에 와서 탑승수속을 하는 경우를
가리킨다. 이러한 고객을 'Go show'고객이라 하는데 바로 '대기자 고객'이라는 것이다.
반대로 'No show'는 비행기자리를 예약했지만 예약을 취소하지 않았거나 당일에 탑승 수속을 하
러 오지 않은 경우를 가리킨다. 항공회사는 'No show'이런 상황이 발생하는 것을 피하고 손실을
줄이기 위해 일정한 티켓 환불료를 받는다.

---

1. 预订 yùdìng (티켓을)예매하다
2. 当天 dàngtiān 당일
3. 值机 zhíjī (공항에서) 탑승 수속. 체크인
4. 候补 hòubǔ 후보(자) ■ 候机厅 대기실. 대합실
5. 避免 bìmiǎn 피면하다. 피하다
6. 减少 jiǎnshǎo 감소(하다). 줄(이)다. 덜다. 적게하다
7. 损失 sǔnshī 손실(하다)
8. 收取 shōuqǔ 받다. 수납하다. 수취하다
9. 退票费 tuìpiàofèi 티켓 환불료

㉔ Out-Bound观光与In-Bound观光的区别
아웃바운드 관광과 인 바운드 관광의 구별

简单地说，‘Out Bound’观光是指本国人的出境旅游，就是旅行社组织一个旅游团出境旅游。相反，‘In Bound’观光是指境外游客的入境旅游，就是旅行社招徕或者接待境外游客。

간단히 말해서 ‘아웃바운드’는 자국민의 출국관광[해외관광]을 가리킨다. 곧 여행사가 단체를 (하나) 모집하여[만들어] 출국 관광하는 것을 말한다.
반대로 ‘인 바운드’는 해외관광객의 입국관광을 가리킨다. 곧 여행사가 해외 관광객을 유치해 오거나 접대하는 것을 말한다.

1.组织 zǔzhī 조직(하다). 모집하다. 결성(하다)
2.招徕 zhāolái (고객을) 불러 모으다. 불러들이다. 끌다
3.接待 jiēdài 접대(하다). 응접(하다)

㉕ 'TC'与'TG'的区别 'TC'와 'TG'的 구별

'TC'是(英文'Tour Conductor'的简称)是指(海外)'领队', 就是负责带领本国游客出境旅游的工作人员。领队的工作是负责从出国到回国的一切事宜, 协助游客顺利完成所有行程。

'TC'는 (영문 '투어 컨덕터'의 약칭이고) (해외 여행)'인솔자'를 가리킨다, 곧 자국관광객을 데리고 해외여행을 가는 실무자이다. 인솔자의 일은 출국해서부터 귀국까지의 일체 사무를 책임지고 관광객이 순조롭게 모든 일정을 마치게 협조를 한다.

'TG'是(英文'Tour Guide'的简称)指'导游', 是'向导游览'的意思。
导游代表旅行社接待游客, 执行团队计划。

'TG'는 (영문 '투어 가이드'의 약칭이고) '관광 안내사'를 가리킨다. 곧 '유람을 안내'한다는 것이다. 가이드는 여행사를 대표해서 관광객을 접대하고 단체계획을 집행한다.

导游的工作是负责游客们的'吃、住、行、娱'。带领游客游览、为游客提供讲解服务、负责接送机、游客的食宿问题, 同时解决在行程中发生的突发情况(或突发事件)。

가이드의 일은 관광객의 '먹고, 숙박하고, 관광, 오락'하는 것을 책임지는 것이다.
관광객을 이끌고 유람을 하고 관광객에게 해설서비스를 제공하고 픽업과 샌딩서비스,
관광객의 숙식문제를 책임지고 동시에 투어 중에 발생한 돌발사건을 해결한다.

▣ 一个团队中有'TC'和'TG', 'TG'一般是指'地陪'导游, 就是当地的导游。

한 관광팀에 'TC'和'TG'가 있는데 'TG'는 보통 '로컬 가이드'를 말한다. 곧 현지 가이드이다.

1.简称 jiǎnchēng 줄임말. 약칭(하다)
2.带领 dàilǐng 인솔하다. 영솔하다
3.负责 fùzé 책임지다. 담당하다. 맡다
4.一切 yīqiè 일체. 모든. 온갖
5.协助 xiézhù 협조하다. 협력하고 원조하다. 조력
6.事宜 shìyí 사무.일에 관계된 안배와 처리 ▣ 善后事宜 shànhòu shìyí 사후처리. 사후조치
7.向导 xiàngdǎo 길을 안내하다. 길 안내(자)
8.接待 jiēdài 접대하다
9.执行 zhíxíng 집행하다

'韩国民俗村'与'安东河回村'的不同之处
'한국 민속촌'과 '안동 하회마을'의 다른 점

'韩国民俗村'在京畿道的龙仁，'安东河回村'在庆尚北道。

'韩国民俗村'是人工建造的，主要是为供游客参观和体验而建的旅游景点。

而'安东河回村'是韩国固有的传统民俗村，是人们实际居住的村庄，有着600多年的悠久历史，（于2010年）被（联合国教科文组织）指定为世界文化遗产。

'한국 민속촌'은 경기도 용인, '안동 하회마을'은 경상북도에 있다.

'한국 민속촌'은 인공적으로 만들어 졌고, 관람객들이 관람하고 체험할 수 있도록 만든 관광지이다.

그러나 '안동하회마을'은 한국 고유의 전통 민속마을로 사람들이 실제 거주하는 마을로 600년이 넘는 유구한 역사를 가지고 있으며 (2010년에) (유네스코) 세계문화유산으로 지정되었다.

㉗ 陵与冢的区别 릉과 총의 구별

简单地说，它们的区别是'陵'是墓主人很明确，而'冢'是墓主人不详(或不清楚、不明确)，因此'冢'墓的名字一般以墓中出土的文物或者坟墓的所在地(而)命名，比如说庆州大陵苑的'天马冢'、'皇南大冢'。

쉽게 말해, 이들의 구별은 '능'은 주인이 명확하고, 반대로 '총'은 주인이 분명치 않아 그래서 무덤의 이름은 무덤에서 출토된 유물이나 무덤의 소재지를 따서 명명하는 것이 일반적이다. 이를테면 경주 대릉원의 '천마총', '황남대총'이 있다.

'陵'一般指君王和王后的坟墓。在韩国历朝历代的王陵中，保存最完好的是朝鲜王陵，共有42座。其中，40座在韩国、2座在北韩，只有在韩国的40座被指定为世界文化遗产。
'능'은 일반적으로 임금과 왕후의 무덤을 가리킨다. 한국의 역대 왕릉 중 가장 잘 보존된 조선 왕릉은 모두 42기 있다. 그 중 40기는 남한에, 2기는 북한에 있으며 한국에 있는 40기만 세계문화유산으로 지정되었다.

1.陵墓 língmù 능묘[왕과 왕비의 능 곧 무덤]
2.冢 zhǒng 총
3.坟墓 fénmù 무덤
4.明确 míngquè 명확하다. 명확하게 하다
5.清楚 qīngchu 분명하다. 뚜렷하다
6.不详 bùxiáng 분명치 않다. 자세하지 않다
7.命名 mìngmíng 명명하다. 이름을 짓다[사람에게는 쓰이지 않음]
8.大陵苑 dàlíngyuàn 대릉원
9.历朝历代 lìcháo lìdài 역대의 왕조와 시대. 역대로

㉘ 旅游景区、旅游园区、观光(旅游)特区的区别
관광지, 관광단지, 관광특구의 구별

简单地说，它们的区别是 :

'旅游景区'是具备自然景观和文化景观并设有(或配备)旅游基础设施(和旅游配套设施)的地方。

'旅游园区'是为满足游客多样化的旅游需求、休闲度假(而)开发的综合性的旅游服务地区。

"观光(旅游)特区"是为刺激外国游客赴韩旅游和消费(而)特别设立的旅游地区。

간단히 말해서 그들의 차이점은 :

"관광지"란 자연적 또는 문화적 관광자원을 갖추고 관광객을 위한 기본적인 편의시설(과 관광시설)을 설치하는 지역이다.

"관광단지"란 관광객의 다양한 관광 및 휴양을 위하여 각종 관광시설을 종합적으로 개발하는 관광 거점 지역이다.

"관광특구"란 외국인 관광객의 유치 및 소비 활성화를 위하여 특별히 설립한 관광지역이다.

---

1. 具备 jùbèi 구비하다. 갖추다
2. 景观 jǐngguān 경치. 경관. 현상
3. 设有 shèyǒu 설치되어 있다
4. 配备 pèibèi 배치하다. 완비하다
5. 基础 jīchǔ 기초. 기본
6. 配套 pèi tào 부설. 보조(관계가 있는 사물을 조합하여 하나의 세트로 만들다)
7. 满足 mǎnzú (만)족하다. 만족시키다. 충족시키다. (요구를)들어주다
8. 需求 xūqiú 수요. 니즈
9. 综合性 zōnghéxìng 종합적이다
10. 休闲度假 xiūxián dùjià 휴양하다
11. 刺激 cìjī 자극(적이다). 부추기다. 짜릿하다
12. 吸引 xīyǐn 흡인하다. 끌어당기다. 끌다. 유치하다. 유인하다. 매료시키다
13. 赴韩 fùhán 한국에 오다. 내한

㉙ 清真食品与非清真食品(或禁忌食品)
할랄푸드[halal food]와 하람 푸드[haram food]

简单地说，按照'穆斯林教法'允许食用(或可以吃)的食品叫"HALAL"，在中国叫'清真'
食品。"伊斯兰教"规定可以吃草食的动物(或牲畜)，比如说牛、羊、鸡、鸭、兔子等。
相对"HALAL"的就是"HARAM"，叫'非清真'食品，就是禁忌食品，比如说禁忌吃猪肉、
血液等，穆斯林觉得它们是不洁物。穆斯林对(于)饮食有非常多的禁忌和要求，
因此带穆斯林旅游团的时候一定要注意这些禁忌。

간단히 말해서 '무슬림 교법'에 따라 허용되는(또는 먹을 수 있는) 음식[식품]을 'HALAL', 중국
에서는 '清真'식품이라고 한다. '이슬람교'는 소, 양, 닭, 오리, 토끼 등과 같은 초식 동물(또는 가
축)만 먹을 수 있다고 규정하고 있다. '할랄'에 비해 '하람'은 '非清真'이라 하는데 금기 식품을
말한다. 이를테면 돼지고기와 피 등을 금기시하는데 무슬림은 그들이 불결한 것이라고 생각한다.
무슬림은 음식에 대한 금기와 요구 사항이 매우 많기 때문에 무슬림 관광팀을 거스릴 때는 이런
금기들에 주의해야 한다.

■ 据我所知，穆斯林不吃'自死物'，要宰杀，在宰杀的时候要快速，让它们受最少的
   痛苦，而且要把血放尽(或放干净)。此外，穆斯林不吃两栖类、猛兽、不喝酒。

   무슬림은 '자멸물'을 먹지 않고 도살해야 하며 도살할 때 고통을 최소화하고 피를 다 빼야 한
   다. 또한 무슬림은 양서류, 맹수, 술을 먹지 않는다.

■ 据我所知，全世界大概有17亿穆斯林。穆斯林深信(或提倡)"食以养性"，就是说
   吃东西对人的性格，性情会有帮助，所以对(于)饮食有非常多的禁忌和要求。

   제가 알기로는 전 세계에 약 17억 명의 무슬림이 있다. 무슬림은 '식이양성'을 굳게 믿는다.
   즉 음식을 먹는 것이 사람의 성격과 기질에 도움이 된다고 믿기 때문에 음식에 대한 금기와
   요구가 매우 많다.

1.穆斯林 mùsīlín 무슬림

2.教法 jiàofǎ 율법. 교법

3.允许 yǔnxǔ 허가하다. 윤허하다. 허용하다. 허락하다

4.草食 cǎoshí 초식하다

5.牲畜 shēngchù 축생. 집짐승. 가축

6.鸭 yā 오리

7.兔子 tùzi 토끼

8.相对 xiāngduì 상대적이다. 상대적으로. 서로 마주하다

9.禁忌 jìnjì 금기(하다). 기피하다. 꺼리다

10.血液 xuèyè 혈액

11.不洁 bùjié 불결하다

12.宰杀 zǎishā (가축을)도살하다. 잡다

13.快速 kuàisù 쾌속의. 속도가 빠르다

15.受痛苦 shòu tòngkǔ 고통을 받다

16.两栖类 liǎngqīlèi 양서류

17.猛兽 měngshòu 맹수

18.深信 shēnxìn 굳게 믿다. 깊이 믿다

19.提倡 tíchàng 제창하다. 권장하다

20.性情 xìngqíng 성격. 성품. 성정. 성미

▣ 性情中人 기분파[천성이 거리낌없으며, 쉽게 감정적으로 일을 처리하는 사람]

㉚ 高丽青瓷与朝鲜白瓷的不同之处 고려청자와 조선백자의 다른 점

'高丽青瓷'呈'斐翠色'(或青绿色)，外观华丽、花纹精致典雅(或精雅)。
'朝鲜白瓷'呈白色，外观朴实、花纹简约淡雅。它们最大的不同之处是高丽青瓷强调'装饰性'和'观赏性'，而朝鲜白瓷强调'实用性'，很好地体现了高丽贵族们崇尚(或追求)'奢华'，而朝鲜两班们崇尚(或追求)'俭朴'(两个截然不同)的思想和风格。

고려청자는 '비취색'(혹은 밝은 초록색[청녹색])을 띠고 외관이 화려하고 무늬가 정교하고 우아하고 세련되다. 조선백자는 백색을 띠고 외관이 수수[투박]하고 무늬가 깨끗하고 소박하다.
이들의 가장 큰 다른 점은 고려청자는 강조점이 '장식성'과 '감상성'에 있고 조선백자는 강조점이 '실용성'이 라는 점에서 고려 귀족들은 사치스럽고 화려함을, 그러나 조선 양반들은 검소함을 추구하는 (확연히 다른) 사상과 풍격을 잘 구현했다[나타냈다].

在韩国，有几个'陶瓷村'，其中，最具代表性的是京畿道的利川，每年举办'陶瓷庆典'，慕名而来的游客很多。游客们可以参观陶瓷的制作过程并体验制作陶瓷。

한국에는 몇 개의 '도자기마을' 있는데 가장 대표적인 것은 경기도의 이천이다.
매년 '도자기 축제'를 개최한다. 명성을 듣고 찾아오는 관광객은 매우 많다.
관광객들은 도자기의 제작과정을 참관하고 동시에 도자기 제작하기를 체험할 수 있다.

1.青瓷 qīngcí 청자

2.呈 chéng (어떤 색깔이나 상태를) 나타내다. 갖추다. 띠다. 드러내다

3.翡翠色 fěicuìsè 비취색 ▣ 青绿色 qīnglǜsè 밝은 초록색. 청록색

4.外观 wàiguān 외관. 겉모양

5.华丽 huálì 화려하다

6.花纹 huāwén 무늬와 도안

7.精致典雅 jīngzhì diǎnyǎ (색깔이나 무늬가)정교하고 세련되다

8.白瓷 báicí 백자

9.朴实 pǔshí 수수하다. 꾸밈이 없다. 투박하다. 심플하다

▣ 粗糙 cūcāo 투박하다. 거칠다. 꺼칠하다

10.简约 jiǎnyuē 간결하다. 절제되다. 심플하다

11.淡雅 dànyǎ (색깔이나 무늬가)아담하다. 말쑥하고 우아하다. 깨끗하고 소박하다

12.装饰性 zhuāngshìxìng 장식성

13.观赏性 guānshǎngxìng 관상성

14.实用性 shíyòngxìng 실용성

15.体现 tǐxiàn 구현하다. 체현하다

16.崇尚 chóngshàng 숭상하다. 추앙하다

17.追求 zhuīqiú 추구(하다). 탐구하다. 구애하다[대시하다]

18.奢华 shēhuá 사치스럽고 화려하다 📖奢侈豪华

19.俭朴 jiǎnpǔ 검소하다 📖节俭朴素 jiéjiǎn pǔsù 절약하고 소박하다

20.风格 fēnggé 풍격. 품격. 스타일

21.截然不同 jiérán bùtóng 확연히(완전히) 다르다

22.京畿道 jīngjīdào 경기도

23.利川 lìchuān 이천

24.举办 jǔbàn 개최하다. 행하다

25.陶瓷 táocí 도자기

26.慕名而来 mùmíng'érlái (소문, 명성 등을) 듣고 찾아오다

Part 7

실무처리

① 团队中，要是有不参加(或不报)'自费项目'的游客，你怎么安排他们?
만약 단체 팀 중 '옵션관광'을 원하지 않는 관광객이 있다면 그분들을 어떻게 할 것인가?

导游在任何情况下，都不能强迫(或强制)游客消费，所以我不会这样做，但是我会对游客详细地介绍这个项目的好处和特别之处(或独特之处)，引起游客们的兴趣，请他们再考虑一下，不要留下遗憾。要是游客还是不感兴趣，就给游客推荐别的活动或(者)给游客自由活动时间。此外，告诉他们一些注意事项。要是当天的行程都结束了，就把游客送到酒店。总之，要安排好游客，避免因疏忽游客(而)发生投诉的情况。

가이드는 어떠한 상황에서도 관광객을 강요해서는 안 됨으로 저는 이렇게 하지 않을 것이다.
하지만 관광객에게 옵션관광의 장점과 특별한 점(혹은 독특한 점)을 상세히 소개해 드려 관광객의 관심을 불러일으키고 여한을 남기지 않도록 다시 생각하게 한다.
만약 그래도 관심이 없다면 관광객에게 다른 활동을 추천하거나 자유 활동 시간을 준다.
이 밖에 주의사항들을 알려준다. 만약 당일 날의 일정이 모두 끝났으면 관광객을 호텔에 모셔다 드린다. 결론적으로 말하면 관광객들을 잘 안배하고 소홀로 인한 컴플레인이 발생하지 않도록 해야 한다.

1.自费项目 zìfèi xiàngmù 자비항목
■报 bào 신청하다. 지원하다 例)报名 (학원 등에) 등록하다. 이름을 올리다
2.强迫 qiǎngpò 강요하다. 강박하다. 강제로 시키다
3.强制 qiángzhì 강제하다. 강압하다
4.详细 xiángxì 상세하다
5.特别 tèbié 특별하다. 특히. 각별히. 유달리
6.独特 dútè 독특하다. 특이하다. 유니크[unique]
7.引起 yǐnqǐ 불러일으키다. (주의를)끌다. 야기하다. (사건 등을)일으키다
8.兴趣 xìngqù 취미. 관심
9.考虑 kǎolǜ 고려하다 例)欠考虑 qiàn kǎolǜ 생각이 짧다
10.留下 liúxià 남기다. 남겨놓다 例)留下印象　留下回忆　留下足迹
11.遗憾 yíhàn 유감(이다). 여한[후회]
12.推荐 tuījiàn 추천하다. 권장하다
13.结束 jiéshù 끝내다. 마치다. 종결하다
14.总之 zǒngzhī 결론적으로 말하면. 아무튼
15.疏忽 shūhū 소홀히 하다
16.投诉 tóusù 컴플레인걸다. 신고하다. 고발하다

② 接团当天，你突然生病，不能去接团，如何处理?
미팅 당일 날, 갑자기 병이 나서[아파서] 미팅장소에 나갈 수 없다면 어떻게 할 건가?

导游在任何情况下，都不能影响工作。接团是导游和游客之间的一个约定，所以要是病得不太厉害，我会尽量去接团。要是病得厉害，就向旅行社说明情况，请他们安排别的导游(或另派一位导游)去接团。

가이드는 어떠한 상황에서도 일에 영향을 주면 안 된다. 단체를 맞이하는 것은 가이드와 관광객과의 약속이므로 병증이 심각하지 않다면 가능한 나갈 것이다. 병증이 심각하다면 곧바로 여행사에 상황을 설명하고 다른 가이드를 안배해서 단체를 맞이하도록 청한다.

1.约定 yuēdìng 약속(하다). 약정(하다)
2.厉害 lìhai 심각하다. 대단하다. 지독하다. 사납다
3.另派 lìngpài 따로 파견하다
4.尽量 jǐnliàng 되도록. 될 수 있는 대로. 최대한. 가능한 한
5.任何情况 rènhé qíngkuàng 어떠한 상황 혹은 경우

③ 在植物园或者户外活动时，游客被蜂蛰(伤)了或被毒虫咬了，要怎么处理?
식물원이나 실외 활동에서 관광객이 벌에게 쏘이거나 독충에게 물렸다면
어떻게 처리하나요?

导游在任何情况下，都要保持沉着和冷静，绝对不能慌。遇到这种情况时，马上确认
游客受伤的情况(或查看游客的伤情)。要是游客伤得不厉害，就给游客涂药膏(或
消炎膏、止痒露、清凉油)。要是游客伤得厉害，就马上带游客去医院看看(或就医)，
同时向旅行社报告。还有，请医生开诊断证明。团队不能因'个别游客'(而)影响行程，
所以一般是领队带游客去医院，导游按(照)计划继续带团游览。此外，为了避免这种
情况(的)发生，我会事先提醒游客穿长袖衣，(还有，不要碰[或抓]蜜蜂)。

가이드는 어떠한 상황에서도 모두 침착함과 냉정을 유지해야 하고 절대로 당황해서는 안 된다.
이런 상황 시 곧바로 관광객의 부상 상태를 살펴본다.
만약 많이 다치지 않았다면 연고(혹은 소염제, 연고, 물파스, 청량유)를 발라드린다.
만약 관광객이 많이 다쳤다면 곧바로 관광객을 모시고 병원에 가(서 진료를 받는)다.
동시에 여행사에 보고를 한다. 그리고 진단서를 발급 받는다.
단체는 '개별관광객'으로 인하여 일정에 영향을 주어서는 안 된다. 그래서 보통 인솔자가 관광객을
모시고 병원에 가고 가이드는 계획대로 팀을 데리고 투어를 계속한다.
이 외, 이런 상황이 발생하는 것을 피면하기 위해 사전에 관광객에게 긴소매 옷을 입게(그리고
벌을 만지지 않게[혹은 잡지 않게]) 주의를 줄 것이다.

1.植物园 zhíwùyuán 식물원	13.清凉油 qīngliángyóu 청량유(물약의 일종)
2.户外 hùwài 실외	14.袖 xiù (옷)소매
3.蜂 fēng 벌 ▣ 蜂蜜 fēngmì 벌꿀	15.碰 pèng 건드리다. 만지다. 부딪치다
▣ 蜜蜂 mìfēng 꿀벌 ▣ 马蜂 mǎfēng 말벌	16.抓 zhuā 잡다. 긁다. 할퀴다. 붙들다
4.蛰 zhē (전갈. 벌 따위가)쏘다	17.按(照) àn(zhào) …에 따라. …대로
5.伤 shāng 다치다. 상하다. (몸에)해롭다	18.计划 jìhuà 계획(하다)
6.毒虫 dúchóng 독충	19.保持 bǎochí 유지(하다)
7.咬 yǎo 물다. 깨물다	20.沉着 chénzhuó 침착하다. 차분하다
8.查看 chákàn 검사하다. 살펴보다. 체크하다	21.冷静 lěngjìng 냉정하다. 머리를 식히다
9.涂 tú (화장품이나 연고 등을)바르다. 칠하다	흥분을 가라앉히다. 적막하다
10.药膏 yàogāo 연고	22.绝对 juéduì 절대로
11.消炎膏 xiāoyángāo 소염제연고	23.慌 huāng 당황하다. 허둥대다. 갈팡질팡하다
12.止痒露 zhǐyǎnglù 가려움을 멈추는 물약. 물파스	어쩔 바를 몰라 하다. 불안해하다

④ 要是游客被蛇咬(伤)了，要怎么处理?

관광객이 뱀에게 물렸다면 (물려 상처를 입었다) 어떻게 처리해야 하나요?

导游在任何情况下，都要保持沉着和冷静，绝对不能慌。遇到这种情况时，马上确认游客受伤的情况(或查看游客的伤情)。

要是不是毒蛇的话(或要是游客被蛇咬[伤]了)，就马上(清洗伤口、消毒、涂药膏、包扎伤口后)带游客去医院看看(或打破伤风针)。

要是是毒蛇的话(或要是游客被毒蛇咬[伤]了)，(为了防止蛇毒[或毒素]扩散)，马上扎紧伤口，同时(拨)打急救电话119，叫急救车来，尽快把游客送到医院(就医)。

가이드는 어떠한 상황에서도 모두 침착함과 냉정을 유지해야 하고 절대로 당황해서는 안 된다. 이런 상황 시 곧바로 관광객의 부상상태를 살펴본다.

만약 독뱀이 아니면(혹은 뱀에게 물려 상처를 입었다면) (상처를 깨끗이 하다, 소독하다, 연고를 바른다. 상처를 싸맨 후) 곧바로 관광객을 모시고 병원에 가서 치료를 받게 한다(혹은 파상풍 주사를 맞는다).

만약 독뱀이면 (혹은 만약 관광객이 독뱀에게 물려서 다쳤다면) 곧바로 상처를 단단히 묶는다. 동시에 119에 전화를 해서 구급차를 불러와 빨리 관광객을 병원으로 이송(해 치료를 받게)한다.

1.蛇 shé 뱀　■ 毒蛇 dúshé 독뱀
2.蛇毒 shédú 뱀독　■ 毒素 dúsù 독소
3.扩散 kuòsàn 확산하다. 퍼지다
4.包扎 bāozhā 싸매다. 싸서 묶다
5.伤口 shāngkǒu 상처. 상처부위
6.紧 jǐn 꽉. 단단히
7.清洗 qīngxǐ 깨끗이 씻다
8.消毒 xiāodú 소독하다
9.止血 zhǐxiě 지혈하다
10.急救车 jíjiùchē 구급차. 응급차. 앰뷸런스
11.(拨)打 (bō)dǎ (다이얼을 돌려)전화를 걸다

⑤ 由于突然下雨、交通拥堵(或交通堵塞)或(者)其他客观原因，行程不能实际履行的时候，如何妥善处理？
갑자기 비가 오거나 교통정체[교통체증] 혹은 기타 객관적인 원인으로 일정을 실제로 이행하지 못할 시 어떻게 처리해야 합니까?

遇到这种情况时，就先向旅行社报告，同时向游客说明情况得到他们的谅解。
然后在所有游客的同意下，更改行程。此外，请游客在'行程变更同意书'上签字。

이런 상황 시 우선 여행사에게 보고를 한다. 동시에 관광객에게 상황을 설명 드리고 그들의 양해를 받는다. 그런 다음 모든 관광객의 동의하에 일정을 바꾼다.
이 밖에 관광객에게 '일정변경동의서'에 서명을 하게 한다.

1.拥堵 yōngdǔ (사람이나 차 때문에) 길이 막히다
2.堵塞 dǔsè 막히다. (교통이)정체되다. 마비되다
3.实际 shíjì 실제(적이다)
4.履行 lǚxíng 이행하다
5.更改 gēnggǎi 고치다. 바꾸다. 변동하다
6.签字 qiānzì 서명하다. 싸인하다
7.谅解 liàngjiě 양해(하다)

⑥ 游客提出改变或者增加旅游项目，导游该如何处理?

관광객이 유람항목을 바꾸거나 늘리자는 의견을 제시하면, 가이드는 어떻게 해야 합니까?

旅游团的旅游项目由旅行社安排，导游不能擅自更改。

遇到这种情况时，就向游客说明这种情况，得到他们的谅解。

要是游客还是坚持，征得所有游客的同意(以)后，请游客在'行程变更同意书'上签字。

要是增加费用，就先对游客讲明，然后按(照)规定收取费用(或收费)。

관광단체의 유람항목은 여행사가 배정한다. 가이드는 독단적으로[제멋대로] 바꿀 수 없다.

이런 상황 시 관광객에게 이러한 상황을 설명드려 그들의 양해를 받는다.

관광객이 여전히 요구를 한다면 [고집한다면] 모든 관광객의 동의를 구한 후 관광객에게 '일정변경동의서'에 싸인을 하게 한다.

만약 비용이 늘어난다면 관광객에게 분명히 말한 다음 규정에 따라 비용을 받는다.

---

1. 提出 tíchū (의견, 요구 등을)제의하다
2. 改变 gǎibiàn 개변하다. 바꾸다
3. 增加 zēngjiā 증가하다. 늘리다
4. 旅游项目 lǚyóu xiàngmù 유람항목
5. 擅自 shànzì 독단적으로. 무단으로
6. 征得 zhēngdé (의견·동의 따위를) 구하다
7. 变更 biàngēng 변경(하다)
8. 签字 qiānzì 싸인(하다). 서명하다
9. 讲明 jiǎngmíng 분명[명확]하게 말하다
10. 按(照) àn(zhào) …에 따라. …대로. …에 근거하여
11. 规定 guīdìng 규정. 규정하다
12. 收取 shōuqǔ (돈을)받다. 수취하다
13. 收费 shōufèi 돈을 받다. 유료 ■ 免费 miǎnfèi 무료. 공짜
14. 坚持 jiānchí (주장 따위를)견지하다. 끝까지 버티다. 고수하다. 고집하다

⑦ 如果被游客口头投诉或者游客当面对你表示不满，你会如何处理?

만약 관광객이 구두로 불만[클레임]하거나 관광객이 면전에서 당신에게 불만을 나타낸다면, 어떻게 처리하겠습니까?

导游在任何情况下，都要保持沉着和耐心。要是游客对我表示不满，不管游客的理由是不是正当，都不马上辩解，认真倾听(以)后，改进这些地方，这样消除游客的不满。

가이드는 어떠한 상황 하에서도 모두 침착함과 인내심을 유지해야 한다.
만일 관광객이 나에게 불만을 표시하면, 관광객의 이유의 정당성에 관계없이 바로 해명하지 않고 진지하게 들어주고 나서 이 부분들을 개선한다. 이렇게 관광객의 불만을 없앤다.

1. 口头 kǒutóu 구두. 말로 나타내다
2. 投诉 tóusù 클레임하다. 신고하다. 민원
3. 当面 dāngmiàn 면전. 직접 맞대어. 그 자리에서
4. 表示 biǎoshì 나타내다. 표하다
5. 任何情况 rènhé qíngkuàng 어떠한 상황 혹은 경우
6. 保持 bǎochí 유지(하다)
7. 沉着 chénzhuó 침착하다. 차분하다
8. 耐心 nàixīn 인내심
9. 不管 bùguǎn ~관계없이. ~을 막론하고. 돌보지 않다. 간섭하지 않다
10. 理由 lǐyóu 이유
11. 正当 zhèngdāng 정당하다
12. 辩解 biànjiě 변해하다. 변명하다　📖申辩解释
13. 认真 rènzhēn 진지하다. 성실하다
14. 倾听 qīngtīng 경청하다
15. 改进 gǎijìn 개진하다. 개선하다

⑧ 游客在博物馆里抽烟的话，你会如何处理?
관광객이 박물관 안에서 담배를 피우면 어떻게 대처 할 것인가?

遇到这种情况时，我会马上礼貌地请游客把烟熄掉(或掐掉)。

此外，为了避免这种情况(的)发生，我会事先提醒游客在非吸烟区或(者)博物馆里，绝对不能抽烟。还有，事先告诉游客吸烟区(或可以抽烟的地方)。

이러한 상황 시 저는 곧바로 정중히 관광객에게 담배를 끄도록 한다.

이 외에 이런 상황이 발생하는 것을 막기 위해 사전에 관광객에게 비흡연구 혹은 박물관 안에서 절대로 담배를 피우면 안 된다는 것을 상기시켜 준다.

그리고 미리 관광객에게 흡연구역[혹은 담배를 피울 수 있는 곳]을 알려준다.

1.博物馆 bówùguǎn 박물관
2.抽烟 chōuyān 담배를 피우다
3.吸烟 xīyān 흡연(하다)   ▣ 禁烟 금연(하다)
4.熄 xī (불을)끄다. (불이)꺼지다. 사그라지다
5.掐 qiā 꼬집다. 누르다. 끊다. 꺾다
6.绝对 juéduì 절대로
7.礼貌 lǐmào 예의. 예의 바르다

---

⑨ 在参观游览北村韩屋村、梨花壁画村、(釜山)甘川文化村等地方的时候，要提醒游客哪些注意事项？

북촌한옥마을, 이화벽화마을, (부산)감천문화마을 등을 유람 시 관광객들에게 어떤 주의사항을 알려줘야 하나요?

这些地方是人们实际居住的地方，所以在游览的时候，事先提醒游客要保持安静，不能大声喧哗，太吵，会影响到当地居民的生活。还有，不能随便扔垃圾、(扔烟头)、吐痰。

据我所知，(从)2018年开始，北村限制游览的时间，可以游览的时间是从上午10点到下午5点，星期天禁止(或不可以)游览。

이런 곳들은 사람들이 실제로 거주하는 곳이다. 그래서 참관 시 사전에 관광객에게 조용히 하고 큰소리로 떠들면 안 되고, 너무 시끄러우면 그곳 주민들의 생활에 영향을 줄 수 있다고 주의를 준다. 그리고 마음대로 쓰레기를 버리지 않기(담배꽁초 버리기), 가래를 뱉지 말도록 한다.

제가 아는 바에 의하면 2018년부터 북촌은 유람시간을 제한한다. 유람할 수 있는 시간은 오전 10시에서 오후 5시까지이고 일요일은 유람을 금지한다.

1.北村韩屋村 běicūn hánwūcūn 북촌 한옥마을
2.梨花壁画村 líhuā bìhuàcūn 이화 벽화마을
3.甘川文化村 gānchuān wénhuàcūn 감천 문화마을
4.釜山 fǔshān 부산
5.实际 shíjì 실제(적이다)
6.大声喧哗 dàshēng xuānhuá 큰 소리로 떠들다
6.吵 chǎo 시끄럽다. 떠들썩하다. 말다툼하다. 입씨름하다
7.扔 rēng 버리다. 던지다
8.垃圾 lājī 쓰레기
9.痰 tán 가래[침]
10.吐 tǔ 뱉다.(연기 등을)내뿜다 例)吐舌头 메롱 吐槽 비아냥하다
11.烟头 yāntóu 담배꽁초

⑩ 游客对团队的餐饮(或团餐)表示强烈不满时，你会如何妥善处理或(者)采取什么补救措施？
관광객이 여행팀의 식사에 강한 불만을 표할 때에, 당신은 어떻게 적절히 처리하거나 또는 어떤 보완[만회]조치를 취하겠습니까?

遇到这种情况时，马上向游客赔礼道歉并认真听取游客的不满和意见，然后告知餐厅同时向旅行社报告。此外，为了消除游客的不满，让餐厅给游客加道菜或(者)送瓶饮料。

이런 상황 시 즉시 관광객에게 예의를 갖춰 사과하고 아울러 진지하게 관광객의 불만과 의견을 귀를 기울여 듣는다. 그런 다음 식당에 알리고 동시에 여행사에 보고한다.
이 밖에 관광객의 불만을 없애기 위해 식당으로 하여금 요리 하나 추가하거나 음료수 한 병을 서비스로 주게 한다.

1.餐饮 cānyǐn 음식과 음료수
2.强烈 qiángliè 강렬하다
3.妥善 tuǒshàn 적절하다. 타당하다
4.采取 cǎiqǔ 취하다. 채택하다
5.补救 bǔjiù 만회하다. 보완하다
6.措施 cuòshī 조치
7.赔礼道歉 péilǐ dàoqiàn 예를 갖춰 정중히 사과하다
8.听取 tīngqǔ 청취하다. 귀를 기울여 듣다
9.意见 yìjiàn 의견. 불만. 억한 감정
10.消除 xiāochú (걱정이나 장애 등을)없애다. 해소하다. 풀다. 제거하다
11.加菜 jiācài (서비스로) 요리를 더 주다. 추가하다
12.饮料 yǐnliào 음료(수)

⑪ 在坐车移动的途中，游客感到不舒服，该如何处理？

투어 중 손님이 차에서 아프면 어떻게 대처하실 건가요?

遇到这种情况时，先了解游客的症状(或先询问游客哪里不舒服)。

要是游客的症状不太严重(的话)，就让游客吃点儿药，在车上好好休息。

要是症状很严重(的话)，就马上带游客去医院看看(或就医)，同时向旅行社报告。

此外，请医生开诊断证明。团队不能因'个别游客'(而)影响行程，所以一般是领队

带游客去医院，导游按(照)计划继续带团游览。

이런 상황 시 우선 관광객이 상태를 알아본다(혹은 어디가 편찮은지 물어본다).

만약 관광객의 증상이 그다지 엄중[심각]하지 않으면 관광객에게 약을 좀 먹고 잘 휴식하게 한다.

만약 증상이 많이 엄중[심각]하면 즉시 관광객을 데리고 병원에 가서 진료를 받게 한다.

동시에 여행사에 보고한다. 이 외 진단서를 발급받는다.

단체는 '개별관광객' 때문에 일정에 영향을 줄 수 없으므로 보통은 인솔자가 관광객을 모시고

병원에 가고 가이드는 계획대로 계속 단체를 데리고 투어 한다.

1.症状 zhèngzhuàng 증상 ▣ 状态 zhuàngtài 컨디션. 상태. 양상

2.询问 xúnwèn 물어보다. 문의하다. 알아보다

3.舒服 shūfu (육체나 정신이)편안하다

4.严重 yánzhòng 엄중하다. 심각하다. 심하다

⑫ 某些游客鄙视韩国的文化，甚至(加以)侮辱时，你会如何应对?

어떤 관광객들이 한국의 문화를 경멸하고 심지어 모욕(까지)할 때에 어떻게 대처할 것인가?

首先我觉得这种游客是少数。导游在任何情况下，都要保持沉着和冷静。

遇到这种情况时，我会礼貌地对游客说：“每个国家都有那个国家特有的文化和风俗，我们应该尊重，不应该鄙视，尊重别人，就是尊重自己”。

此外，我认为导游不能把个人感情带到工作中，所以我会高质量地完成全部行程，让游客高兴而来、满意而归。

우선은 저는 이러한 관광객은 아주 소수라고 생각한다.

가이드는 어떠한 상황 하에서도 모두 침착함과 냉정함을 유지해야 한다.

이러한 상황에서, 저는 예를 갖춰 관광객에게 “각 나라마다 모두 그 나라 특유의 문화와 풍속이 있습니다. 우리는 마땅히 존중해야만 할 것이며 멸시[무시]해서는 안 됩니다. 다른 사람을 존중하는 것이 바로 자신을 존중하는 것입니다.”라고 말할 것이다.

이 외, 저는 가이드는 개인적인 감정을 일에 끌어들이면 안 된다고 생각한다. 그러므로 고퀄리티로 전체여정을 완성하여, 관광객들로 하여금 즐겁게 왔다가 만족하고 돌아가도록 할 것이다.

1.少数 shǎoshù 소수. 아주 일부분
2.鄙视 bǐshì 멸시. 무시. 경멸. 깔보다
3.加以 jiāyǐ ~을 가하다
4.侮辱 wūrǔ 모욕(하다)
5.尊重 zūnzhòng 존중하다
6.个人感情 gèrén gǎnqíng 개인적인 감정
7.高质量 gāo zhìliàng 고품질. 높은 품질. 고퀄리티
8.行程 xíngchéng 노정. 여정. 여행스케줄

⑬ 游客们在车里大声讲话，又吵又乱时，该如何处理?

관광객이 차안에서 떠들고 혼잡 시 어떻게 대처해야 하나요?

遇到这种情况时，我会礼貌地请游客们安静下来并坐好。

此外，为了安全，提醒他们系好安全带。

이런 상황 시 정중히 조용하게 하고 동시에 제자리에 잘 앉게 한다.

이 외 안전을 위해 안전벨트를 착용하게 한다.

> 1.系 jì 매다. 묶다
> 2.安全带 ānquándài 안전벨트

⑭ 在机场接到旅游团上了旅游大巴后，在车上要说些什么?

공항에서 관광단을 만나 관광차에 오른 후 tour버스 안에서 무슨 말을 하나요?

首先说(或致)欢迎词和介绍本人，然后介绍当天的行程。此外，说一些注意事项，
比如说系好安全带、不要随便(或乱)扔(或丢)垃圾等等。

还有，可以介绍一下韩国的基本概况和风俗文化，大概说半个小时左右。

(우선) 먼저 환영사를 하고 본인을 소개한다. 그리고 그날의 스케줄을 소개한다. 이 밖에 주의할
점들을 말한다. 예를 들어 안전벨트를 잘 착용하고 쓰레기를 함부로 버리지 마라 등등! 그리고
한국의 기본소개와 풍습문화를 소개를 하는데 대략 30분 정도 이야기한다.

> 1.致 zhì 보내다. (상대방에게 예절·감정 따위를)표시하다 例)致函 편지를 보내다
> 致谢 사의를 표하다
> 2.扔 rēng 던지다. 버리다
> 3.丢 diū 잃다. 잃어버리다. (내)버리다
> 4.垃圾 lājī 쓰레기
> 5.基本概况 jīběn gàikuàng 기본개황

⑮ **1) 接到旅行社(下达)的带团任务, 应做好哪些工作?**
　　회사로부터 미팅(업무) 지시받으면 뭘 해야 하죠?

接到任务(以)后, 导游要做这些事情(或导游要做的事情是这些)。
第一是了解游客的人数、航班号、抵达时间、(入住或下榻的)酒店、餐厅、日程等。
第二是跟司机联系, 确定(或定好)接团时间。
第三是在接团当天, 提前一个小时到机场等候。
还有, 跟司机联系确认旅游车的停车位置。

임무를 받은 후 가이드는 이런 일들을 해야 한다(혹은 가이드가 할 일은 이런 것들이다).
첫째는 관광객의 인원수, 항공편 번호, 도착시간, (투숙 할)호텔, 식당, 일정 등을 알아보는 것이다.
둘째는 기사와 연락하여 미팅 시간을 확정(혹은 정해놓다)하는 것이다.
셋째는 미팅 당일, 한 시간 전에 공항에 도착해서 대기한다.
그리고 기사와 연락하여 관광버스의 정차 위치를 확인하는 것이다.

1.下达 xiàdá (명령·지시 등을)하달하다	7.行程 xíngchéng 여행일정. 여정. 스케줄
2.任务 rènwù 임무	8.司机 sījī 기사. 운전사
3.航班号 hángbānhào 항공편 번호	9.确定 quèdìng 확정하다. 확실하다
▣ 班次 bāncì (정기 운행하는 교통 기관의) 운행 횟수. 편수	10.当天 dàngtiān 당일. 날
	11.提前 tíqián 앞당기다
4.抵达 dǐdá (목적지에)도달하다. 도착하다	12.等候 děnghòu 대기하다. 기다리다
5.入住 rùzhù 입주하다. 투숙하다. 묵다	13.确认 quèrèn 확인하다
▣ 下榻 xiàtà 투숙하다	14.旅游车 lǚyóuchē 관광버스
6.餐厅 cāitīng 음식점. 식당	15.位置 wèizhì 위치. 지위

2) 接到带团任务(以)后, 导游要去旅行社拿些什么东西?
　　여행사에 가서 가이드가 받아와야 할 서류는 어떤 것들인가요?

据我所知, 接到带团任务(以)后, 导游要去旅行社拿旅游团的日程表、派团单、
法人卡、社旗、巴士挂牌等等。

제가 아는 바에 의하면 가이드는 여행사에 가서 관광단 일정표, 단체 명단, 법인카드, 회사 깃발,
버스 간판 등등을 받아 와야 한다.

1.派团单 pàituándān 단체명단	2.社旗 shèqí 회사 깃발	3.巴士挂牌 bāshì guàpái 버스 간판

⑯ 游客丢失了信用卡，该如何处理?
관광객이 신용카드를 분실 시 어떻게 처리해야 하나요?

遇到这种情况时，先安抚游客，因为游客会很着急，同时请游客好好回忆一下。了解情况(以)后，协助游客寻找。要是确定丢失了，为了防止信用卡被盗刷，马上(或第一时间)让游客打电话挂失。

이런 상황 시 우선 관광객을 위로한다. 왜냐하면 관광객이 조급해 할 수 있기 때문이다. 동시에 잘 돌이켜 보라고 한다. 상황을 파악한 후 관광객이 찾을 수 있도록 도와 드린다. 만약 잃어버린게 확실하다면 신용카드의 도용을 방지하기 위해 바로[즉시] (혹은 가장 먼저[가장 빠른 시간])전화해서 카드분실신고를 하게 한다.

1.安抚 ānfǔ 위로하다
2.盗刷 dàoshuā 도용하여 긁다
3.挂失 guàshī (어음·수표. 신용카드. 여권, 신분증 등 증서의) 분실 신고 및 정지
4.着急 zháojí 조급해하다. 안달하다. 안타까워하다. 초조해 하다. 마음을 졸이다
5.回忆 huíyì 회상(하다). 추억(하다)
6.寻找 xúnzhǎo 찾아다니다. 찾다. 구하다

⑰ 游客要求中途退团，比如生病、工作上急需或者其他特殊原因
　得提前离开的话，应该如何处理？
　관광객이 도중에 탈퇴 하겠다고 요구한다. 예를 들어 병이 나거나 업무상 시급한
　상황, 또는 기타 특수한 원인으로 앞당겨 떠나야 된다면 어떻게 처리해야 합니까?

遇到这种情况时，向旅行社报告(以)后，协助游客办理退团手续。
比如说请游客填写退团申请、给游客重新预订(或重订)机票(或航班)。
此外，要告知游客没享受到的综合服务费，不给退(还)。

이런 상황 시, 여행사에 보고한 뒤에 관광객을 도와서 탈퇴 수속을 밟도록 한다.
예를 들자면, 관광객에게 탈퇴신청서를 작성하도록 하고 관광객에게 비행기 티켓(혹은 항공권을)
다시 예약해 드리는 것이다.
이 외 관광객에게 받지[누리지] 못한 종합서비스 비용은 환불되지 않음을 고지해야 한다.

1. 中途 zhōngtú 중도. 도중
2. 退团 tuìtuán 단체를 탈퇴하다 📖退出团队
3. 急需 jíxū (다)급히 필요로 하다. 시급하다
4. 特殊 tèshū 특수하다. 특별하다. 특이하다
5. 不得不 bùdébù 부득불. 부득이
6. 离开 líkāi 떠나다
7. 填写 tiánxiě 작성하다. 기입하다
8. 重新预订 chóngxīn yùdìng 새로[다시] 예약하다
9. 航班 hángbān 항공편
10. 享受 xiǎngshòu 누리다. 즐기다 例)享受生活
11. 综合服务费 zōnghé fúwùfèi 종합 서비스 비용
12. 退还 tuìhuán (받거나 산 물건을)돌려주다. 반환하다

⑱ 游客(故意)问你一些很难或者刁难性的问题时，你如何应对?

관광객이 (일부러) 아주 어려운 질문 혹은 까다로운 질문을 할시 어떻게 대처할 것인가?

导游在任何情况下，都要保持沉着和冷静，绝对不能慌。

遇到这种情况时，我不会正面回答问题，而是礼貌、委婉地对游客说："您问的这个问题，我现在不太清楚，无法回答，非常抱歉!我可以了解清楚(以)后(再)告诉您吗?"。(之后把问题)了解清楚(以)后，找一个适当的机会告诉游客。

가이드는 어떤 상황에서도 침착함과 냉정함을 유지해야 하며 절대로 당황해서는 안 된다.

이런 상황 시 저는 정면으로 응하지 않고 정중히 관광객에게 우선 관광객에게 이렇게 말할 것이다. "죄송합니다만 지금 하신 질문에 대해 잘 몰라서 답 할 수 없습니다. 제가 잘 알아보고 나중에 알려 드려도 되겠습니까?"(그 후 문제를)정확히 잘 알아보고는 적당한 기회를 찾아서 알려 줄 것이다.

1.刁难 diāonàn 일부러 남을 곤란하게 하다. 못살게 굴다

◼ 为难 wéinán 난처하다. 곤란하다. 딱하다. 난처하게 만들다

2.保持 bǎochí (지속적으로)유지하다. 지키다

3.沉着 chénzhuó 차분하다. 침착하다

4.冷静 lěngjìng 냉정하다. 진정하다

5.绝对 huéduì 절대로

6.慌 huāng 당황하다. 허둥대다. 갈팡질팡하다

7.委婉 wěiwǎn 완곡하다

8.无法 wúfǎ ~할 방법이 없다. ~할 수 없다

9.清楚 qīngchu 분명하다. 명백하다

10.适当 shìdàng 적절하다. 적당하다

11.故意 gùyì 고의로. 일부러. 고의적이다

⑲ 在景点游览中，丢失了游客时，你如何处理?
관광지 유람하는 중 관광객을 잃었을 때 당신은 어떻게 처리하시겠습니까?

遇到这种情况时，马上了解情况并去寻找游客。团队不能因‘个别游客’(而)影响行程，所以一般是领队去找，导游按(照)计划继续带团游览。

此外，为了预防游客(的)走失，我会多提醒游客不要走散或(者)掉队并经常清点人数。

이런 상황 시 즉시 상황을 알아보고 아울러 관광객을 찾아 나선다. 단체는 '개별관광객'으로 인하여 일정에 영향을 주어서는 안 된다. 그래서 보통 인솔자가 가서 찾고, 가이드는 계획대로 팀을 데리고 유람을 계속한다. 이 밖에 관광객이 실종하는 것(관광객의 실종)을 예방하기 위해 관광객에게 단체와 흩어지거나 대오에서 뒤쳐지지[이탈하지] 않도록 자주 상기시키고 자주 인원을 체크할 것이다.

1.丢失 diūshī 잃어버리다. 분실하다

2.如何 rúhé 어떻게

3.处理 chǔlǐ 처리하다

4.遇到 yùdào 우연히 만나다. 마주치다. 맞닥뜨리다

5.情况 qíngkuàng 정황. 형편. 상황. 경우

6.了解 liǎojiě 자세하게 알다. 잘 알아보다

7.寻找 xúnzhǎo 찾아다니다. 찾다. 구하다

8.影响 yǐngxiǎng 영향주다. 영향(을 미치다)

9.行程 xíngchéng 노정. 여정. 여행일정

10.领队 lǐngduì 인솔자. TC

11.按(照) àn(zhào) …에 따르다. …에 따라

12.计划 jìhuà 계획. 계획하다

13.继续 jìxù 계속(하다)

14.报告 bàogào 보고하다

15.联系 liánxì 연락하다

16.走散 zǒusàn 흩어지다. (같이 가던 사람들과)떨어지다

17.掉队 diàoduì (대오에서)뒤쳐지다. 낙오하다

18.清点 qīngdiǎn 철저히 체크하다

19 提醒 tíxǐng 일깨우다. 주의시키다. 리마인드하다. 상기시키다. 주의를 환기시키다

■ 提醒服务 알림 서비스 | 提醒发货 배송알림

⑳ 在观看演出时，发生'火灾'、'地震'的话，作为导游应该如何应对？
공연 관람 시 '화재', '지진'이 발생하면, 가이드로서 어떻게 대처해야 합니까?

导游在任何情况下，都要保持沉着和冷静，绝对不能慌。还有，作为导游必须要负责游客的安全。遇到这种情况时，马上镇定、迅速地把游客带到安全地带(以)后安抚游客，然后清点人数并确认(或查看)有没有受伤、掉队的游客。
要是有受伤的游客，就马上带游客去医院看看(或就医)。
要是有掉队的游客，就马上去寻找。

가이드는 어떤 상황 하에서도 침착함과 냉정함을 유지해야 하며, 절대로 당황해서는 안 된다. 그리고 가이드로서 반드시 관광객의 안전을 책임져야 한다.
이러한 상황 시 곧바로 차분하고, 신속하게 관광객을 안전지대로 데리고 간 뒤에 관광객을 안정시키고 위로한다. 그런 다음 인원을 체크한다. 아울러 다친 관광객, 대오에서 떨어진 관광객이 있는지 없는지를 확인한다.
만약 다친 관광객이 있으면 곧바로 관광객을 병원에 데리고 가서 치료를 받게 한다.
만약 대오에서 떨어진 관광객이 있으면 곧바로 찾아 나선다.

1. 火灾 huǒzāi 화재
2. 地震 dìzhèn 지진
3. 绝对 juéduì 절대로
4. 慌 huāng 허둥대다. 당황하다
5. 必须 bìxū 반드시 …해야 한다. 기필코 …해야 한다
6. 负责 fùzé 책임지다. 담당하다. 맡다
7. 迅速 xùnsù 신속히. 재빠르다. 날래다
8. 镇定 zhèndìng (다급한 상황에서도)차분하다. 태연하다. 진정시키다
9. 安全地带 ānquán dìdài 안전지대
10. 寻找 xúnzhǎo 찾아다니다. 찾다. 구하다
11. 走散 zǒusàn 흩어지다. (같이 가던 사람들과)떨어지다
12. 掉队 diàoduì (대오에서)뒤쳐지다. 낙오하다
13. 清点 qīngdiǎn 철저히 체크하다
14. 确认 quèrèn 확인하다
15. 查看 chákàn 점검하다. 살펴보다
16. 观看 guānkàn (공연 등을)관람하다
17. 演出 yǎnchū 공연(하다). 상연(하다)

㉑ 游客丢失了护照，作为导游应如何妥善处理?
관광객이 여권을 잃어버렸을 경우, 가이드로서 어떻게 알맞게 처리해야 합니까?

遇到这种情况时，先安抚游客，因为游客丢失了护照，会很着急，同时请游客好好回忆一下。了解情况(以)后，协助游客寻找。要是确定丢失了，就先去当地警察局或派出所办理护照遗失(或挂失)手续，然后拿着(警察局或派出所开具的)遗失(或挂失)证明去中国大使馆或领事馆补办护照或(者)回国旅行证。

이런 상황 시, 먼저 관광객을 위로한다. 왜냐하면 관광객은 여권을 잃어버리게 되면 매우 조급 해 하기 때문이다. 동시에 관광객에게 기억을 잘 돌이켜 보라고 한다.
상황을 파악한 후 관광객이 찾을 수 있도록 도와준다.
만약 잃어버리게 확실하다면 우선 현지 경찰서 혹은 파출소에 가서 여권분실 수속을 밟는다.
그런 다음 (경찰서나 파출소에서 발급한)여권분실증명서를 가지고 중국대사관 혹은 영사관에 가서 여권이나 귀국여행증을 재발급받는다.

1.护照 hùzhào 여권
2.作为 zuòwéi ~신분(자격)으로서. …하다. …으로 삼다. 소행
3.妥善 tuǒshàn 적절하다. 타당하다. 알맞다 📖妥当完善
4.安抚 ānfǔ 위로하다. 달래주다. 쓰다듬어 주다
5.着急 zháojí 급하다. 초조해 하다. 마음을 졸이다. 조급해 하다
6.回忆 huíyì 회상하다. 추억하다
7.协助 xiézhù 협조하다. 조력 📖从旁帮助，辅助
8.确定 quèdìng 확정하다. 확실하다
9.警察局 jǐngchájú 경찰서. 경찰국
11.派出所 pàichūsuǒ 파출소
12.办理 bànlǐ (수속을)밟다. 처리하다
13.挂失 guàshī 분실 신고서를 내다 📖遗失票据或证件时，到原发的部门去声明作废
14.手续 shǒuxù 수속. 절차
15.开具 kāijù (증명, 서류 등을) 발급하다
16.证明 zhèngmíng 증명하다. 증명서
17.补办 bǔbàn 재발급하다

遇到这种情况时，先安抚游客，因为游客会很着急，然后马上了解情况并协助游客
寻找行李。要是没(有)找到或者找不到，就带游客去机场'失物招领中心'办理
认领手续。要是因航空公司的失误(而)丢失了行李，就协助游客办理索赔手续。

이런 상황 시 우선 관광객을 위로한다. 왜냐하면 관광객이 많이 조급해하기 때문이다.
그런 다음 즉시 상황을 알아보고 아울러 관광객을 도와서 짐을 찾도록 한다.
만약 찾지 못했거나 찾을 수 없다면 관광객을 모시고 공항 '유실물센터'로 가서 유실물수령
수속을 한다.
만약 항공사의 실수로 인해서 짐을 잃었다면, 관광객을 도와서 배상수속을 밟도록 한다.

1.行李 xíngli 짐
■ 箱套 xiāngtào 캐리어 커버
■ 行李箱 xínglixiāng 캐리어. 트렁크
■ 拉杆箱 lāgānxiāng 캐리어
2.招领 zhāolǐng 유실물 공고
3.失物招领中心 shīwù zhāolǐng zhōngxīn 유실물 센터
4.认领 rènlǐng 확인하고 인수하다. 찾아가다
5.失误 shīwù 실수(를 하다). 잘못(하다)
6.索赔 suǒpéi 배상. 변상을 요구하다. 클레임[claim]을 요구하다

㉓ 万一发生'误机'事故，导游应如何处理?

만일 비행기를 놓치는 사고가 발생하면 가이드는 어떻게 처리해야 합니까?

遇到这种情况时，马上(或第一时间)跟航空公司联系，安排游客尽快改签下一个
航班(或下一趟航班、下一趟飞机、下一班飞机、后续航班)。
此外，向游客解释并赔礼道歉，得到他们的谅解。
要是不能改乘当天的航班(或飞机)要安排好游客(滞留期间)的食宿(问题)。

이런 상황 시, 즉시(혹은 가장 빠른 시간에) 항공사에 연락해서 관광객이 최대한 빨리
다음 항공편(혹은 다음 편 비행기, 후속 항공편)을 바꿔 탈 수 있도록 안배[처리]한다.
이 밖에 관광객에게 설명하고 아울러 예를 갖추어 사과하여 그들의 양해를 얻도록 한다.
만약 당일의 항공편을(혹은 비행기를) 바꿔 탈 수 없다면 관광객(이 체류하는 기간)의
숙식을 안배[처리]해야 한다.

1. 误机 wùjī 비행기를 놓치다
2. 事故 shìgù 사고
3. 安排 ānpái (인원·시간 등을)안배하다. 배정하다
4. 尽快 jǐnkuài 최대한 빨리
5. 改签 gǎiqiān (비행기, 기차 등의)시간을 변경해서 타다
6. 趟 tàng 차례. 번(사람이나 차의 왕래하는 횟수)
7. 后续 hòuxù 후속
8. 解释 jiěshì 해석하다. 해명하다. 원인을 설명하다
9. 赔礼道歉 péilǐ dàoqiàn 예를 갖추고 사과하다
10. 谅解 liàngjiě 양해(하다)
11. 当天 dàngtiān 당일
12. 滞留 zhìliú 체류하다

㉔ 旅游大巴在途中'抛锚'或者'爆胎'时，导游应如何应对?

관광버스가 도중에 '고장으로 멈추'거나 '타이어에 펑크'가 났을 때, 가이드는 어떻게 대처해야 합니까?

遇到这种情况时，首先向游客说明情况并赔礼道歉，得到他们的谅解。
要是修理的时间长，影响行程(的话)，就向旅行社报告，请求协助，请旅行社
安排别的车辆来。在等的时候(或在等的这段时间)，为了不让游客感到无聊，给游客
介绍韩国的历史、文化、传统风俗什么的。

이러한 상황 시 우선 관광객에게 상황을 설명 드리는 것과 함께 예의를 갖추어 사과해서 그들의 양해를 얻어낸다. 만약 수리하는 시간이 길어져서 여정에 영향을 주게 된다면, 바로 여행사에 보고하여 협조를 구한다. 여행사에게 다른 차량을 보내주도록 청한다.
기다릴 때(혹은 기다리는 동안에는) 관광객이 무료함을 느끼지 않도록 하기 위해서 그들에게 한국의 역사, 문화, 전통 풍속 등[같은 것]을 소개한다.

1.旅游大巴 lǚyóu dàbā 대형 관광버스
2.抛锚 pāomáo (자동차가)고장이 나서 중간에 멈추다
3.爆胎 bàotāi (타이어가) 펑크나다. 터지다
4.修理 xiūlǐ 수리하다. 수선하다. 고치다. 손보다
5.这段时间 zhèduàn shíjiān 이 기간동안. 그 동안
6.感到 gǎndào 느끼다. 여기다
7.无聊 wúliáo 지루하다. 따분하다. 심심하다

㉕ 旅游团抵达旅游景点(以)后，应该提醒游客哪些事情?
관광단체가 관광지에 도착한 후, 관광객에게 어떤 일들을 알려주어야 하나요?

旅游团抵达旅游景点(以)后首先是提醒游客记好旅游车的车号、颜色、停车位置等。还有，提醒游客贵重物品不要放在车上，要随身携带。
第二是对游客说明游览路线、所需时间、注意事项等。
第三是要是有自由活动(的话)，在解散前(或在自由活动前)，提醒游客记好集合的地点和时间，一定要遵守时间。

관광단이 관광지에 도착한 후 우선은 관광객에게 관광차의 차 번호, 색상, 주차 위치 등을 기억해 둘 것을 상기시켜 주는 것이다. 그리고 관광객에게 귀중품을 차에다 두지 말고 몸에 지녀야 함을 상기시켜 준다.
둘째로는 관광객에게 유람노선, 소요 시간, 주의사항 등을 설명해 주는 것이다.
셋째로는 만약 자유 활동이 있으면 해산하기 전(혹은 자유 활동하기 전) 관광객에게 집합하는 시간과 장소를 잘 기억하고 꼭 시간을 준수하도록 상기시켜 주는 것이다.

---

1. 景点 jǐngdiǎn 관광지
2. 颜色 yánsè 색깔. 색상
3. 随身携带 suíshēn xiédài 항상 몸에 소지하다
4. 游览路线 yóulǎn lùxiàn 유람노선
5. 所需时间 suǒxū shíjiān 소요시간
6. 注意事项 zhùyì shìxiàng 주의사항
7. 解散 jiěsàn 흩어지다. 해산하다
8. 集合 jíhé 집합하다
9. 地点 dìdiǎn 지점. 장소
10. 遵守 zūnshǒu 준수하다. 지키다

㉖ 团队中，有一些'个别游客'常常迟到或(者)不太遵守时间，
你会怎么妥善处理？

　단체 중 몇몇 개별 관광객이 늘 늦거나 혹은 시간을 그다지 지키지 않는다면,
어떻게 적절히 대처겠습니까?

遇到这种情况时，首先不能在其他游客面前训斥(或说)迟到的游客，(让游客难堪)，
因为游客会觉得没有面子，(所以要顾及游客的面子)。

要是游客迟到了，就先了解游客迟到的原因，然后向其他游客解释，得到他们的
谅解。此外，为了避免游客迟到，我会经常提醒游客遵守时间。

要是迟到(的话)，就会影响当天的行程，所以一定要遵守时间。

이런 상황 시 우선은 기타 관광객 앞에서 지각한 관광객을 꾸짖으면 안 된다.
(관광객을 난감[민망] 하게 해서는 안 된다.) 왜냐하면 관광객이 체면이 서지 않다고 생각할 수
있다. (그래서 관광객의 체면을 고려해 주어야 한다.)

만약 관광객이 지각했다면 먼저 관광객이 지각한 원인을 알아본다.

그런 다음 기타 관광객에게 설명하여 그들의 양해를 얻어 낸다.

이 밖에 관광객의 지각을 피하기 위하여 저는 수시로 관광객에게 시간을 지키라고 상기시킬 것
이다. 만약 지각하면 당일 날의 일정에 영향을 주기 때문에 시간을 꼭 지키도록 한다.

---

1. 迟到 chídào 지각하다
2. 遵守 zūnshǒu 준수하다. 지키다
3. 妥善 tuǒshàn 적절하다. 알맞다. 타당하다
4. 其他 qítā 기타
5. 面前 miànqián 면전
6. 训斥 xùnchì 꾸짖다. 야단치다. 훈계하다
7. 难堪 nánkān 난감하다. 민망하다. 난처하다
8. 面子 miànzi 체면. 면목
9. 顾及 gùjí ~을 고려하다. 배려하다
10. 原因 yuányīn 원인
11. 避免 bìmiǎn 피하다. 피면하다. 모면하다. 면하다
12. 影响 yǐngxiǎng 영향(을 미치다. 끼치다. 주다)

㉗ 游客提出'脱团'单独活动, 你如何处理?

관광객이 팀을 이탈해서 개별[단독으로] 활동하겠다고 요구하면, 어떻게 처리하나요?

遇到这种情况时, 先劝游客随团活动。要是游客还是坚持, 向旅行社报告后,
请游客填写脱团申请。还有, 要告知游客脱团后的一切责任和费用由自己承担。
此外, 告诉游客旅游团以后的活动地点、路线等。

이런 상황 시 먼저 관광객에게 단체를 따르도록 설득한다. 만약 여전히 요구 한다면 여행사에 보고
하고 동시에 이탈신청서[동의서]를 작성하게 한다. 그리고 단체를 벗어난 후의 모든 책임과 비용
은 자기가 책임져야 함을 고지한다.
이 외에 관광객에게 단체(의) 앞으로의 활동장소나 노선 등을 알려준다.

1. 提出 tíchū 제출하다. 제의하다. 꺼내다
2. 脱团 tuōtuán 이탈하다. 팀을 따르지 않다. 단체에서 벗어나다
3. 劝 quàn 권고하다. 타이르다
4. 随团 suítuán 단체를 따르다 📖跟着团队
5. 坚持 jiānchí 견지하다. 고집하다. 어떤 행위를 계속 지속하다
6. 填写 tiánxiě 작성하다. 기입하다
7. 申请 shēnqǐng 신청하다
8. 告知 gàozhī 고지하다
9. 一切 yíqiè 일체. 모든
10. 责任 zérèn 책임
11. 费用 fèiyòng 비용
12. 由~ yóu 행위자 앞에 놓여 동작의 주체를 강조한다
13. 承担 chéngdān 떠맡다. 책임지다. 감당하다

导游在任何情况下，都不能强迫游客购物或消费，所以我不会这样做。

我觉得游客可能不知道买什么东西好，所以我会多了解游客的需求，多给他们介绍韩国的特产品、土特产等，多给他们一些建议，让他们买得放心和满意。

가이드는 어떠한 상황에서도 관광객에게 쇼핑 혹은 소비를 강요해서는 안 된다.

그러므로 저는 그렇게 하지 않을 것이다. 관광객이 아마도 어떤 물건을 사야 할지 모를 수가 있다고 생각한다. 그러므로 관광객의 필요와 요구를 많이 알아보고 그들에게 한국의 특산품, 토산품 등을 많이 소개해주고 그들에게 많은 추천을 주어서 안심하고 만족스럽게 살 수 있도록 할 것이다.

我最想(给游客)推荐的(东西)是化妆品和保健品，比如说化妆品是'雪花秀、后、兰芝'等;保健品是'红参'和'护肝宝'。这两个成为了游客的'必买之物'。

此外，还有食品和传统酒。食品是海苔、海鲜酱、济州柑橘巧克力、韩国的传统饼干'韩果'等;传统酒是'安东烧酒、全州梨姜酒、首尔文(香)梨酒'等。

这些传统酒包装漂亮、精致，很适合送人，收的人也会很满意。

(관광객에게) 가장 추천하고 싶은 것 (물건)은 화장품과 건강식품이다. 예를 들면 화장품은 '설화수, 후, 라네즈'등 이고; 건강식품은 '홍삼'과 '호간보'이다. 이 둘은 관광객의 '필수구매상품'이 되어 있다. 이 외 식품과 한국의 전통술도 있다. 식품은 김, 젓갈, 제주 감귤 쵸콜릿; 한국의 전통 과자인 '한과' 등이고; 전통술로는 '안동소주, 전주이강주, 서울 문배주' 등이다. 이 전통술들은 포장이 예쁘고 정교해서 선물하기에 적합하고 받는 사람도 마음에 들 것이다.

1.消费 xiāofèi 소비하다

2.任何情况 rènhé qíngkuàng 어떠한 상황

3.强迫 qiǎngpò 강요하다. 강박하다. 강제로 사귀다

4.购物 gòuwù 쇼핑하다. 물건을 구매하다

5.可能 kěnéng 아마도. 가능성. 가능하다

6.需求 xūqiú 수요. 필요와 요구사항. 니즈

7.特产品 tèchǎnpǐn 특산품

8.土特产 tǔtèchǎn 토산품

9.建议 jiànyì 제안(하다). 건의(하다)

10.推荐 tuījiàn 추천하다. 권장하다

11.化妆品 huàzhuāngpǐn 화장품

12.雪花秀 xuěhuāxiù 설화수

13.兰芝 lánzhī 라네즈

14.保健品 bǎojiànpǐn 건강식품

15.护肝宝 hùgānbǎo 호간보

16.海苔 hǎitái (구운)김 📖把紫菜经过烤熟, 调味加工而成的制品

17.紫菜 zǐcài 김 例)紫菜包饭=紫菜卷饭 zǐcài bāofàn=zǐcài juǎnfàn 김밥

18.海鲜酱 hǎixiānjiàng 젓갈

19.济州柑橘巧克力 jìzhōu gānjú qiǎokèlì 제주 감귤 쵸콜릿

20.饼干 bǐnggān 과자. 쿠키. 비스킷. 크래커

21.韩果 hánguǒ 한과

22.安东烧酒 āndōng shāojiǔ 안동소주

23.全州梨姜酒 quánzhōu líjiāngjiǔ 전주 이강주

24.文(香)梨酒 wén(xiāng)líjiǔ 문배주

25.包装 bāozhuāng 포장(하다)

26.精致 jīngzhì 정교하다

27.适合 shìhé 적합하다. 어울리다. 적절하다

㉙ 游客之间有矛盾、发生争执的时侯，你会如何处理?
　관광객사이에 갈등이 있어 논쟁이 일어났을 때, 어떻게 처리할 것 입니까?

作为导游要有协调能力。遇到这种情况时(或游客之间有矛盾，发生争执的时侯)，
我会倾听和劝阻，保持中立。必要的时侯，采取一些措施。
比如说不安排他们同桌吃饭、同组活动、在旅游车上同坐等。

가이드로서 중재능력이 있어야 한다. 이러한 상황 시(혹은 관광객사이 갈등이 생겨 논쟁이 발생 시) 잘 들어주고 (싸움을) 말리기도 하면서 중립을 유지할 것이다. 필요한 경우 조치들을 취한다. 이를 테면, 그들이 같은 식탁에서 식사, 같은 팀으로 활동, 관광차에서 같이 앉도록 안배하지 않는 것이다.

1.矛盾 máodùn 모순. 갈등. 모순되다
2.争执 zhēngzhí 논쟁하다. 다투다
3.协调 xiétiáo 중재하다. 조화하다. 의견을 조정하다
4.倾听 qīngtīng 경청하다. 잘 들어주다
5.劝阻 quànzǔ 말리다. 타이르고 저지하다
6.保持 bǎochí 유지하다
7.必要 bìyào 필요(로)(하다)
8.采取 cǎiqǔ (방법·수단·태도 따위를)취하다. 채용하다. 채택하다
9.措施 cuòshī 조치
10.同桌 tóngzhuō 같은 식탁
11.同组 tóngzǔ 같은 팀

㉚ 旅游团抵达饭店(或酒店)以后，导游要做哪些工作?
　관광단이 호텔에 도착한 뒤, 가이드는 어떤 일들을 해야 하나요?

旅游团抵达饭店(或酒店)(以)后，导游要做的工作是这些(或导游要做这些事情)。
第一是办理住宿手续(以)后分发房卡。
第二是给游客们介绍酒店的设施和设备的使用方法。
比如说餐厅和大厅洗手间的位置、拨打前台的方法什么的。
第三是告诉游客住宿时的一些注意事项。比如说保管好贵重物品和房卡什么的。
最后是告诉游客第二天的行程，集合的地点和时间(或告诉游客当日或者次日的行程，集合的地点和时间)。

관광단이 호텔에 도착한 뒤, 가이드가 해야 할 일은 이런 것들이다(혹은 가이드는 이런 일들을 해야 한다).
첫째는 체크인 수속을 한 후 카드키를 각각 나눠 주는 것이다.
두 번째는 호텔의 시설과 설비의 사용 방법을 소개해주는 것이다.
예를 들어 식당과 로비 화장실의 위치, 프런트에 전화하는 법 등등이다.
세 번째는 관광객에게 투숙 시의 주의사항들을 알려주는 것이다.
예를 들어 귀중품과 방 카드키를 잘 보관하는 등등이다.
마지막으로 관광객에게 다음날의 일정, 집합 시간과 장소(혹은 당일이나 다음날의 일정, 집합 시간과 장소)를 알려주는 것이다.

1.抵达 dǐdá 도착하다. 다다르다	8.洗手间 xǐshǒujiān 화장실
2.住宿 zhùsù 숙박하다	▣ 厕所 cèsuǒ 변소
▣ 退房 tuìfáng 체크아웃	9.拨打 bōdǎ (다이얼을 눌러)전화를 걸다
3.分发 fēnfā 각각 나누어 주다	▣ 拨号盘 bōhàopán (전화기의) 다이얼[dial]
4.房卡 fángkǎ 카드키	10.前台 qiántái 프런트. 데스크. 카운터
5.设施 shèshī 시설	11.保管 bǎoguǎn 보관하다
6.设备 shèbèi 설비. 장치	12.次日 cìrì 다음날. 차일
7.大厅 dàtīng 로비. 홀	▣翌日 yìrì 익일

Part 8

관광명소 서울·제주도

① 三清洞 삼청동

三清洞离景福宫很近，走路大概是10分左右。这里是传统和现代和谐地融为一体的街道。三清地名的由来是过去这里'山清、水清、人心淳朴(像水一样清澈)'，因此得名为'三清'。这里有很多(古色古香的)传统韩屋，还聚集了很多精品店、特色商店、手工艺品店。此外，还有很多西餐厅、韩定食餐厅、韩屋咖啡厅。

三清洞是一个集好玩、好看、好吃于一体的旅游热点地区，因此慕名而来的游客络绎不绝，成为了首尔的必游之地(或打卡地)。

삼청동은 경복궁과 가깝다. 걸어서 10분정도이다. 여기는 전통과 현대가 조화롭게 하나로 융합된 거리이다. '삼청'이름의 유래는 과거에 이곳은 '산이 맑고, 물이 맑고, 인심이 순박하다(마치 물처럼 맑다)'하여 "삼청"이란 이름을 얻은 것이다. 이곳에는 (고풍스러운) 전통한옥이 많이 있다. 그리고 부티크, 이색가게, 수공예품가게가 많이 모여 있다. 이 밖에도 레스토랑, 한정식 식당, 한옥커피점이 많이 있다. 삼청동은 놀기 좋고 먹기 좋고 보기 좋은 것을 한 곳에 모아놓은 인기 광광지이다. 이로 인해서 명성을 듣고 찾아오는 관광객이 발길이 끊이지 않고 서울의 필수 관광지(혹은 핫플레이스)가 되었다.

---

1. 和谐 héxié 조화롭다. 화합
2. 融为一体 róngwéi yìtǐ 하나로 융합되다
3. 街道 jiēdào 거리. 가도. 가로. 지역 주민과 관련된 사무 기구나 사무 ▣ 街道办事处 주민센터
4. 山清 shānqīng 산이 수려하다
5. 淳朴 chúnpǔ 순박하다. 성실하고 소박하다. 순수하다
6. 清澈 qīngchè 깨끗하다. 맑고 투명하다
7. 得名 démíng 이름을 얻다. 이름을 붙이다
8. 古色古香 gǔsè gǔxiāng 고풍스럽다. 고색이 창연하다
9. 聚集 jùjí 밀집하다. 집결하다. 한데 모이다
10. 精品店 jīngpǐndiàn 부티크. 셀렉트샵
11. 西餐厅 xīcāntīng 레스토랑
12. 集~一体 jí~yìtǐ …을 하나로 합치다
13. 旅游热点地区 lǚyóu rèdiǎn dìqū 관광인기지역
14. 慕名而来 mùmíng'érlái 명성을 듣고 찾아오다
15. 络绎不绝 luòyì bùjué 발길이 끊이지 않다
16. 必游之地 bìyóuzhīdì 반드시 관광할 곳

② 北村韩屋村 북촌 한옥마을

北村有着600多年的历史，位于清溪川和钟路的北边，因此得名为'北村'。
过去，这里是高官们居住的两班村，现在也是人们实际居住的住宅区。
这里完好地保留着很多(古色古香的)传统韩屋，还聚集了很多精品店、特色商店、
韩屋咖啡厅，而且这里还是著名的电视剧拍摄地。此外，这里建有韩国
传统文化体验馆，为游客提供多样的体验活动，比如说茶道、腌制泡菜等活动。
北村是一个集好玩、好吃、好看于一体的旅游热点地区，因此慕名而来的游客络绎
不绝，成为了首尔的必游之地(或打卡地)。在参观游览北村的时候，要保持安静，不能
大声喧哗，因为这里是住宅区，太吵，会影响到当地居民的生活。
据我所知，(从)2018年开始，北村限制游览的时间，可以游览的时间是从上午10点
到下午5点，星期天禁止(或不可以)游览。

북촌은 600여 년의 역사를 갖고 있고 청계천과 종로 북쪽에 위치해 있다. 이로 인해 '북촌'이란
이름을 얻은 것이다. 과거, 이곳은 고관들이 거주하는 양반마을이었는데 현재도 사람들이 실제 거
주하는 주택가이다. 이곳에 아주 많은 (고풍스러운) 전통한옥이 완전하게 보존되어 있다. 그리고
많은 부티크, 이색가게, 한옥커피숍이 많이 모여 있고, 저명한 드라마 촬영지이기도 하다. 이 밖에
한국 전통문화체험관이 세워져 있다. 관광객을 위해 다양한 체험활동을 제공해 주고 있다.
예를 들자면 다도와 김치 담그기 등이다. 북촌은 놀기 좋고 먹기 좋고 보기 좋은 것을 한 곳에
모아놓은 인기 관광지이다. 이로 인해서 명성을 듣고 찾아오는 관광객이 발길이 끊기지 않고 서울
의 필수 관광지(혹은 핫플레이스)가 되었다. 북촌을 참관하고 유람할 때에는 조용함을 유지해야
하고 큰소리로 떠들면 안 된다. 이곳은 주택가이기 때문에 너무 시끄러우면 현지 주민의 생활에
영향을 미칠 수 있다.
제가 아는 바에 의하면 2018년부터 북촌은 유람시간을 제한한다. 유람할 수 있는 시간은 오전
10시에서 오전 5시까지이고 일요일은 유람을 금지한다.

1.清溪川 qīngxīchuān 청계천	8.腌制泡菜 yānzhì pàocài 김치를 담그다
2.实际 shíjì 실제(적이다). 현실적이다	9.保持 bǎochí 유지하다
3.居住 jūzhù 거주하다	10.安静 ānjìng 조용하다
4.住宅区 zhùzháiqū 주택가	11.大声喧哗 dàshēng xuānhuá 큰소리로 떠들다
5.拍摄地 pāishèdì 촬영지	12.吵 chǎo 시끄럽다. 떠들썩하다. 말다툼하다
6.体验馆 tǐyànguǎn 체험관	13.当地 dāngdì 그 지역. 현지
7.著名 zhùmíng 저명하다	

③ 仁寺洞 인사동

有这样一句话: "去仁寺洞, 可以买到韩国的文化"。仁寺洞是传统和现代和谐地融为一体的街道, 有着500多年的历史。过去, 这里是两班村, 现在是韩国最有名的古董街和文化街。这里聚集了很多画廊、美术馆、古董店、精品店、特色商店、手工艺品店、旅游纪念品商店等, 还有很多韩国传统料理餐厅、传统茶屋、韩屋咖啡厅。仁寺洞是一个集好玩、好吃、好看于一体的旅游热点地区, 因此慕名而来的游客络绎不绝, 成为了首尔的必游之地(或打卡地)。

"인사동에 가면 한국의 문화를 살 수 있다."는 이런 말이 있다. 인사동은 전통과 현대가 조화롭게 하나로 융합된 거리로 500여 년의 역사가 있다. 과거 이곳은 양반촌이었는데, 이제는 한국의 가장 유명한 골동품 거리와 문화 거리이다. 이곳엔 아주 많은 화랑, 미술관, 골동품가게, 부티크, 이색가게, 수공예품가게, 여행기념품상점 등이 모여 있으며, 또 한국 전통요리 식당, 전통찻집, 한옥커피숍이 많이 있다. 인사동은 놀기 좋고 먹기 좋고 보기 좋은 것을 한 곳에 모아 놓은 인기 관광지이다. 이 때문에 명성을 듣고 찾아오는 관광객이 발길이 끊이지 않고 서울의 필수 관광지(혹은 핫플레이스)가 되었다.

---

1. 古董街 gǔdǒngjiē 골동품 거리
2. 画廊 huàláng 화랑. 갤러리
3. 手工艺品店 shǒugōngyìpǐndiàn 수공예품가게
4. 旅游纪念品商店 lǚyóu jìniànpǐn shāngdiàn 여행 기념품상점

④ 南山的N首尔塔 남산의 N서울타워

南山的N首尔塔是首尔的地标建筑，也是著名的旅游景点。N首尔塔大概高250米(247米)，在塔顶的瞭望台上可以欣赏首尔的全景。看完全景(以)后，可以去'爱情锁墙'看看，这里挂满了五颜六色的爱情锁，情侣们来到这里，一定挂爱情锁。通过高人气韩剧'来自星星的你'，更有名了，因此慕名而来的游客络绎不绝，成为了首尔的必游之地(或打卡地)。游客们在这里挂爱情锁，跟主人公们的人形立牌拍照留念(或合影留念)。

▣ N首尔塔的旧称是南山塔。

남산의 N서울타워는 서울의 랜드 마크 건축물이고, 저명한 명소이다.
N서울타워는 높이가 대략 250미터이고 정상의 전망대에서 서울의 전경을 감상할 수 있다.
전경을 다 본 후에는 '사랑의 자물쇠 벽'에 가서 구경할 수 있다. 이곳에는 알록달록한 사랑의 자물쇠가 가득 걸려 있다. 연인들이 이곳에 오면 꼭 사랑의 자물쇠를 걸어놓는다.
인기 한류 드라마 '별에서 온 그대'를 통해 더욱 유명해졌다. 이로 인해 관광객의 발길이 끊이지 않고 서울의 필수 관광지(혹은 핫플레이스)가 되었다. 관광객들은 이곳에서 사랑의 자물쇠를 걸고 주인공들의 전판과 기념사진을 찍는다(혹은 함께 사진을 찍어 기념으로 남긴다).

▣ N서울타워의 옛칭은 남산타워이다.

1.全景 quánjǐng 전경
2.地标 dìbiāo 랜드마크
3.瞭望台 liàowàngtái 전망대
4.爱情 àiqíng 사랑
5.锁 suǒ 자물쇠. 잠그다 ▣ 爱情锁=同心锁 사랑의 자물쇠
6.挂 guà 걸다. (전화를)끊다
7.五颜六色 wǔyán liùsè 알록달록하다. 가지각색. 컬러플
8.情侣 qínglǚ 연인. 커플
9.人形立牌 rénxíng lìpái 인물 홍보 전신대
10.拍照留念 pāizhào liúniàn 기념사진을 찍다
11.合影 héyǐng (두 사람이나 여럿이 함께 찍는) 단체사진

⑤ 明洞 명동

明洞是中国游客最喜爱的观光特区(之一)。

这里有新世界和乐天两家百货商店和免税店，还聚集了很多化妆品店、时装店、
运动鞋、红参等各种专卖店、美食店和街头小吃，被誉为购物天堂和美食天堂，因此
慕名而来的游客络绎不绝，成为了首尔的必游之地(或打卡地)。

此外，中国游客是韩国最大的海外客源，所以卖场里都写有中文(标识)，
店员们都会说汉语，方便跟游客沟通，消除游客在旅行中的不便。

명동은 중국 관광객이 가장 좋아하는 관광특구(중의 하나)이다. 이곳에는 신세계와 롯데 두 백화
점과 면세점이 있으며, 또 많은 화장품가게, 패션매장, 운동화, 홍삼 등 각종 전문매장, 맛집과 길
거리 음식이 모여 있어 쇼핑천국과 미식천국이라고 불려진다. 그래서 찾아오는 관광객이 발길이
끊이지 않고 서울의 필수 관광지가 되었다. 이 밖에, 중국관광객은 한국 최대의 해외관광자원이다.
그래서 매장 안에는 모두 중국어가 쓰여 있고 점원들은 모두 중국어를 할 줄 알아 관광객과 소통
하기 편리하고 관광객의 여행 중의 불편을 없애준다.

1. 新世界 xīn shìjiè 신세계
2. 免税店 miǎnshuìdiàn 면세점
3. 时装店 shízhuāngdiàn 패션가게
4. 专卖店 zhuānmàidiàn 전문매장
5. 街头小吃 jiētóu xiǎochī 길거리 음식. 길거리 간식
6. 天堂 tiāntáng 천당. 천국
7. 卖场 màichǎng 매장
8. 标识 biāoshí 표기　■ 标签 biāoqiān 라벨[Labei]. 태그[Tag]
9. 沟通 gōutōng 소통하다. 커뮤니케이션
10. 消除 xiāochú (걱정. 스트레스 등을)없애다. 해소하다. 풀다

⑥ 广藏市场 광장시장

广藏市场位于钟路五街，是韩国最早的传统自由市场，主要以卖韩服、布料、各种
杂货为主。此外，这里是韩国有名的小吃街，有很多小吃摊和酱菜店。
这儿的食物经济实惠、气氛亲民，因此深受食客们的喜爱。
这里的高人气食物是炒年糕、米肠、麻药紫菜包饭、温面、拌面和各种煎饼。
这里的绿豆煎饼非常有名，现做现吃，喷香酥脆，让人上瘾，特别是就着米酒吃
绿豆煎饼别有一番风味(儿)。
广藏市场是首尔的旅游热点地区，成为了游客们的必游之地(或打卡地)。

광장시장은 종로구에 위치해 있는데, 한국 최초의 전통 자유시장이다. 주로 한복, 원단, 각종 잡동
사니를 파는 것을 위주로 한다. 이 외 이곳은 한국의 유명한 먹거리 거리로 맛있는 노점과 각종
장아찌 가게가 많이 있다. 이곳의 음식은 경제적이고 분위기가 서민적이기 때문에 식객들에게
인기가 많다. 이곳의 인기 음식은 떡볶이, 순대, 마약김밥, 잔치국수, 비빔면과 각종 부침개이다.
이곳의 녹두전은 매우 유명하다. 즉석에서 만들어서 향기롭고 바삭바삭하여 중독된다. 특히는 막
걸리와 곁들어서 먹으면 별미이다. 광장시장은 서울의 인기 관광지로, 관광객들의 필수 관광지(혹
은 핫플레이스)로 자리잡고 있다.

1.广藏市场 guǎngcáng shìchǎng 광장시장
2.布料 bùliào 원단
3.杂货 záhuò 잡동사니
4.摊 tān 노점
5.美味小吃 měiwèi xiǎochī 맛있는 먹거리. 맛있는 간식거리
6.酱菜 jiàngcài 장아찌 ▣ 咸菜 xiáncài 짠지. 소금에 절인 야채
7.炒年糕 chǎo niángāo 떡볶이
8.米肠 mǐcháng 순대
9.麻药紫菜包饭 máyào zǐcài bāofàn 마약 김밥
10.煎饼 jiānbǐng/jiānbing 전을 부치다/전병. 부침개 ▣ 泡菜(煎)饼 김치전 ▣ 海鲜葱饼 해물파전
11.绿豆 lǜdòu 녹두
12.现做现吃 xiànzuò xiànchī 즉석에서 만들어 즉석에서 먹다
13.喷香酥脆 pēnxiāng sūcuì 향기가 코를 찌르고 바삭바삭하다
14.别有一番风味(儿) biéyǒu yīfān fēngwèi(r) 색다른 맛이 있다. 별미이다
15.经济 jīngjì 경제. 경제적이다
16.实惠 shíhuì 실리적이다. 실용적이다. 실속이 있다
17.气氛 qìfēn 분위기
18.亲民 qīnmín [친민]백성을 가까이하다. 서민적이다. 친화적이다
19.温面 wēnmiàn 온면. 잔치국수
20.上瘾 shàngyǐn 인이 박히다. 버릇이 되다. (맛. 마약. 카페인 등에) 빠지다. 중독되다

⑦ 梨泰院 이태원

梨泰院是首尔的第一个观光特区，富有异国情调。这里聚集了很多西餐厅，可以品尝到世界各国的美食，比如说泰国菜、印度菜、法国菜、巴西菜、土尔其菜等。
还有很多夜店和特色酒吧，因此很受年轻人的喜爱。
此外，这里的梨泰院市场被誉为购物天堂，东西应有尽有、物美价廉。
目前，这里每年10月进行'地球村'庆典，吸引来很多人，人山人海。
梨泰院是一个集好看、好玩、好吃于一体的旅游热点地区，因此慕名而来的游客络绎不绝，成为了首尔的必游之地(或打卡地)。

이태원은 서울의 첫 번째 관광특구이고 매우 이국적이다. 이곳에는 아주 많은 레스토랑이 모여 있어 세계 각국의 맛있는 음식을 맛볼 수 있다. 예를 들어 말하자면, 태국요리, 인도요리, 프랑스요리, 브라질 요리, 튀르키예 요리 등 등이다. 또한 클럽과 이색 주점이 많이 있다. 이로 인해 젊은이들의 사랑을 많이 받는다. 이 밖에, 이곳의 이태원시장은 쇼핑의 천국으로 불리우 는데 없는 물건이 없고 가격도 저렴하다.
현재 매년 10월 이곳에서 '지구촌'축제를 진행하는데 많은 사람들이 찾아와 인산인해를 이룬다.
이태원은 놀기 좋고 먹기 좋고 보기 좋은 것을 한 곳에 모아놓은 인기광광지이다.
때문에 찾아오는 관광객이 발길이 끊이지 않고 서울의 반드시 관광할 곳(혹은 핫플레이스)로 자리잡고 있다.

1.富有异国情调 fùyǒu yìguó qíngdiào 이국적인 분위기가 물씬 풍기다
2.西餐厅 xīcāntīng 레스토랑
3.品尝 pǐncháng 맛보다. 시식하다
4.夜店 yèdiàn 클럽. 밤업소
5.年轻人 niánqīngrén 젊은이
6.应有尽有 yīngyǒu jìnyǒu 온갖 것이 다 있다. 모두 갖추어져 있다. 없는 것이 없다
7.物美价廉 wùměi jiàlián 상품의 질이 좋고 값도 저렴하다
8.地球村 dìqiúcūn 지구촌
9.人山人海 rénshān rénhǎi 인산인해

⑧ 乐天世界 롯데월드

乐天世界位于江南的(松坡区)蚕室，是韩国著名的主题公园，也是世界级的主题公园，被称为'韩国迪斯尼乐园'。乐天世界由室内的探险世界和室外的魔幻岛构成。

乐天世界内馆全年夜间开场，这里有各种游乐设施、滑冰场、民俗博物馆、百货商店、免税店、海洋水族馆、饭店(或酒店)等。

乐天世界是一个集娱乐、参观游览、购物、住宿于一体的超级娱乐城，因此慕名而来的游客络绎不绝，成为了首尔的必游之地(或打卡地)。

롯데월드는 강남의 (송파구) 잠실에 위치해 있고, 한국의 저명한 테마파크이자 세계적인 테마공원이기도 하며 '한국의 디즈니랜드'라고 불리고 있다. 롯데월드는 실내의 월드 어드벤쳐와 실외의 매직 아일랜드로 구성되었다. 롯데월드 내관은 연중 야간 개장한다. 이곳에는 각종 놀이시설, 스케이트장, 민속박물관, 백화점, 면세점, 아쿠아리움, 호텔 등이 있다. 롯데월드는 오락, 관광, 쇼핑, 숙박을 한곳에 모아놓은 슈퍼 놀이동산이다. 그래서 명성을 듣고 찾아오는 관광객이 발길이 끊이지 않고 서울의 필수 관광지(혹은 핫플레이스)가 되었다.

---

1. 主题公园 zhǔtí gōngyuán 주제공원. 테마파크
2. 探险世界 tànxiǎn shìjiè 월드 어드벤쳐
3. 魔幻岛 móhuàndǎo 매직 아일랜드
4. 游乐设施 yóulè shèshī 놀이시설
5. 夜间开场 yèjiān kāichǎng 야간 개장하다
6. 超级娱乐城 chāojí yúlèchéng 슈퍼 놀이동산
7. 迪斯尼 dísīní 디즈니

⑨ 弘大街 홍대거리

弘大街是指弘益大学一带的街道。弘益大学是韩国著名的美术大学，大学的周围聚集了很多画廊、特色商店、时装店、化妆品店，还有很多咖啡厅、特色餐厅、酒吧、夜店，有时候进行各种街头艺术演出，充满着浓浓的艺术、文化氛围(或气息)，因此深受年轻人的喜爱。弘大街是一个集好看、好玩、好吃于一体的旅游热点地区，慕名而来的游客络绎不绝，成为了首尔的必游之地(或打卡地)。

弘大一带于2021年被指定为弘大文化艺术观光特区。

홍대거리는 홍대 일대의 거리를 말한다. 홍익대학교는 한국의 유명한 미술대학으로, 대학교 주변에는 많은 갤러리와 이색가게, 패션가게, 화장품가게, 그리고 많은 커피숍, 이색음식점, 술집, 클럽 밀집되어 있으며, 때로는 각종 길거리공연-버스킹을 하며 예술적, 문화적 분위기가 물씬 풍겨 젊은이들의 사랑을 받고 있다. 홍대거리는 볼거리, 놀거리, 맛집을 한곳에 모은 관광명소로 소문을 듣고 찾아오는 손님들의 발길이 끊이지 않고 서울의 필수 관광지(혹은 핫플레이스)로 자리잡고 있다. 홍대 일대는 2021년에 홍대문화예술관광특구로 지정되었다.

1.弘益 hóngyì [홍익]널리 이롭게 하다
■ 弘益人间[홍익인간] 널리 인간 세계를 이롭게 한다는 뜻으로, 한국의 건국 시조인 단군의 건국 이념
2.街道 jiēdào 거리. 가도. 가로. 지역주민과 관련된 사무 기구나 사무
3.周围 zhōuwéi 주변. 주위. 둘레
4.画廊 huàláng 화랑. 갤러리
5.街头艺术演出 jiētóu yìshù yǎnchū 버스킹. 길거리 공연
6.充满 chōngmǎn 충만하다. 가득 차다
7.浓浓 nóngnóng 짙다. 물씬하다. 무르익다 例)爱意浓浓 사랑이 무르익다
8.氛围 fēnwéi 분위기. 정세. 상황. 공기
9.气息 qìxī 숨. 숨결. 느낌. 정취. 기운

---

⑩ 介绍几处有名的影视剧拍摄地(或取景地)
유명한 영화 드라마 촬영지 몇 곳을 소개하세요

随着韩剧的热播，影视剧拍摄地(或取景地)成为了韩国的必游之地(或打卡地)。
韩国有很多有名的影视剧拍摄地，比如说江原道春川的南怡岛、京畿道加平的
小法兰西、龙仁的韩国民俗村、首尔的N首尔塔、北村韩屋村、三清洞、济州岛等
地方，慕名而来的游客络绎不绝。在这些影视剧拍摄地都设有拍照区，游客们可以
跟主人公们的人形立牌拍照留念(或合影留念)。

한국 드라마의 인기로 영화·드라마 촬영지가 한국의 필수 관광지(혹은 핫플레이스)로 자리잡고
있다. 한국에는 유명한 영화·드라마 촬영지가 많다. 예를 들자면 강원도 춘천의 남이섬, 경기도
가평의 쁘띠프랑스, 용인의 한국 민속촌, 서울의 N서울타워, 북촌 한옥마을, 삼청동, 제주도 등
에는 소문을 듣고 찾아오는 관광객의 발길이 끊이지 않고 있다. 이 촬영지들에는 포토존이 마련돼
있어 관광객들은 주인공들의 홍보 전신대와 기념사진을 찍을 수 있다.

1.取景 qǔjǐng (촬영이나 스케치할 때) 경물[景物]을 고르다. 배경을 고르다. 배경으로 하다
2.南怡岛 nányídǎo 남이섬
3.小法兰西 xiǎo fǎlánxī 쁘띠 프랑스
4.拍照区 pāizhàoqū 포토 존
5.人形立牌 rénxíng lìpái 인물 홍보 전신대

① 济州岛的简介 제주도의 소개

济州岛是韩国最大的岛(屿)，总面积是1800多平方公里，也是韩国最著名的旅游和度假休养胜地，因此被誉为'东方的夏威夷'。

제주도는 한국의 가장 큰 섬으로 총면적은 1800여 제곱킬로미터이고, 한국의 가장 유명한 관광 및 휴양지이다. 이로 인해 '동양의 하와이'라고 불린다.

济州岛被(联合国教科文组织)指定为世界生物圈保护区、世界自然遗产、世界地质公园，称为'三冠王'。据我所知，这在世界上独一无二。

제주도는 (유네스코) 세계생물권보호지역, 세계자연유산, 세계 지질공원으로 지정되어 '삼관왕'으로 불린다. 제가 아는 바에 의하면 이것은 세계적으로 유일무이하다.

这里有很多著名的旅游景点，比如说韩国的第一高山－'汉拿山'(高1950米)、看日出最好的地方－'城山日出峰'、万丈窟、城邑民俗村、徒步小路－济州偶来等。此外，保留着很多当地特有的风俗，特产品和海产品也丰富，因此慕名而来的(海内外)游客络绎不绝。

이곳에는 저명한 관광명소들이 많다, 예를 들면 남한에서 가장 높은 산－'한라산'(높이가 1950미터), 일출을 보기 가장 좋은 곳－성산일출봉, 만장굴, 성읍민속촌, 산책길－제주올레 등이 있다. 이 외 현지 특유의 풍속을 보존하고 있으며 특산물과 해산이 풍부하다. 이로 인해 명성을 듣고 찾아오는 (국내외)관광객들이 끊임없이 이어진다.

特别是对中国游客实施免签入境游(以)后，中国游客是济州岛最大的海外客源。

특별히 중국 관광객에 대해 무비자 입국 여행을 실시한 후 중국 관광객이 제주도의 가장 큰 해외 관광객 수이다.

1.岛(屿) dǎo(yǔ) 섬. 아일랜드
2.总面积 zǒng miànjī 총면적
3.度假 dùjià 휴가를 보내다
4.夏威夷 xiàwēiyí 하와이[Hawaii]
5.联合国教科文组织 liánhéguó jiàokēwén zǔzhī 유네스코
6.世界生物圈保护区 shìjiè shēngwùquān bǎohùqū 세계 생물권 보호지역(2002년)
7.世界地质公园 shìjiè dìzhì gōngyuán 세계 지질공원(2010년)
8.三冠王 sānguānwáng 삼관왕
9.城山日出峰 chéngshān rìchūfēng 성산일출봉
10.万丈窟 wànzhàngkū 만장굴
11.城邑民俗村 chéngyì mínsúcūn 성읍 민속촌
12.徒步小路 túbù xiǎolù 산책길
13.慕名而来 mùmíng'érlái 명성을 듣고 찾아오다
14.络绎不绝 luòyì bùjué 발길이 끊이지 않다
15.实施 shíshī 실시하다
16.免签入境游 miǎnqiān rùjìng yóu 무비자 입국관광
17.客源 kèyuán 관광객의 내원[来源]. 관광객의 수

② 济州岛的"三多、三无、三宝" 제주도의 '삼다', '삼무' '삼보'

济州岛自古以来以'三多、三无、三宝'(而)闻名。

'三多'是指女人多·石头多·风多。

'三无'是指无盗贼·无乞丐·无大门。

'三宝'是指植物资源·海产资源·方言。

제주도는 옛날부터 '삼다[세 가지 많은 것], 삼무[세 가지 없는 것], 삼보[세 가지 보배]'로 유명하다.

"삼다"는 여인이 많고, 돌이 많고, 바람이 많음을 가리킨다.

"삼무"는 도둑이 없음, 거지가 없음, 대문이 없음을 가리킨다.

"삼보"는 식물자원, 해산자원, 방언을 가리킨다.

1.自古以来 zìgǔyǐlái 자고로. 예로부터
2.以~(而)闻名 yǐ~(ér) wénmíng ~으로 유명하다. ~으로 이름나 있다
3.石头 shítou 돌[석두]. 돌멩이
4.盗贼 dàozéi 도적. 도둑(남의 물건을 훔치거나 빼앗은 행위 하는 사람)
5.小偷 xiǎotōu 좀도둑 ◉ 扒手 páshǒu 소매치기
6.乞丐 qǐgài 거지. 비렁뱅이. 거러지
7.植物 zhíwù 식물
8.资源 zīyuán 자원
9.方言 fāngyán 방언

③ 济州岛的特产-吃在济州岛 제주도의 특산-제주도의 먹거리

济州岛的特产品特别丰富。济州岛盛产柑橘，因此被誉为'柑橘之乡'，特别是'汉拿峰柑橘'名声在外，汁多肉厚、酸酸甜甜的，吃过的人都说好吃，赞不绝口、树大拇指。海产品也非常丰富，其中，鲍鱼、银刀鱼、方头鱼最有名，特别是'银刀鱼生鱼片'，入口即化。此外，济州岛的土(种)猪(或本地猪)-'黑毛猪'，肉嫩、肥而不腻，非常值得一尝，所以来到济州岛，一定要尝尝这些特产品，不然就是白来一趟。

제주도의 특산품이 특별히 풍부하다. 제주도는 감귤이 많이 난다 해서 '감귤의 고향'으로 불린다. 특히는 '한라봉'은 많이 알려져 있는데 과즙이 많고 과육이 두껍고 새콤달콤하여 먹어본 사람은 모두 맛있다고 칭찬을 아끼지 않고 엄지손가락을 치켜세운다. 해산품도 매우 풍부하다. 그중 전복, 은갈치, 옥돔이 가장 유명하다. 특히는 은갈치 생선회는 입안에서 녹는다. 이 외 제주도의 토종돼지인 '흑돼지'는 고기가 연하고 기름기가 많지만 느끼하지 않아 매우 먹어볼 만하다. 그래서 제주도에 오면 이런 특산품들을 꼭 한 번 먹어봐야 한다. 그렇지 않으면 헛걸음한 셈이다.

1.柑橘 gānjú 감귤 ◼ 柑橘之乡 gānjúzhīxiāng 감귤의 고향
2.盛产 shèngchǎn 많이 생산하다. 많이 나다
3.汉拿峰 hànnáfēng 한라봉
4.汁 zhī 즙. 소스 例)果汁 과즙 肉汁 육즙
5.厚 hòu 두껍다
6.酸↔甜 suān↔tián 시다↔달다
7.赞不绝口 zànbùjuékǒu 칭찬이 입에서 그치지 않다. 칭찬이 자자하다
8.树大拇指 shù dàmǔzhǐ 엄지손가락을 치켜세우다
9.鲍鱼 bàoyú 전복
10.银刀鱼 yíndāoyú 은갈치
11.方头鱼 fāngtóuyú 옥돔
12.入口即化 rùkǒujíhuà 입에 들어가자마자 녹다. 입안에서 살살 녹다
13.土(种)猪=本地猪 tǔ(zhǒng)zhū=běndìzhū 토종 돼지
14.黑毛猪 hēimáozhū 흑돼지
15.值得一尝 zhídé yìcháng 한 번 먹어볼 가치가 있다. 한번 먹어볼 만하다
16.白来一趟 báilái yítàng 헛걸음하다

중국어 관광통역안내사 한권으로 끝내기

편 저 자 백정욱 편저
제 작 유 통 메인에듀(주)
초 판 발 행 2024년 02월 02일
초 판 인 쇄 2024년 02월 02일
마 케 팅 메인에듀(주)
주   소 서울시 강동구 성안로 115, 3층
전   화 1544-8513
정   가 25,000원

I S B N 979-11-89357-48-1